R 32531

Paris
1851

Cournot, Antoine-Augustin

Essai sur les fondements de nos connaissances et sur les caractères de la critique philosophique

Tome 1

ESSAI

SUR LES FONDEMENTS

DE NOS CONNAISSANCES

ET SUR LES CARACTÈRES

DE LA CRITIQUE PHILOSOPHIQUE

PARIS. — IMPRIMERIE DE J.-B. GROS,
Rue des Noyers, 74.

ESSAI
SUR LES FONDEMENTS
DE NOS CONNAISSANCES
ET SUR LES CARACTÈRES
DE LA CRITIQUE PHILOSOPHIQUE

PAR

A.-A. COURNOT

INSPECTEUR GÉNÉRAL DE L'INSTRUCTION PUBLIQUE

*Harmonica ratio, quæ cogit rerum
naturam sibi ipsam congruere.*
PLIN. *Hist. nat.* II, 113.

TOME PREMIER

PARIS

LIBRAIRIE DE L. HACHETTE ET Cie

RUE PIERRE SARRAZIN, N° 14

(Près de l'École de Médecine)

1851

AU LECTEUR.

C'est une démarche vraiment singulière que celle d'offrir au Public, dans ce pays et par le temps qui court, un livre de pure philosophie. Elle paraîtra peut-être plus singulière encore si l'auteur avoue, à sa grande confusion, que la rédaction de ce livre, d'une médiocre étendue, l'a occupé à diverses reprises pendant dix ans, et qu'il en avait tracé la première esquisse il y a plus de vingt ans. Cependant, quoique le sujet en soit bien rebattu, j'aime à espérer que l'on y trouvera, si l'on veut bien me lire, assez de vues nouvelles pour justifier, aux yeux de quelques amateurs, ma naïve persévérance. Je me tromperais même sur ce point, que je pourrais encore faire valoir l'importance de rajeunir de temps en temps l'enseignement des vieilles doctrines philosophiques, en tenant compte des progrès de nos connaissances positives et des nouvelles considérations qu'elles fournissent; en choisissant des exemples mieux appropriés à l'état présent des sciences que ceux qu'on pouvait prendre aux temps de Descartes, de Leibnitz et même de d'Alembert, et qui servent encore (pour ainsi dire) de monnaie courante, quoique un peu usée, depuis que les philosophes se sont mis à négliger les sciences, et les savants à montrer volontiers leur peu d'estime pour la philosophie. Il est vrai qu'en allant ainsi contre les habitudes de son temps, et en s'écartant de la manière qui prévaut dans les écoles et dans les livres, on court grand risque d'être fort peu goûté: mais enfin, chacun philosophe à sa mode, et porte dans la spéculation philosophique l'empreinte de ses autres études, le pli d'esprit que lui ont donné d'autres travaux. Le théologien, le légiste, le géomètre, le médecin, le philologue se laissent encore reconnaître à leur manière de draper le manteau du philosophe; et il serait fâcheux à plus d'un égard que cette variété fît place à une uniformité trop monotone : comme cela ne manquerait pas d'arriver si la philosophie, en voulant se discipliner, s'isolait, se cantonnait, et finissait par ressembler à une profession ou à une carrière.

On ne peut écrire sur des matières philosophiques sans toucher à des questions d'une délicatesse extrême, et sans s'exposer à des contradictions apparentes, ou à des interprétations qui vont bien au delà des pensées de l'auteur. J'ai tâché d'expliquer, mieux qu'on ne l'avait encore fait suivant moi, les raisons spéciales de l'imperfection inévitable de la langue philosophique; et si j'ai réussi à démontrer au lecteur ce point de théorie, je l'aurai par là même disposé à excuser avec indulgence et à corriger avec bienveillance beaucoup d'inexactitudes de rédaction. Quant à ceux qui seraient animés de sentiments moins charitables, je me contenterai de leur répondre par cette citation de MALEBRANCHE (Éclaircissement sur le 3ᵉ chap. du livre I de la *Recherche de la vérité*) : « Il est difficile, et quelquefois ennuyeux
« et désagréable, de garder dans ses expressions une exactitude
« trop rigoureuse. Quand un auteur ne se contredit que dans
« l'esprit de ceux qui le critiquent, et qui souhaitent qu'il se con-
« tredise, il ne doit pas s'en mettre fort en peine : et s'il vouloit
« satisfaire par des explications ennuyeuses à tout ce que la

« malice ou l'ignorance de quelques personnes pourroit lui op-
« poser, non-seulement il feroit un fort méchant livre, mais
« encore ceux qui le liroient se trouveroient choqués des réponses
« qu'il donneroit à des objections imaginaires, ou contraires à
« une certaine équité dont tout le monde se pique. »

Un seul mot pourtant. En parcourant un livre qui a pour but d'expliquer le rôle suprême de la raison dans l'élaboration de la connaissance humaine, on pourrait supposer que l'auteur est ce que l'on est convenu d'appeler, dans le style de la controverse moderne, un *rationaliste*. On se tromperait en cela: je suis persuadé, autant que qui que ce soit, de l'insuffisance *pratique* de la raison ; et je ne voudrais pas, pour la vanité de quelques opinions spéculatives, risquer le moins du monde d'affaiblir des croyances que je regarde comme ayant soutenu et comme devant soutenir la vie morale de l'humanité.

Paris, 28 août 1851.

N. B. Dans le courant de l'Ouvrage, les chiffres entre parenthèses indiquent les numéros du texte auxquels on renvoie.

ESSAI
SUR LES FONDEMENTS
DE NOS CONNAISSANCES.

CHAPITRE PREMIER.

DE LA CONNAISSANCE EN GÉNÉRAL. — DE L'ILLUSION ET DE LA RÉALITÉ RELATIVE ET ABSOLUE.

1. — Quel que soit l'objet ou le phénomène que nous voulons étudier, ce que nous en saisissons le mieux, c'est la forme : le fond ou la substance des choses est pour nous plein d'obscurité et de mystères. Heureusement, notre ignorance sur le fond ou sur la nature intime des choses n'empêche pas qu'on ne puisse suivre, par le raisonnement, toutes les propriétés qui tiennent à une forme dont nous avons l'idée nette et bien définie. Ainsi, quoique nous ne possédions que des notions très-imparfaites sur la constitution des corps solides et fluides ; quoiqu'on n'ait pas encore bien expliqué comment, par un jeu d'actions moléculaires, la nature réalise les types ou les formes physiques de la solidité et de la fluidité, il suffit que ces types se prêtent à une définition précise et mathématique, pour que les géomètres aient pu découvrir dans les corps solides et fluides, en repos et en mouvement, une foule de propriétés qui ne tiennent qu'aux définitions abstraites de la solidité et de la fluidité, et dont l'étude

ne suppose point la connaissance préalable des moyens cachés que la nature emploie pour produire un cristal ou une goutte d'eau, et pour faire ainsi tomber sous nos sens les types abstraits de la liquidité et des formes cristallines.

De même, quoique nous soyons encore loin de connaître la nature intime du principe de la lumière, malgré tous les progrès qu'ont fait faire à la science de l'optique les travaux des physiciens modernes, déjà, bien avant ces travaux, l'optique constituait une vaste et importante application de la géométrie, tout entière fondée sur la propriété de la lumière de se transmettre en ligne droite, de se réfléchir ou de se briser au passage d'un milieu dans un autre, suivant des lois susceptibles d'un énoncé géométrique, rigoureux et simple. Cette partie de l'optique n'a point changé quand la théorie de l'émanation des particules lumineuses a fait place à celle des vibrations de l'éther : seulement on a dû recourir à d'autres explications pour rattacher ces lois géométriques, d'où dépend la forme du phénomène, aux notions postérieurement acquises sur la constitution physique de la lumière, ou sur la nature même du phénomène.

2. — Ce que nous disons à propos des phénomènes de la nature physique, s'applique, à bien plus forte raison, aux phénomènes de la vie sensible et intellectuelle. Si le physicien est loin d'avoir une connaissance exacte de l'organisation moléculaire d'une goutte d'eau ou d'un cristal, comment espérer de pénétrer dans les détails intimes de l'organisation à l'aide de laquelle la nature élabore les mystérieux phénomènes que nous appelons sensibilité, conscience, perception? Comment saisir,

dans son essence et dans ses causes internes, cet acte par lequel un être doué d'intelligence perçoit ou connaît des objets situés hors de lui ? L'anatomie la plus fine, l'analyse la plus subtile, y ont échoué jusqu'à présent et y échoueront toujours. Il faudrait donc renoncer à rien savoir sur le mécanisme de nos facultés, si elles ne nous présentaient, dans leur forme, quelques-uns de ces caractères que nous pouvons nettement saisir, et dont il nous est permis de suivre les conséquences par le raisonnement, malgré notre ignorance sur la nature intime et sur la génération des facultés dont nous voulons étudier le jeu et les rapports. Déja les logiciens, et Kant en particulier, ont insisté sur la distinction entre la matière et la forme de nos connaissances, et ils ont très-bien fait voir que la forme pouvait être l'objet de jugements certains, quand la matière ou le fond restait à l'état problématique ; mais l'application que nous voulons faire de cette distinction, et qui doit servir de point de départ à toutes nos recherches en logique, portera sur un caractère plus général, plus essentiel que ceux dont les logiciens se sont occupés jusqu'ici, et dont il y a, selon nous, bien plus de conséquences importantes à tirer.

3. — En effet, nous concevons clairement que toute perception ou connaissance implique un SUJET percevant et un OBJET perçu, et consiste dans un rapport quelconque entre ces deux termes : d'où il suit que, la perception ou le rapport venant à changer, il faut que la raison du changement se trouve dans une modification subie, ou par le sujet percevant, ou par l'objet perçu, ou par chacun des deux termes du rapport.

C'est ainsi que, lorsque deux cordes sonores ont eu d'abord entre elles un intervalle musical défini, et qu'au bout d'un certain temps elles cessent d'offrir cet intervalle, on se demande si le ton de l'une a haussé, si le ton de l'autre a baissé, ou si ces deux causes ont concouru à faire varier l'intervalle.

De même, si l'on trouvait que l'hectolitre de blé représente en valeur, à une époque donnée, un certain nombre de journées de travail, et à une époque postérieure un nombre plus grand, on se demanderait si cet effet est dû à une hausse dans la valeur du blé, résultant, par exemple, d'une suite de mauvaises récoltes ou d'une taxe à l'importation ; ou s'il provient d'une dépréciation du travail manuel, occasionnée par l'accroissement de la population, par l'introduction de nouvelles machines; ou bien enfin s'il n'y a pas là un résultat composé de la hausse du blé et de la dépréciation du travail.

4. — Imaginons maintenant que l'on ait un système de cordes sonores, accordées d'abord de manière à offrir de certains intervalles musicaux, et qu'ensuite, toutes ces cordes, moins une, continuant de donner, quand on les compare entre elles, les mêmes intervalles, il n'y ait de changement que dans les intervalles donnés par la comparaison de la dernière corde à toutes les autres : on regardera, sinon comme rigoureusement démontré, du moins comme extrêmement probable, que cette dernière corde est la seule qui n'ait pas *tenu l'accord*, ou qui ait subi dans sa tension le changement d'où résulte le nouvel état du système.

On tirerait une conséquence analogue à la vue d'un tableau qui donnerait, pour deux époques différentes, les valeurs relatives de diverses denrées. Si le blé, par exemple, en haussant de valeur, comme on l'a supposé plus haut, par rapport à la journée de travail, n'avait changé de valeur par rapport à aucune des autres denrées, on en conclurait que le changement observé est dû, non à la hausse absolue du blé, mais à la dépréciation absolue du travail : à moins toutefois qu'on ne vît clairement qu'il y a, entre le blé et les autres denrées auxquelles on le compare, une liaison telle que l'une ne peut varier sans entraîner, dans les valeurs de toutes celles qui en dépendent, des variations proportionnées.

5. — Mais, de tous les exemples que nous pourrions prendre, il n'y en a pas qui conviennent mieux à notre but, et qui comportent plus de simplicité et de précision, que ceux qui se tirent de la considération du mouvement.

Nous jugeons qu'un point se meut lorsqu'il change de situation par rapport à d'autres points que nous considérons comme fixes. Si nous observons à deux époques distinctes un système de points matériels, et que les situations respectives de ces points ne soient pas les mêmes aux deux époques, nous en concluons nécessairement que quelques-uns de ces points, sinon tous, se sont déplacés ; mais si, de plus, nous ne pouvons pas les rapporter à des points de la fixité desquels nous soyons sûrs, il nous est, de prime-abord, impossible de rien conclure sur le déplacement ou l'immobilité de chacun des points du système en particulier.

Cependant, si tous les points du système, à l'exception d'un seul, avaient conservé leurs situations relatives, nous regarderions comme très-probable que ce point unique est le seul qui s'est déplacé; à moins, toutefois, que les autres points ne nous parussent liés entre eux de manière que le déplacement de l'un dût entraîner le déplacement de tous les autres.

Nous venons d'indiquer un cas extrême, celui où tous les points, un seul excepté, ont conservé leurs situations relatives; mais, sans entrer dans les détails, on conçoit bien qu'entre toutes les manières de se rendre raison des changements d'état du système, il peut s'en présenter de beaucoup plus simples, et qu'on n'hésitera pas à regarder comme beaucoup plus probables que d'autres. Cette probabilité, dont nous ne voulons point encore discuter l'origine et la nature, peut être telle qu'elle détermine l'acquiescement de tout esprit raisonnable.

Si l'on ne se bornait pas à observer le système à deux époques distinctes, mais qu'on le suivît dans ses états successifs, il y aurait, sur les mouvements absolus des divers points du système, des hypothèses que l'on serait conduit à préférer à d'autres pour l'explication de leurs mouvements relatifs. C'est ainsi qu'abstraction faite des notions acquises plus tard sur les masses des corps célestes et sur la nature de la force qui les fait mouvoir, l'hypothèse de Copernic, comparée à celle de Ptolémée, expliquait les mouvements apparents du système planétaire d'une manière plus simple, plus satisfaisante pour la raison, et partant plus probable [1].

---

[1] « Invenimus igitur, sub hac ordinatione, admirandam mundi symmetriam ac certum harmoniæ nexum motus et magnitudinis or-

Enfin, il y a des circonstances qui peuvent nous donner la certitude que les mouvements relatifs et apparents proviennent du déplacement réel de tel corps et non de tel autre [1]. Ainsi, l'aspect d'un animal nous apprendra par des symptômes non équivoques s'il est effectivement en repos ou en mouvement. Ainsi, pour rentrer dans l'exemple que nous prenions tout-à-l'heure, les expériences du pendule prouveront le mouvement diurne de la terre; le phénomène de l'aberration de la lumière prouvera le mouvement annuel; et l'hypothèse de Copernic prendra rang parmi les vérités positivement démontrées.

6. — Remarquons maintenant que ces mouvements auxquels nous donnions provisoirement et improprement la qualification d'absolus, et dans lesquels nous cherchions la raison des déplacements relatifs, peuvent n'avoir eux-mêmes qu'une existence relative. Pour faciliter l'intelligence de cette distinction capitale, nous avons à notre disposition les exemples les plus familiers comme les plus relevés.

Sur un bâtiment où des animaux sont embarqués, nous en considérons deux, à deux instants différents: leur situation relative a changé. A défaut de tout autre terme de comparaison, nous pourrons juger sans hésitation, par les attitudes de l'un et de l'autre animal, que le premier s'est déplacé, tandis que l'autre gardait le repos. Mais ce jugement n'est vrai que relativement au système dont le vaisseau et les animaux font partie: peut-être que, si l'on tenait compte de la marche du

---

bium, qualis alio modo requiri non potest. » Nic. Copernic. *De revolut. orbium cœlestium*, T. I, c. 10.

[1] Newton, *Principes*, liv. I, à la fin des définitions préliminaires.

bâtiment, on trouverait que le même animal qu'on a eu raison de juger en mouvement par rapport au navire, était en repos par rapport à la surface terrestre, tandis que l'autre animal se déplaçait. On n'en est pas moins fondé à dire que l'animal, observé dans l'attitude de la marche, s'est mû *réellement* : seulement, la réalité de ce mouvement n'est que relative au système mobile auquel l'animal est associé.

Les expériences du pendule et l'aberration de la lumière prouvent la réalité du mouvement diurne et du mouvement annuel de tous les corps placés à la surface de la terre ; mais peut-être qu'en vertu du mouvement de translation du système planétaire dans l'espace, tel point de la masse terrestre, son centre, par exemple, se trouve actuellement dans un repos absolu, tandis que le centre du soleil est en mouvement. Il n'y aurait rien à en conclure contre la réalité de l'hypothèse de Copernic, qui fait mouvoir la terre autour du soleil en repos : seulement il faut entendre que la réalité de l'hypothèse est purement relative au système du soleil et des planètes qui l'escortent.

7. — Pour suivre de plus près l'analogie avec le problème qui doit nous occuper, et qui a pour objet de soumettre nos idées à un examen critique, de discerner le vrai du faux, l'illusion de la réalité, il faut (sans sortir de l'ordre de faits où nous puisons nos exemples) considérer plus spécialement le cas où il s'agit, non plus de prononcer sur les mouvements réels d'un système de mobiles, d'après leurs mouvements relatifs, tels qu'ils apparaissent à un observateur certain de sa propre immobilité, mais bien de prononcer sur les mouvements réels qui peuvent affecter, soit le système

des mobiles extérieurs, pris dans leur ensemble, soit la station même de l'observateur ; et cela, d'après la perception des mouvements apparents du système extérieur, par rapport à la station de l'observateur.

La rigueur de cette analogie n'a point échappé à Kant, c'est-à-dire au philosophe qui a sondé avec le plus de profondeur la question de la légitimité de nos jugements. Lui-même compare la réforme philosophique dont il se fait le promoteur à la réforme opérée en astronomie par Copernic. L'un explique, par les mouvements diurne et annuel de la terre où l'observateur est placé, les apparences du système astronomique ; l'autre veut trouver dans les *formes,* ou dans les lois constitutives de l'esprit humain, l'explication des formes sous lesquelles nous concevons les phénomènes, et auxquelles les hommes sont portés (mal à propos selon lui) à attribuer une réalité extérieure. En un mot, pour employer dès à présent des termes dont nous ne pourrions nous dispenser par la suite de faire usage, malgré leur dureté technique, Kant n'accorde qu'une valeur *subjective* à des idées auxquelles le commun des hommes, et même la plupart des philosophes, attribuent une réalité *objective*.

Nous entrerons plus loin dans la discussion de l'hypothèse du métaphysicien allemand, et nous examinerons si elle ne doit pas être rejetée, par des motifs tout-à-fait semblables à ceux qui nous obligent d'admettre l'hypothèse du grand astronome, son compatriote. Il suffit ici d'avoir rappelé l'analogie de deux questions sur lesquelles la raison peut d'ailleurs porter des jugements inverses, d'après les données qu'elle possède sur l'une ou sur l'autre.

8. — Nous appellerons *illusion* la fausse apparence, celle qui est viciée ou dénaturée en raison de conditions inhérentes au sujet percevant, à ce point que par elle-même elle ne fournit qu'une idée fausse de l'objet perçu ; nous donnerons, par opposition, le nom de *phénomène* à l'apparence vraie, c'est-à-dire à celle qui a toute la réalité externe que nous lui attribuons naturellement ; enfin, nous distinguerons le phénomène dont la réalité externe n'est que relative, d'avec la réalité absolue que l'esprit conçoit, lors même qu'il n'aurait aucun espoir d'y atteindre avec ses moyens de perception[1]. Des exemples vont encore servir à éclaircir le sens de ces définitions abstraites.

Lorsque, du pont du navire où je suis embarqué, mes yeux voient fuir les arbres et les maisons du rivage, c'est une illusion des sens, une apparence fausse et dont je reconnais immédiatement la fausseté, parce que j'ai des motifs d'être sûr de l'immobilité du rivage. Au contraire, mes sens ne me trompent pas lorsqu'ils me portent à croire au mouvement du passager qui se promène près de moi sur le pont : ce mouvement a bien toute la réalité extérieure que je suis porté à lui attribuer, sur le témoignage de mes sens qui, en cela, n'altèrent ni ne compliquent la chose dont ils ont pour fonction de me donner la perception et la connaissance ; mais cette réalité extérieure n'est que phénoménale ou relative ; car peut-être le passager se meut-il en sens

---

[1] Ce que nous nommons la *réalité absolue*, par opposition à la *réalité relative* ou *phénoménale*, correspond à ce que Kant a nommé *les choses en elles-mêmes* (*Dingen an sich selbst*), expression technique, que les traducteurs anglais ont rendue littéralement par *things in themselves*, et les traducteurs français par *choses en soi*.

contraire du navire et avec une vitesse égale, de manière à rester fixe par rapport au rivage auquel j'attribue avec raison l'immobilité. En tout cas, le mouvement du navire se combine avec le mouvement propre du passager pour déterminer le mouvement réel de celui-ci par rapport au rivage ou à la surface terrestre.

Mais, en admettant l'hypothèse que le passager reste immobile relativement à la surface terrestre (et par conséquent absolument immobile, s'il était permis d'admettre avec les anciens l'immobilité absolue de cette surface), nous comprenons très-bien que l'état de repos où il se trouve a sa raison dans la coexistence de deux mouvements contraires, qui se neutralisent, tout en existant réellement chacun à part, d'une réalité que nous appelons phénoménale et relative, pour la distinguer d'une réalité absolue que l'esprit conçoit, lors même que l'observation n'y atteint pas.

La courbe enchevêtrée qu'une planète vue de la terre semble décrire sur la sphère céleste où l'on prend les étoiles pour points de repère, est une apparence où la vérité objective se trouve faussée par des conditions subjectives inhérentes à la station de l'observateur. Au contraire, l'orbite elliptique qu'un satellite décrit autour de sa planète (abstraction faite des perturbations), et dont l'astronome assigne les éléments, n'est pas une pure apparence. La description de cette orbite par le satellite est un phénomène ou, si on l'aime mieux, un fait doué d'une réalité phénoménale, relative au système de la planète principale et de ses satellites; quoique, plus réellement et relativement au système solaire, dont celui de la planète et de ses satellites n'est qu'une dépendance, la trajectoire du satellite soit une courbe plus composée, résultant d'une combinaison du mouvement elliptique du satellite autour de sa planète avec le mouvement elliptique de la planète autour du soleil ; quoique, plus réellement encore et relativement au système d'un groupe d'étoiles dont le soleil fait partie, la trajectoire du satellite résulte d'une combinaison des mouvements que l'on vient d'indiquer avec le mouvement, encore peu connu, du système solaire ; et ainsi de suite, sans qu'il nous soit donné d'atteindre à la réalité absolue, dans le strict sens du mot.

9. — Aux exemples tirés du mouvement, nous pouvons, pour éclaircir encore mieux ces notions préliminaires, en joindre d'autres fournis par les impressions qui affectent spécialement le sens de la vue. Des yeux fatigués ou malades éprouvent dans les ténèbres des impressions semblables à celles que la lumière directe ou réfléchie produit sur les yeux sains, dans des circonstances normales. On voit des étincelles, des taches obscures ou diversement colorées. L'action de l'électricité, une compression mécanique peuvent produire les mêmes effets, et donnent lieu à des sensations visuelles ou optiques du genre de celles que les physiologistes nomment *subjectives*, parce qu'elles ne correspondent à aucun objet extérieur qui révélerait sa présence à la manière ordinaire, en vertu de l'action spéciale exercée sur la rétine par les rayons qui en émanent. Dans des cas d'hallucination, on croit voir des spectres, des fantômes ; et alors ce n'est plus l'état maladif ou anormal de la rétine ou du nerf optique qui vicie les impressions du cerveau, c'est l'état maladif ou anormal du cerveau qui réagit sur les appareils nerveux placés dans sa dépendance, et qui en pervertit les fonc-

tions. De pareilles aberrations de la sensibilité, qui appartiennent en quelque sorte à l'état normal, vu la fréquence et la quasi-périodicité de leur retour, produisent les songes. Tout cela n'est évidemment qu'illusion, fausse apparence, tenant sans doute à des lois manifestes ou cachées qui régissent notre propre sensibilité, mais sans liaison avec aucune réalité extérieure, ou du moins sans une liaison telle qu'il en puisse résulter pour nous une perception ou une connaissance de cette même réalité.

Un charbon incandescent, en tournant avec une rapidité suffisante, produit l'impression d'un cercle lumineux continu. On trouve dans les livres de physique une théorie des couleurs *accidentelles,* c'est-à-dire des teintes que semble prendre accidentellement une surface blanche le long des lignes qui la séparent d'une surface colorée, ou des teintes que la surface blanche acquiert pour quelques instants, après que l'œil s'est appliqué pendant un temps suffisant à regarder une surface colorée. Ce sont encore là des apparences qui tiennent au mode de sensibilité de la rétine, et qui n'ont aucune réalité externe. Telle modification dans la structure de l'œil ou dans le ton de la fibre nerveuse permettrait de suivre le mouvement du point en ignition, quand, pour des yeux tels que les nôtres, a déjà lieu l'apparence d'un cercle continu. Cependant ces illusions, ces fausses apparences ne sont point, comme celles de la première catégorie, indépendantes de la présence des objets externes, ou liées à la présence de ces objets, mais par de tout autres rapports que ceux qui donnent aux impressions du même genre, dans les circonstances normales, une vertu représentative. Elles dépendent au contraire de la présence des objets externes, et résultent d'une simple déviation des lois ordinaires de la représentation : déviation soumise elle-même à des lois régulières, susceptible d'être définie par l'expérience et rectifiée par le raisonnement ; moyennant quoi la perception sera soustraite à l'influence des modifications subjectives qui l'altéraient et la faussaient.

Nous sommes frappés pour la première fois du spectacle d'un arc-en-ciel, et, dans l'habitude où nous sommes de voir les couleurs s'étendre à la surface de corps résistants qui conservent ces couleurs en se déplaçant dans l'espace ou qui ont, comme on dit, des couleurs *propres*, nous jugeons de prime-abord que l'arc-en-ciel est un objet matériel, teint de couleurs propres, occupant dans le ciel une place déterminée, d'où il offrirait les mêmes apparences à des spectateurs diversement placés, sauf les effets ordinaires de perspective, dont nous sommes exercés à tenir compte. Or, l'arc-en-ciel n'a pas ce degré de réalité ou de consistance objective ; il n'existe en tel lieu de l'espace que relativement à tel observateur placé dans un lieu déterminé : de sorte que, l'observateur se déplaçant, l'arc se déplace aussi, ou même s'évanouit tout-à-fait : et néanmoins ce n'est point une illusion ; car, s'il faut que l'observateur se trouve en tel lieu pour que le concours des rayons lumineux y produise la perception d'un arc-en-ciel et le lui fasse rapporter à tel autre lieu de l'espace, nous concevons parfaitement que les rayons lumineux font leur trajet, indépendamment de la présence de l'observateur, qu'il ait l'œil fermé ou ouvert pour les recevoir. L'arc-en-ciel est un phénomène ; la présence de l'observateur est la condition de la perception, et non celle de la production du phénomène : *ratio cognoscendi, non ratio essendi.*

10. — Ce que nous disons de l'arc-en-ciel, nous le dirions des couleurs *changeantes* que certains corps présentent. La perception des couleurs change avec la position de l'observateur par rapport au corps, mais non pas, comme dans le cas des couleurs accidentelles, par suite de modifications propres à l'organe de l'observateur ou au sujet percevant. Le corps renvoie effectivement des rayons d'une certaine couleur dans une direction, et des rayons d'une couleur différente dans une autre. Nous dirons donc que l'idée du corps, en tant que revêtant telle couleur, n'est pas une illusion ; que cette idée est douée d'une réalité objective et phénoménale, bien que relative et non absolue ; et nous regarderions au contraire comme entachée d'illusion la représentation que s'en ferait un homme dont les yeux malades faussent les couleurs, ou qui regarderait à son insu ce corps à travers un milieu coloré.

Que s'il s'agit d'un corps à couleur propre, invariable, tel que l'or parfaitement pur, le caractère physique tiré de la couleur aura une plus grande *valeur* aux yeux du naturaliste et aux yeux du philosophe : il jouira en effet à un plus haut degré de la consistance objective : non pas que, quand on dit : *L'or est jaune*, on s'imagine qu'il y ait dans le métal quelque chose qui ressemble à la sensation que nous fait éprouver la couleur jaune. Les métaphysiciens des deux derniers siècles se sont trop évertués à nous prémunir contre une méprise si grossière. Mais on entend, ou du moins tout homme un peu exercé à la réflexion entend sans peine que l'or a réellement la propriété de renvoyer en tous sens des rayons lumineux d'une certaine espèce, que nous distinguons des autres par la propriété qu'ils ont d'affecter d'une certaine manière la sensibilité de la rétine, et qu'au besoin, grâce au progrès des sciences, nous distinguerions par d'autres caractères, tels que celui d'avoir tel indice de réfraction, celui de produire tels effets calorifiques ou chimiques.

Viendra maintenant un physicien qui, scrutant plus curieusement les propriétés optiques des corps, remarquera que les surfaces métalliques, même non polies, réfléchissent toujours plus ou moins abondamment, à la manière d'un miroir, la lumière blanche qui les éclaire, et que cette lumière blanche, ainsi réfléchie *spéculairement*, s'ajoute (de manière à en masquer la véritable teinte) à la lumière qui a pénétré tant soit peu entre les particules du corps, et qui dans ce trajet a subi l'action singulière par laquelle les particules matérielles, selon la nature du corps, éteignent de préférence les rayons d'une certaine couleur, renvoient de préférence les rayons d'une autre couleur, ce qui est le vrai fondement de la couleur propre des corps. En poursuivant cette idée, en dégageant le phénomène de la couleur propre des corps d'un autre phénomène qui le complique, celui de la réflexion spéculaire, le physicien dont nous parlons constatera que la teinte jaune du morceau de métal peut résulter de l'action combinée de rayons de lumière blanche réfléchie spéculairement, et de rayons pourpres qui ont subi l'action moléculaire que l'on vient d'indiquer. Il remarquera que la lumière, vue par transmission à travers une mince feuille d'or, est effectivement colorée en pourpre ; que de l'or métallique, obtenu en poudre impalpable dans un précipité chimique, est aussi de couleur pourpre ; et il en conclura, contre l'opinion commune, que le pourpre est vraiment la couleur propre de l'or. Il aura fait un pas de plus dans l'investigation de la réalité que contient le phénomène : il aura franchi un terme de plus dans cette série dont le dernier terme, reculé ou non à l'infini, accessible ou inaccessible pour nous, serait la réalité absolue.

Au point où nous en sommes, il est bien sûr que l'esprit du physicien ne se tient point pour satisfait ; que non-seulement il ne se flatte pas d'avoir saisi la réalité absolue sous l'apparence phénoménale, mais qu'il ne regarde nullement comme impossible de pénétrer plus avant dans la raison intrinsèque, dans le fondement réel de tout cet ordre de phénomènes que l'on qualifie d'optiques, et dont la première notion, la plus empreinte des conditions propres à notre organisme, nous est donnée par la sensation d'une étendue colorée. En vertu d'une loi de l'entendement humain, dont nous aurons à parler ailleurs, il sera invinciblement porté à chercher la raison de tous ces phénomènes dans des rapports de configuration et de mouvement, dans le jeu de certaines forces mécaniques qui ne sont conçues elles-mêmes que comme des causes de mouvement. Il imaginera donc là-dessus des hypothèses qu'il confrontera avec des expériences ingénieuses. Bientôt le géomètre redoublera d'efforts pour opérer cette réduction de la nature sensible à une nature purement intelligible, où il n'y a que des mouvements rectilignes, circulaires, ondulatoires, régis par les lois des nombres. Mais par cela même, et en admettant le plein succès de ses tentatives, en supposant que l'optique aura été ramenée à n'être qu'un problème de mécanique, nous retombons sur un ordre de phénomènes plus généraux, où nous avions puisé d'abord des exemples plus abstraits et plus simples, et où déjà nous avions reconnu, par ces exemples mêmes, qu'il ne nous est pas donné d'atteindre à la réalité absolue : bien qu'il soit dans la mesure de nos forces de nous élever d'un ordre de réalités phénoménales et relatives à un ordre de réalités supérieures, et de pénétrer ainsi graduellement dans l'intelligence du fond de réalité des phénomènes.

11. — Quand le sujet en qui la perception réside est à son tour considéré comme objet de connaissance, toutes les modifications qu'il éprouve, même celles auxquelles ne correspondrait aucune réalité externe et phénoménale, peuvent être réputées des phénomènes, et à ce titre être observées, étudiées, soumises à des lois. Ainsi les hallucinations du sens de la vue seront décrites et étudiées comme phénomènes par les physiologistes et les psychologues qui s'occupent ou qui doivent s'occuper de la sensibilité, aussi bien dans ses aberrations qu'à l'état normal. La sensation des couleurs accidentelles attirera au même titre l'attention des physiologistes et même celle des physiciens, à cause de certaines lois très-simples et purement physiques, suivant lesquelles les teintes accidentelles naissent à l'occasion du contraste des couleurs réelles.

12. — La distinction du sujet qui perçoit et de l'objet perçu ne cesse pas d'être admissible, lors même que l'homme s'observe et se connaît (ou cherche à se connaître) dans sa propre individualité. Cette distinction est bien évidente à l'égard des phénomènes de notre nature corporelle qui tombent sous nos sens ; et, même dans l'ordre des phénomènes intellectuels et moraux, il arrive que l'homme a le pouvoir de se poser comme objet de connaissance à lui-même ; sans quoi toute connaissance serait impossible pour les phénomènes de cet ordre. Il y a vraisemblablement une multitude de faits moraux et intellectuels, comme de faits physiologiques, qui passent inaperçus, qui sont hors du domaine de la connaissance, précisément parce qu'il n'y a pas lieu, en ce qui les concerne, de distinguer un sujet ou une faculté qui perçoit d'avec un objet ou une faculté perçue. D'où vient ce pouvoir de l'homme intérieur, de se poser comme objet de connaissance à lui-même, pouvoir senti de tous, qui n'apparaît d'abord qu'à l'état rudimentaire, mais qui se fortifie et se développe à la manière des autres puissances de la vie, et à la désignation duquel toutes les langues ont affecté des expressions métaphoriques ? C'est peut-être là un des plus impénétrables mystères de la nature humaine : c'est du moins une des questions les plus obscurément traitées par les philosophes modernes, mais dont heureusement la solution n'est pas indispensable pour le but que nous nous proposons. Le peu que nous aurions à en dire trouvera plus naturellement sa place dans le chapitre où nous traiterons de la psychologie, et de la valeur des procédés d'investigation scientifique à l'usage des psychologues.

CHAPITRE II.

DE LA RAISON DES CHOSES.

13. — Les animaux n'éprouvent pas seulement le plaisir et la douleur ; ils ont des sens comme l'homme, quelquefois même des sens plus parfaits, et tout indique que ces sens sont des organes de perception et de connaissance. Nier que le chien connaît son maître, que l'aigle a du haut des airs la perception de sa proie, c'est avancer par esprit de secte et de système un de ces paradoxes contre lesquels le bon sens proteste; ou bien c'est dépouiller les mots de leur signification ordinaire, pour leur en imposer une tout arbitraire et systématique. L'animal, l'enfant, l'idiot perçoivent et connaissent à leur manière, quoique sans doute ils ne se représentent point les objets tels que l'homme les imagine et les conçoit, grâce au concours des sens et de facultés supérieures que l'animal, l'enfant et l'idiot ne possèdent pas.

Or, une de ces facultés, que nous considérons comme éminente entre toutes les autres, est celle de concevoir et de rechercher *la raison des choses.*

Que cette faculté ait besoin, comme le goût littéraire, comme le sentiment du beau, d'exercice et de culture pour se développer; qu'elle puisse être entravée dans son développement par certains défauts d'organisation, par des circonstances extérieures défavorables, telles que celles qui concentrent toute l'activité de l'homme vers des travaux ou des plaisirs grossiers, il y aurait absurdité à le nier. Mais toujours est-il que, chez tous les hommes réputés raisonnables, on retrouve, à certains degrés, cette tendance à s'enquérir de la raison des choses; ce désir de connaître, non pas seulement comment les choses sont, mais pourquoi elles sont de telle façon plutôt que d'une autre; et, partant, cette intelligence d'un rapport qui ne tombe pas sous les sens; cette notion d'un lien abstrait en vertu duquel une chose est subordonnée à une autre qui la détermine et qui l'explique.

14. — Il n'est pas nécessaire d'avoir beaucoup pratiqué les philosophes pour connaître les imperfections du langage philosophique, et pour savoir que les mêmes termes y sont pris souvent dans des acceptions très-diverses; or, le mot de *raison* est certainement un de ceux qui présentent la plus grande variété d'acceptions, selon les auteurs et les passages. Nous examinerons plus tard si cette imperfection du langage philosophique est un vice qu'on puisse réformer, ou un inconvénient dont la nature des choses ne permette pas de s'affranchir. Dès à présent il y a lieu de conjecturer qu'une imperfection à laquelle tant d'esprits distingués n'ont pas réussi à porter remède, constitue en effet une défectuosité naturelle et irrémédiable; dès à présent aussi nous pouvons remarquer que le mot *raison*, comme la plupart de ceux qui se rapportent à la faculté de connaître, comme les mots *idée*, *jugement*, *vérité*, *croyance*, *probabilité* et beaucoup d'autres, ont une tendance marquée à passer, comme on dit, du sens objectif au sens subjectif, et réciproquement,

suivant que l'attention se porte de préférence sur le sujet qui connaît ou sur l'objet de la connaissance. De là une ambiguïté qui affecte de la même manière tous les termes de cette classe. Ainsi l'on imposera le nom de *jugement*, tantôt à une faculté de l'esprit, et tantôt aux produits de cette faculté; on entendra par *idée*, tantôt la pensée même, affectée d'une certaine manière, et tantôt la vérité intelligible qui est l'objet de la pensée [1]. Il en est absolument de même des mots λόγος, *ratio*, *raison*, qui tantôt désignent une faculté de l'être raisonnable, et tantôt un rapport entre les choses mêmes : de sorte que l'on peut dire que la raison de l'homme (la raison subjective) poursuit et saisit la raison des choses (la raison objective). Il est naturel d'admettre, au moins provisoirement et jusqu'à plus ample examen, que l'ambiguïté inhérente à toute cette famille de mots, et la tendance constante à passer d'un sens à l'autre, résultent de l'impuissance où nous sommes de concevoir et d'expliquer ce rapport entre le sujet et l'objet qui produit la connaissance, ou plutôt qui constitue la connaissance même, ainsi que du penchant de l'esprit à se déguiser cette impuissance, en

---

[1] « J'ai dit que je prenais pour la même chose la *perception* et l'*idée*. Il faut néanmoins remarquer que cette chose, quoique unique, a deux rapports, l'un à l'âme qu'elle modifie, l'autre à la chose aperçue, en tant qu'elle est objectivement dans l'âme ; et que le mot de *perception* marque plus directement le premier rapport, et celui d'*idée* le dernier. Ainsi la *perception* d'un carré marque plus directement mon âme comme apercevant un carré, et l'*idée* d'un carré marque plus directement le carré, en tant qu'il est *objectivement* dans mon esprit. Cette remarque est très-importante pour résoudre beaucoup de difficultés qui ne sont fondées que sur ce qu'on ne comprend pas assez que ce ne sont point deux entités différentes, mais une même modification de notre âme, qui enferme essentiellement ces deux rapports. » ARNAULD, *Des vraies et des fausses idées*, ch. 5.

laissant flotter l'imagination sur je ne sais quels êtres mixtes ou intermédiaires qui participeraient de la nature de l'objet et de celle du sujet; penchant dont Reid, à propos de la théorie des idées, a si bien fait voir la vanité et le danger.

15. — Le mot *raison*, lors même qu'il est employé de manière à désigner bien positivement une faculté de l'esprit humain, et à éviter toute confusion entre le sujet et l'objet de la connaissance, n'acquiert pas encore pour cela une acception déterminée et invariable dans le langage des philosophes. Souvent on entend par raison la faculté de raisonner, c'est-à-dire d'enchaîner des jugements, de poser des principes et d'en tirer des conséquences. Au dire des écrivains de l'école de Condillac, la raison, ou la faculté qui distingue essentiellement l'intelligence de l'homme de celle de la brute, consiste dans le pouvoir de se former des idées générales et de les fixer par des signes. Suivant Kant, la raison est une faculté supérieure à l'entendement, comme l'entendement est une faculté supérieure à la sensibilité ; et de même que l'entendement *réduit à l'unité*, c'est-à-dire systématise les apparences données par la sensibilité, en les soumettant à des règles, ainsi la raison systématise ou réduit à l'unité les règles de l'entendement en les soumettant à des principes. La raison, selon des philosophes non moins autorisés [1], est la faculté de saisir les vérités absolues et nécessaires, l'idée de Dieu, celle de l'infini, les idées

---

[1] « Enim vero cognitio veritatum necessariarum et æternarum est id quod nos ab animantibus simplicibus distinguit, et rationis ac scientiarum compotes reddit, dum nos ad cognitionem nostri atque Dei elevat. Atque hoc est istud, quod in nobis *anima rationalis* sive *spiritus*

de l'espace et du temps sans limites, l'idée du devoir et d'autres du même genre. Enfin il y a chez nous des auteurs, et des plus récents, pour lesquels le terme de raison n'est qu'une rubrique générale comprenant toutes les facultés qui se rapportent à la connaissance, par opposition avec celles qui se rapporteraient, d'une part à la sensibilité, d'autre part à l'activité.

Nous n'entendons contester précisément aucune de ces définitions : toutes peuvent être, en tant que définitions conventionnelles et arbitraires, d'un usage commode pour l'exposition de certains systèmes. Nous soutenons seulement que ces définitions sont arbitraires et systématiques, et qu'elles ne mettent pas suffisamment en relief le caractère le plus essentiel par lequel l'homme se distingue, comme être raisonnable, des êtres auxquels le bon sens dit qu'il faut accorder l'intelligence à un certain degré, mais non la raison. Et d'abord, n'est-il pas évident qu'on se place dans une région trop élevée, qu'on s'éloigne trop de la nature et de ce qu'on pourrait appeler les conditions moyennes de l'humanité, quand on fait consister ce caractère distinctif dans la perception des vérités absolues et nécessaires, dans la conception de Dieu et de l'infini? Voyez cet enfant à peine en possession du langage, dont l'active curiosité presse de questions ses parents

---

appellatur. — Cognitioni veritatum necessariarum et earum abstractionibus acceptum referri debet, quod ad actus reflexos elevati simus, quorum vi istud cogitamus, quod *Ego* appellatur, et hoc vel istud in nobis esse consideramus. Et inde etiam est, quod nosmetipsos cogitantes de ente, de substantia cum simplici, tum composita, de immateriali et ipso Deo cogitamus, dum concipimus, quod in nobis limitatum est, in ipso sine limitibus existere. Atque hi actus reflexi praecipua largiuntur objecta ratiociniorum nostrorum. » Leibnitz, édit. Dutens, t. II, p. 24.

et ses maîtres : il s'écoulera encore bien du temps avant qu'il n'ait la notion de l'infini, du nécessaire et de l'absolu, et déjà il voudrait savoir le comment et le pourquoi des choses qui tombent dans le domaine borné de son intelligence. Il est déjà, par ce fait seul, infiniment supérieur au plus intelligent des animaux; et malgré l'ignorance où il vit de toutes les idées abstraites qui gouvernent la raison de l'adulte, on regardera cette curiosité enfantine comme l'indice et le germe des facultés qu'il doit appliquer un jour à des études d'un ordre relevé, et qui lui donneront la supériorité sur les esprits ordinaires.

Mais, sans nous arrêter à considérer ce qui se passe chez l'enfant, il est clair que la raison de l'adulte, celle du philosophe et du savant trouvent assez de quoi s'exercer dans des choses où l'on peut éviter, et où il convient même d'éviter de faire intervenir les notions de l'infini et de l'absolu. Le physicien, le naturaliste, l'économiste, le politique, à qui sans doute les spéculations des métaphysiciens sur ces grandes et mystérieuses idées ne sont point étrangères, qui en trouveraient au besoin le germe dans leur pensée en s'interrogeant eux-mêmes, comprennent parfaitement aussi qu'il est à propos de les laisser à l'écart, comme n'ayant pas d'influence sur la marche progressive des sciences dont ils font l'objet spécial de leurs études. Et cependant on s'accorde à trouver de la philosophie dans leurs écrits : on dira de tels d'entre eux qu'ils ont donné à leurs travaux une tournure plus philosophique; le mot même de *philosophie* sera inscrit sur le frontispice de quelques-uns de leurs ouvrages. L'esprit philosophique, qui n'est autre chose que la raison cultivée par des intelligences d'élite, se conçoit donc indépendamment des notions de l'infini et de l'absolu : donc on fait violence à la nature des choses et au sens ordinaire des mots, si l'on définit la raison comme la faculté dont la fonction consiste essentiellement à saisir la notion de l'infini, à percevoir les vérités absolues et nécessaires, quoiqu'en cela consiste (à notre avis du moins) une des fonctions éminentes de la raison de l'homme, une des puissances de son intelligence, absolument refusée aux intelligences inférieures.

16. — Si nous mettons en contraste avec la définition qui vient d'être critiquée, celle des philosophes qui font consister le caractère essentiel de la raison dans la faculté que l'homme possède de se former des idées générales, en s'aidant pour cela du secours des signes, nous trouverons qu'elles pèchent par des défauts contraires : l'une nous transporte tout d'abord dans des régions trop élevées ; l'autre ne suffit pas à l'explication des actes les plus simples et les plus vulgaires de la pensée. Il ne faut pas confondre la faculté d'apercevoir des ressemblances entre les choses et de les exprimer dans le langage par des classifications et des termes généraux, avec la faculté de saisir les rapports qui font que les choses dépendent les unes des autres et sont constituées d'une façon plutôt que d'une autre. En vertu de la première faculté, l'esprit parvient à mettre de l'ordre dans ses connaissances, à en faciliter l'inventaire, ou (ce qui revient au même) à décrire plus aisément comment les choses sont ; mais c'est par l'autre faculté que l'esprit saisit le pourquoi des choses, l'explication de leur manière d'être et de leurs dépendances mutuelles.

A la vérité, le comment et le pourquoi des choses se tiennent de très-près, en ce sens que, bien décrire une chose, c'est ordinairement mettre la raison sur la voie de l'explication de cette chose ; ou plutôt, nous ne jugeons une description excellente et nous ne la préférons à toute autre que parce qu'elle nous place immédiatement au point de vue le plus favorable pour l'expliquer et pour pénétrer autant que possible dans l'intelligence des rapports qui en gouvernent la trame et l'organisation. Il est donc tout simple que les classifications abstraites et les termes généraux ne soient pas seulement un secours pour l'attention et la mémoire, des instruments commodes de recherches et de descriptions, mais qu'ils contribuent aussi à rendre plus prompte et plus nette la perception de la raison des choses, en quoi nous faisons consister l'attribut le plus essentiel de la raison humaine. Ce n'est pas toutefois un motif pour confondre des facultés distinctes dans leur principe, et qui sont susceptibles de se développer très-inégalement.

Par exemple, l'enfant dont nous parlions tout-à-l'heure, et qui voudrait savoir le pourquoi de tout, ne possède encore qu'à un bien faible degré la faculté d'abstraire et de généraliser ; des hommes doués d'un esprit très-pénétrant et très-inventif, au moins dans les choses spéciales auxquelles ils s'appliquent, ne sont point familiarisés avec les formes et les étiquettes de la logique, avec les termes généraux et les classifications abstraites. D'un autre côté, des savants, des philosophes très-enclins à la généralisation, à la classification, très-féconds à créer des mots nouveaux ou des étiquettes nouvelles pour les genres et les classes qu'ils imaginent, ne sont pas ceux qui font faire les progrès les plus réels aux sciences et à la philosophie. Il faut donc que le principe vraiment actif, le principe de fécondité et de vie, pour tout ce qui tient au développement de la raison et de l'esprit philosophique, ne se trouve pas dans la faculté d'abstraire, de classer et de généraliser.

On rapporte que le grand géomètre Jean Bernoulli, chagrin de voir que son contemporain Varignon semblait vouloir s'approprier ses découvertes, sous prétexte d'y mettre une généralité que l'auteur avait négligée, et qui n'exigeait pas grands frais d'invention, disait malignement, en terminant un nouveau mémoire : « Varignon nous généralisera cela. » D'un autre côté, l'on a souvent conseillé de s'attacher aux méthodes les plus générales, comme à celles qui sont en même temps les plus fécondes. Cette maxime, aussi bien que l'épigramme de Bernoulli, ne doivent être admises qu'avec des restrictions. Il y a dans toutes les sciences, et en mathématiques particulièrement, des généralisations fécondes, parce qu'elles nous montrent dans une vérité générale la raison d'une multitude de vérités particulières dont les liens et la commune origine n'étaient point aperçus. De telles généralisations sont des découvertes du génie, et les plus importantes de toutes. Il y a aussi des généralisations stériles, qui consistent à étendre à des cas sans importance ce que les hommes inventifs s'étaient contentés d'établir pour les cas importants, s'en remettant du surplus aux faciles indications de l'analogie. En pareilles circonstances un pas de plus fait dans la voie de l'abstraction et de la généralité ne correspond pas à un progrès fait dans l'explication de l'ordre des vérités mathématiques et de leurs rapports : l'esprit ne s'est point élevé d'un fait subordonné à un autre fait qui le domine et qui l'explique. Encore une fois, ce n'est donc point dans la faculté de généraliser que réside le principe des découvertes du génie, des progrès des sciences et des plus éclatantes manifestations de la raison humaine.

17. — Nous pourrions aussi bien critiquer toutes les autres définitions qu'on a données de la raison, en tant que faculté ou puissance intellectuelle ; mais, comme l'important est de fixer, autant que possible, la valeur des mots dont on se sert, nous nous contenterons de dire qu'en employant le mot *raison* (dans le sens subjectif), nous entendrons désigner principalement la faculté de saisir la raison des choses, ou l'ordre suivant lequel les faits, les lois, les rapports, objets de notre connaissance, s'enchaînent et procèdent les uns des autres [1]. En précisant ainsi la valeur d'un terme dont les acceptions peuvent varier, s'étendre ou se restreindre selon les besoins du discours, nous ne nous écartons d'aucune acception communément reçue, à tel point qu'on puisse reprocher à notre définition d'être artificielle ou arbitraire : elle sera d'autant mieux justifiée que nous parviendrons plus complétement à montrer, dans la suite de cet ouvrage, que la faculté ainsi définie domine et contrôle toutes les autres; qu'elle est effectivement le principe de la prééminence intel-

---

[1] « Le rapport de la raison et de l'ordre est extrême. L'ordre ne peut être remis dans les choses que par la raison, ni être entendu que par elle : il est ami de la raison et son propre objet. » BOSSUET, *De la connaissance de Dieu et de soi-même*, ch. I. § 8.

lectuelle de l'homme, et ce qui le fait qualifier d'être raisonnable, par opposition à l'animal, à l'enfant, à l'idiot, qui ont aussi des connaissances, et qui même les combinent jusqu'à un certain point.

18. — Il ne faut pas confondre l'idée que nous avons de l'enchaînement rationnel ou de la raison des choses avec les idées de *cause* et de *force*, qui se trouvent aussi dans l'esprit humain, mais qui y pénètrent d'une autre manière. Le sentiment de la tension musculaire suggère à l'homme l'idée de force, laquelle, en s'associant aux notions de la matérialité, telles que ses sens les lui fournissent, devient la base de tout le système des sciences physiques. Quant à l'idée de cause, les métaphysiciens ont assez disserté pour montrer comment elle procède du sentiment intime de l'activité et de la personnalité humaine, pour faire voir par quelle induction l'homme transporte dans le monde extérieur cette idée que lui donne la conscience de ses propres facultés. Nous n'avons nul besoin de reprendre ici cette question délicate : car l'idée de la raison des choses a une tout autre généralité que l'idée de cause efficiente, qui déjà est bien plus générale que l'idée de force, et il ne paraît ni indispensable ni même possible d'assigner une origine psychologique à la première de ces idées. Elle est perçue avec clarté dans la région la plus élevée de nos facultés intellectuelles. Le spectacle de la nature ne suffirait point pour la développer, si nous n'en portions le germe en nous-mêmes. Cette idée peut être éveillée, mais non donnée par la conscience de notre activité personnelle, et encore moins par le sentiment de l'effort musculaire et par les sensations proprement dites, c'est-à-dire, par

celles que recueillent les organes spéciaux des sens[1].

19. — Nous justifierons pleinement notre assertion si nous montrons que l'idée de la raison des choses, prise avec la généralité qu'elle comporte, est souvent en opposition avec l'idée de cause efficiente, telle que l'esprit humain la tire de la conscience de son activité. Lorsqu'au jeu de *croix ou pile* une longue suite de coups montre l'inégalité des chances en faveur de l'apparition de l'une et de l'autre des faces de la pièce projetée, cette inégalité accuse dans la pièce un défaut de symétrie ou une irrégularité de structure. Le fait observé, consistant dans la plus fréquente apparition d'une des faces, a pour raison l'irrégularité de structure ; mais cette raison ne ressemble d'ailleurs en rien à une cause proprement dite ou à une cause efficiente, bien que, dans le langage ordinaire, on n'hésite pas à dire que l'irrégularité de structure est la *cause* de la plus fréquente apparition d'une des faces, ou qu'elle *agit* pour favoriser l'apparition de cette face. Toutes les molécules de la masse projetée ne jouent en réalité qu'un rôle passif, et l'on ne peut pas, dans la rigueur du langage philosophique, attribuer une action, une force ou une vertu efficiente à la structure intime du système moléculaire, à la loi de distribution de la masse

---

[1] « Certainement la raison suffisante (dans le sens de Leibnitz), n'est pas la cause efficiente : tout au contraire, celle-là n'est établie dans sa généralité qui embrasse tout le système de nos idées, comme celui des faits de la nature, qu'en l'exclusion de celle-ci ou de la causalité productive..... La raison suffisante, comme son titre l'indique, n'est que la raison même en action ou appliquée à la liaison ou l'enchaînement des faits, dans l'ordre naturel et légitime de la succession, comme à la liaison des conséquences à leurs principes, dans l'ordre logique de nos idées et de nos signes conventionnels. » MAINE DE BIRAN, *OEuvres philosophiques*, t. IV, p. 397.

ou à la forme extérieure du corps. A chaque jet l'apparition d'une face déterminée est le résultat de causes actives, dont le mode d'action est variable, et irrégulièrement variable, d'un jet à l'autre : ce qu'on exprime en les qualifiant de causes fortuites, et en disant qu'à chaque coup l'apparition d'une face déterminée est un effet du hasard. La répétition des coups en grand nombre a pour objet (comme nous l'expliquerons bientôt) d'arriver à un résultat sensiblement affranchi de l'influence du hasard ou des causes fortuites qui, seules, jouent un rôle actif pour chaque coup particulier ; en sorte qu'on ne peut pas dire du résultat ainsi obtenu (dans le sens propre des termes) qu'il ait une cause, quoiqu'il ait sa raison d'être et son explication, qui se tire de la structure de la pièce.

Quand on dit qu'un volant *agit* pour régulariser le mouvement d'une machine, ou qu'il est *cause* de la régularité des mouvements de l'appareil, on n'entend pas prêter à la masse inerte du volant une énergie qu'elle n'a point. On comprend bien que le volant joue effectivement un rôle passif dans le mouvement de la machine, tantôt en absorbant de la force vive, et tantôt en en restituant aux autres pièces de l'appareil, de manière à corriger les inégalités d'action de la puissance motrice ; mais toujours par suite de l'inertie de sa masse, et non en vertu d'une force propre ou d'une énergie dont il serait doué. On entend dire seulement par là que la régularité des mouvements de la machine est un phénomène dont l'explication et la raison se trouvent dans la liaison du volant avec les autres pièces de la machine.

20. — Un ingénieur remarque qu'un fleuve a une

tendance à délaisser une de ses rives pour se rejeter sur l'autre : il cherche la raison de ce phénomène, et il la trouve dans certains accidents de la configuration du lit du fleuve. Sa science lui suggère l'idée de faire des constructions qui corrigeront le régime du fleuve et l'empêcheront d'inquiéter désormais les riverains. On pourra dire qu'il a trouvé la cause du mal et le remède ; mais, cette fois encore, on prendra le mot de cause dans une acception impropre, quoique autorisée par l'usage. Il y a réellement une série de causes qui ont amené successivement chaque molécule d'eau contre la rive menacée ; qui les ont fait venir de points très-éloignés les uns des autres, en décrivant dans l'atmosphère, à l'état de vapeurs ou de vésicules, des courbes qui ne se ressemblent point ; mais toutes ces variations dans la manière d'agir des forces ou des causes véritablement actives, sont sans influence sur le phénomène dont nous nous occupons. Le phénomène est constant, parce que la raison qui le détermine est constante, et que cette raison se trouve dans un fait ou dans des faits permanents, indépendants de la série des causes actives et variables qui ont déterminé individuellement chaque molécule à concourir en un instant donné à la production du phénomène.

21. — Nous venons de prendre quelques exemples choisis parmi les faits géométriques ou mécaniques les plus fondamentaux, les plus simples, et, en quelque sorte, les plus grossiers de tous ; nous en pourrions trouver d'analogues dans un ordre de faits beaucoup plus relevé. Ce qu'on appelle de nos jours la philosophie de l'histoire consiste évidemment, non dans la recherche des causes qui ont amené chaque événement

historique au gré et selon les affections variables des personnages agissants, mais dans l'étude des rapports et des lois générales qui rendent raison du développement des faits historiques pris dans leur ensemble, et abstraction faite des causes variables qui, pour chaque fait en particulier, ont été les forces effectivement agissantes. Telle province a été successivement conquise, perdue et reconquise, selon le hasard des batailles; mais on aperçoit dans la configuration géographique du pays, dans la direction des fleuves, des bras de mer et des chaînes de montagnes, dans la ressemblance ou la différence des races, des idiomes, des mœurs, des institutions religieuses et civiles, des intérêts commerciaux, les raisons qui devaient amener, un peu plus tôt ou un peu plus tard, la réunion ou la séparation définitive de la province. Des causes fortuites, telles que l'énergie ou la faiblesse, l'habileté ou la maladresse de certains personnages, font échouer ou réussir une conspiration; souvent même l'écrivain curieux de détails anecdotiques prendra plaisir à mettre en relief la petitesse des causes qui ont amené l'événement; mais la raison du philosophe ne se contentera point de pareilles explications, et elle ne sera pas satisfaite qu'elle n'ait trouvé dans les vices de la constitution d'un gouvernement, non point la cause proprement dite, mais l'explication véritable, la vraie raison de la catastrophe dans laquelle il a péri.

22. — Le livre que Montesquieu, pour se conformer au langage reçu de son temps, a intitulé l'*Esprit des lois*, traite évidemment de la raison des lois, ou (comme on dirait aujourd'hui) de la philosophie des lois. Ce dont il s'agit pour le jurisconsulte philosophe,

c'est de remonter à la raison d'un droit, d'une obligation, d'une disposition de la loi ou de la coutume, et non pas seulement aux motifs qui ont pu effectivement, mais accidentellement, déterminer le législateur ou introduire la coutume. Sa tâche consiste à épurer ces motifs, à en séparer ce qui se rattache à des faits ou à des intérêts particuliers, variables, passagers. Tant qu'il n'a pas atteint ce but, la raison n'est point satisfaite; et l'on ne confondra point les efforts tentés pour donner à la raison cette satisfaction qu'elle réclame, avec les recherches qui s'adressent à la curiosité, et qui ont pour objet d'établir historiquement les causes qui ont agi sur l'esprit de tel prince, sur les menées de tel parti, et qui ont gagné les suffrages de tels membres d'une assemblée politique.

23. — Si nous passons à un autre ordre de considérations, nous trouverons un contraste non moins frappant entre l'idée de la raison des choses et l'idée de cause proprement dite. Un être organisé est celui dont toutes les parties ont entre elles des rapports harmoniques, sans lesquels cet être ne pourrait subsister ni se conserver. Parmi les diverses manières d'expliquer l'existence de pareils rapports, il y en a une qui consiste à supposer que, dans la suite des temps, le concours de circonstances fortuites a donné lieu à une multitude de combinaisons, parmi lesquelles toutes celles qui ne réunissaient pas les conditions de conservation et de perpétuité n'ont eu qu'une existence éphémère, jusqu'à ce que, finalement, le hasard ait amené celle qui offre les rapports harmoniques d'où dépendent la stabilité et la durée, soit de l'individu, soit de l'espèce. Admettons pour un moment (sauf à

y revenir plus tard) cette conception théorique, et il deviendra bien clair que l'étude philosophique d'un organisme consiste à pénétrer de plus en plus dans l'intelligence des rapports harmoniques et de la coordination des parties; car là se trouve la raison de l'existence et de la conservation de l'organisme, et nullement dans les causes qui ont fortuitement et aveuglément agi, aussi bien pour produire les combinaisons éphémères que pour produire celle qui s'est trouvée réunir les conditions de l'organisme.

Ainsi, lorsqu'un naturaliste étudie les lois de l'habitation et de la distribution géographique des animaux et des plantes selon les hauteurs, les latitudes et les climats, ce qui fixe son attention, ce ne sont point les causes accidentelles qui ont opéré le transport de tel germe qui s'est développé, la migration de tel couple qui s'est multiplié : car ces causes n'ont pas plus de valeur aux yeux du philosophe que celles qui ont déterminé dans la suite des temps le transport d'une multitude d'animaux qui ont péri sans pouvoir multiplier leur espèce ; et il suffit de concevoir d'une manière générale que le laps du temps, en multipliant les combinaisons fortuites, a dû amener celles qui étaient susceptibles de produire les résultats stables et permanents sur lesquels portent nos observations. En conséquence, l'objet que se propose le naturaliste philosophe, c'est précisément de mettre en relief les conditions d'harmonie qui rendent raison de l'acclimatement des espèces, de l'équilibre final entre les causes de propagation et de destruction, et en un mot de la permanence des résultats observés.

Que s'il répugne à la raison de se contenter d'une

pareille explication pour toutes les merveilles que le monde nous présente, et s'il y a des ouvrages où se montre d'une manière éclatante l'intelligence de l'ouvrier qui adapte les moyens à la fin qu'il a résolu d'atteindre, il faudra bien encore que le philosophe qui veut pénétrer dans l'intelligence de ces merveilles de la nature ait en vue la fin de l'œuvre, les conditions de l'ensemble, qui contiennent la véritable raison des rapports harmoniques entre les diverses parties, plutôt que les causes secondaires et les procédés de détail dont la sagesse providentielle a disposé, comme nous disposons d'un instrument, d'une force aveugle ou d'un agent servile, pour l'exécution des plans que notre esprit a conçus. Aussi, tous les naturalistes, à quelque secte philosophique qu'ils appartiennent, qu'ils soient ou non partisans des causes finales dans le sens vulgaire du mot, s'accordent, par une considération ou par une autre, à chercher la raison des principaux phénomènes de l'organisme dans la fin même de l'organisme ; et c'est à la faveur de cette idée régulatrice, de ce fil conducteur (comme s'exprime Kant), qu'on est arrivé à une connaissance de plus en plus approfondie des lois de l'organisation.

24. — L'idée que nous nous formons de la relation entre les causes efficientes et les effets qu'elles produisent implique l'idée de phénomènes qui se succèdent dans l'ordre du temps. Mais, au contraire, selon ce qui vient d'être exposé, l'idée de la raison des choses et les conséquences qu'on en tire supposent souvent qu'on a fait abstraction de l'ordre suivant lequel des phénomènes irréguliers et accidentels se sont produits dans le temps, pour ne considérer que des résultats géné-

raux, dégagés de l'influence de ces causes accidentelles et de leur mode de succession chronologique, ou les conditions d'un état final et stable, pareillement indépendantes du temps; en un mot pour arriver à une théorie dont le caractère essentiel est d'être affranchie des données de la chronologie et de l'histoire. A plus forte raison, les sciences qui ne traitent que de vérités abstraites, permanentes et tout-à-fait indépendantes du temps, comme les mathématiques, ne pourront nulle part offrir, dans le système des faits qu'elles embrassent, rien qui ressemble à la liaison entre deux phénomènes dont l'un est conçu comme la cause efficiente de l'autre. Cependant, quiconque est un peu versé dans les mathématiques distingue, parmi les différentes démonstrations qu'on peut donner d'un même théorème, toutes irréprochables au point de vue des règles de la logique et rigoureusement concluantes, celle qui donne la vraie raison du théorème démontré, c'est-à-dire celle qui suit dans l'enchaînement logique des propositions l'ordre selon lequel s'engendrent les vérités correspondantes, en tant que l'une est la raison de l'autre. Tant qu'une telle démonstration n'est pas trouvée, l'esprit ne se sent pas satisfait : il ne l'est pas, parce qu'il ne lui suffit point d'étendre son savoir en acquérant la connaissance d'un plus grand nombre de faits, mais qu'il éprouve le besoin de les disposer suivant leurs rapports naturels, et de manière à mettre en évidence la raison de chaque fait particulier. En conséquence, on dit qu'une démonstration est indirecte, lorsqu'elle intervertit l'ordre rationnel; lorsque la vérité, obtenue à titre de conséquence dans la déduction logique, est conçue par l'esprit comme renfermant au contraire la raison des vérités qui lui servent de prémisses logiques.

On a toujours reproché à certaines démonstrations des géomètres, et notamment à celles qu'on appelle réductions à l'absurde, de contraindre l'esprit sans l'éclairer : cela ne veut dire autre chose sinon que de pareilles démonstrations ne mettent nullement en évidence la raison de la vérité démontrée, que pourtant l'esprit se refuse à admettre comme un fait primitif et rationnellement irréductible, ou dont il n'y a pas à chercher la raison.

25. — On entend souvent dire que deux faits ou deux ordres de faits réagissent l'un sur l'autre, de manière à ce que chacun d'eux joue par rapport à l'autre le double rôle de cause et d'effet. Mais il est clair qu'alors les termes de cause et d'effet ne sont plus pris dans leur sens propre, puisque l'esprit conçoit nécessairement la chaîne des causes et des effets qui se succèdent dans le temps (et dont chaque terme ou anneau joue le rôle d'effet par rapport aux termes antécédents, le rôle de cause par rapport aux termes subséquents) comme constituant une série du genre de celles que les géomètres nomment *linéaires*, parce que la manière la plus simple de se les représenter est d'imaginer des points alignés les uns à la suite des autres. La série linéaire des causes et des effets ne saurait rentrer sur elle-même ; et au contraire nous la concevons prolongée indéfiniment, dans un sens et dans l'autre, aussi loin que nos observations peuvent s'étendre. Mais rien ne nous autorise à attribuer toujours la même simplicité à l'idée de l'ordre et de la liaison entre les choses, non plus à titre de causes et d'effets proprement dits, mais en tant qu'elles rendent raison les unes des autres, ou

qu'elles se déterminent et s'expliquent mutuellement ¹.
Par exemple, les lois et les institutions d'un peuple,
quand elles sont destinées à durer, doivent avoir leur
raison dans ses mœurs et dans la tournure de son génie;
et d'un autre côté, les mœurs d'un peuple sont jusqu'à
un certain point façonnées par les lois et les institutions
qui les régissent. Si des causes perturbatrices n'ont
point mis violemment un trop grand désaccord entre
les lois et les mœurs, elles réagissent les unes sur les
autres, de manière à tendre vers un état final et harmonique, dans lequel les traces des impulsions originelles et des oscillations consécutives sont sensiblement
effacées; et lorsque l'on considère cet état final, il n'y
a plus de raison d'attribuer à l'un des éléments plutôt
qu'à l'autre une part prépondérante dans l'harmonie
qu'on observe. De pareilles remarques sont applicables
à l'harmonie qui s'établit entre les formes d'une langue
et la tournure des idées du peuple qui la parle, à celle
qui s'observe entre les habitudes d'une espèce animale, d'une race, d'un individu, et les modifications
correspondantes de son organisme. D'autres fois, un
des termes du rapport harmonique aura une influence
prépondérante, mais non tellement dominante qu'il ne
faille aussi faire la part de l'action réciproque; et entre

---

¹ « Illæ vero insolubiles causæ sunt, quæ mutuis invicem nexibus
vinciuntur, et, dum altera alteram facit, ita vicissim de se nascuntur,
ut nunquam a naturalis societatis amplexibus separentur. » Macrob., *in
Somn. Scip.*, I, cap. 22.

« Toutes choses étant causées et causantes, aidées et aidantes, médiatement et immédiatement, et s'entretenant par un lien naturel et
insensible qui lie les plus éloignées et les plus différentes, je tiens impossible de connaître les parties sans connaître le tout, non plus que de
connaître le tout sans connaître particulièrement les parties. »
Pascal.

les deux cas extrêmes on pourra concevoir une multitude de variétés intermédiaires. C'est ainsi que, de la constitution de notre système planétaire, résulte une subordination bien marquée des planètes au soleil et des satellites à leurs planètes principales ; mais il pourrait y avoir entre les corps d'un autre système de telles relations de masses et de distances, qu'ils s'influenceraient respectivement sans qu'il y eût entre eux de hiérarchie aussi marquée, ou même sans qu'il restât aucune trace de prépondérance.

Dans l'ordre des conceptions abstraites, il y a pareillement lieu d'observer cette réciprocité des rapports, inconciliable avec la notion d'effets et de causes proprement dites. Beaucoup de propriétés des nombres dépendent des lois qui gouvernent la théorie de l'ordre et des combinaisons en général : réciproquement, la science des combinaisons relève en mille endroits de l'arithmétique pure et des propriétés des nombres. Suivant les propriétés que l'on considère, les mêmes objets de la pensée peuvent occuper des degrés divers dans la série des abstractions et des généralités ; et de là un enchevêtrement de rapports, incompatible avec l'idée si simple d'un développement linéaire, comme celui qui appartient à la série des causes et des effets. Nous poursuivrons plus loin les conséquences de ces remarques : ici nous n'avons en vue que d'indiquer les principaux caractères qui ne permettent pas d'identifier l'idée de la raison des choses avec l'idée de cause efficiente, ni d'accepter pour l'une de ces idées les explications qu'on accepterait pour l'autre, si tant est qu'il y ait lieu de chercher comment et pourquoi existent dans l'esprit humain ces idées fondamentales qui en gouvernent toutes les opérations

26. — A la vérité, comme nous avons déjà eu l'occasion d'en faire la remarque, on emploie volontiers dans le langage ordinaire le mot de cause pour désigner la raison des choses aussi bien que la cause proprement dite[1]; et en cela même on ne fait que se rapprocher de la terminologie adoptée par les anciens scolastiques, qui distinguaient, d'après Aristote, quatre sortes de causes : la cause *efficiente,* à laquelle seule devrait appartenir le nom de cause, suivant les conventions des métaphysiciens modernes ; la cause *matérielle*, la cause *formelle* et la cause *finale*. Il suffit, en effet, de se reporter aux exemples donnés plus haut pour comprendre à quoi tient la nécessité où l'on est de chercher la raison et l'explication des choses, tantôt dans certaines conditions de forme, de disposition ou de structure interne (cause matérielle et cause formelle), tantôt dans des conditions d'unité harmonique (cause finale). Cette acception du mot de cause, que le bon sens a fait prévaloir dans le discours ordinaire, est la seule qui puisse justifier le rapprochement sur lequel repose la classification aristotélicienne; car autrement il y aurait de la puérilité à dire, avec la généralité des scolastiques, que le bloc de marbre dans lequel une statue a été taillée est la cause matérielle de la statue; et l'on ne voit pas bien nettement en quel sens il faudrait dire avec eux que l'idée conçue dans la pensée de l'artiste est la cause formelle plutôt que la cause efficiente ou la cause finale de l'œuvre. Dans cette

---

[1] CAUSE, principe, ce qui fait qu'une chose est, a lieu. *Dict. de l'Académie*, édit. de 1835.

circonstance comme dans beaucoup d'autres, la langue commune, expression fidèle des suggestions du bon sens, vaut mieux que les définitions techniques. C'est en prenant le mot de cause dans cette large acception que peut se justifier l'adage : *Philosophia tota inquirit in causas;* car la raison des choses, partout où elle se trouve, est effectivement le but constant de la méditation du philosophe ; la poursuite de l'explication et de la raison des choses est ce qui caractérise la curiosité philosophique, à quelque ordre de faits qu'elle s'applique, par opposition à la curiosité de l'érudit et du savant, qui a pour objet d'accroître le nombre des faits connus, en tenant souvent plus de compte de la singularité et de la difficulté vaincue que de leur degré d'importance pour l'explication et la coordination rationnelle du système de nos connaissances. En conséquence, et suivant les cas, le philosophe s'attachera tantôt à la recherche des causes efficientes, comme lorsqu'il s'agit d'expliquer, par un soulèvement des continents et un déplacement des mers, les grands phénomènes géologiques que l'on observe à l'époque actuelle ; tantôt à la recherche des causes formelles et des causes finales, comme dans les cas que nous avons cités, là où il faut rendre compte de résultats généraux, définitifs ou permanents, qui ne dépendent point de l'action accidentelle et irrégulière des causes efficientes. Si ces causes ne piquent en aucune manière notre intérêt, ou s'il n'est resté aucune trace de leur mode d'action, elles resteront ensevelies dans l'oubli. Si, au contraire, elles peuvent exciter notre curiosité ou nos émotions par un côté dramatique ou moral, comme lorsqu'il s'agit de personnages humains, elles alimenteront l'histoire proprement dite, les mémoires anecdotiques et les doctes compilations de l'antiquaire ; mais dans un cas comme dans l'autre elles ne seront point l'objet propre des spéculations du philosophe.

27. — Nous ne pouvons nous empêcher d'indiquer ici en quoi l'idée que nous voudrions donner du caractère essentiel de la spéculation philosophique se rapproche et diffère de celle qu'en avait Leibnitz, lorsque ce grand homme, le plus vaste génie dont les sciences et la philosophie s'honorent, entreprenait de rattacher toute sa doctrine au principe *de la raison suffisante,* c'est-à-dire à cet axiome : qu'une chose ne peut exister d'une certaine manière s'il n'y a une raison suffisante pour qu'elle existe de cette manière plutôt que d'une autre. On ne saurait trop admirer l'élégance, la symétrie, la profondeur du système édifié sur cette base : système que l'on peut regarder comme le chef-d'œuvre de la synthèse en métaphysique, et qui n'a subi le sort de tous les systèmes que parce qu'il est interdit, même au plus puissant génie, de refaire l'œuvre de Dieu et de reconstruire le monde de toutes pièces, par la vertu d'un principe. D'ailleurs, il ne peut pas être question pour le moment de faire l'exposé ou la critique du système de Leibnitz, mais seulement de présenter quelques observations sur l'énoncé et sur la portée de l'axiome qu'il a rendu fameux, en tant que ces observations peuvent contribuer à éclaircir nos propres idées et à préparer le lecteur aux développements qui doivent suivre.

Et d'abord, il est à remarquer que l'épithète de *suffisante,* appliquée à la raison des choses, semble superflue : car on ne sait ce qu'il faudrait entendre par la raison insuffisante d'une chose. Si la chose C n'existe qu'en raison du concours des choses A et B, on s'exprimerait mal en disant que chacune des choses A et B, prise à part, est une raison insuffisante de C : mais on doit dire que le concours des choses A et B est la raison d'existence, la raison objective, ou tout simplement la raison de la chose C.

Une observation plus essentielle doit porter sur la forme négative de l'axiome. En général, les propositions négatives ont l'avantage de conduire à des conclusions péremptoires et à des démonstrations formelles ; ce sont des règles d'exclusion qui, en obligeant de rejeter toutes les hypothèses hormis une, établissent indirectement et mettent hors de toute contestation l'hypothèse qui subsiste seule après l'exclusion des autres : mais, en revanche, on ne peut se prévaloir de ces arguments négatifs qu'à la faveur de circonstances très-particulières, pour des cas fort simples et comparativement très-restreints. Ainsi, dans le tour de démonstration déjà indiqué (24), et qu'on appelle réduction à l'absurde, on établit l'égalité de deux grandeurs en prouvant que l'une d'elles ne peut être supposée ni plus grande ni plus petite que l'autre : ce tour de démonstration est celui que préféraient les géomètres grecs, dans leur attachement scrupuleux à la rigueur des formes logiques ; mais à mesure que l'on s'élève en mathématiques du simple au composé, le même tour de démonstration, par les complications qu'il entraîne, devient de plus en plus incommode ou impraticable ; en sorte que les modernes ont été conduits à lui en substituer d'autres, dont l'organisation régulière fait précisément la plus grande gloire de Leibnitz, et sans lesquels une foule de vérités importantes seraient restées inaccessibles à l'esprit humain. Il en est de même pour les applications du principe de la raison suffisante. Considérons, par exemple, deux forces d'égale intensité appliquées en un même point suivant des directions différentes, et demandons-nous suivant quelle direction il faudrait appliquer en ce point une troisième force pour maintenir l'équilibre en s'opposant au mouvement que le point tendrait à prendre dans une direction contraire. Il est clair que la direction de cette troisième force doit faire des angles égaux avec chacune des directions des deux premières forces; car il n'y aurait pas de raison pour qu'elle inclinât plus vers l'une que vers l'autre, puisque les deux premières forces sont supposées parfaitement égales. De plus, la direction de la troisième force ne peut se trouver que dans le plan qui comprend les directions des deux autres; car, tout étant symétrique de part et d'autre de ce plan, il n'y aurait pas de raison pour que la direction de la troisième force déviât d'un côté du plan plutôt que de l'autre. Voilà un cas où la simplicité des données et leur parfaite symétrie donnent lieu à une application irréfragable de la maxime leibnitzienne; mais cet exemple même peut faire comprendre ce qu'il y a de singulier et d'exceptionnel dans les circonstances qui permettent de s'en prévaloir.

28. — Suivant Leibnitz, les mathématiques se distingueraient de la métaphysique, en ce que celles-là seraient fondées sur le principe d'identité, et celle-ci sur le principe de la raison suffisante. Mais, lorsqu'on invoque ce dernier principe pour établir une vérité mathématique (et il y en a beaucoup d'exemples, non-

seulement en mécanique, mais en géométrie, en algèbre pure), on n'empiète pas plus sur le domaine de la métaphysique que lorsqu'on se reporte à toute autre notion première ou donnée immédiate de la raison. Le caractère distinctif des mathématiques (comme nous croyons l'avoir clairement expliqué ailleurs) doit se tirer de ce qu'elles ont pour objet des vérités que la raison saisit sans le secours de l'expérience, et qui néanmoins comportent toujours la confirmation de l'expérience [1]. Ainsi, il est aisé d'imaginer une expérience propre à vérifier la proposition de mécanique établie tout-à-l'heure par le raisonnement, tandis que cette proposition de la métaphysique leibnitzienne : « Le monde créé est le meilleur des mondes possibles », proposition présentée, à tort ou à raison, comme un corollaire du principe de la raison suffisante, ne serait en aucune façon susceptible d'une vérification expérimentale, quand même nous saurions au juste à quels caractères on doit juger qu'un monde est meilleur qu'un autre. On peut s'appuyer sur le principe de la raison suffisante pour établir, non-seulement des vérités mathématiques, mais des règles de droit, de morale, et même des règles de goût ; car c'est évidemment en vertu de ce principe que le goût est choqué de ce qui trouble, sans motif suffisant, la symétrie d'une ordonnance. On n'est donc pas autorisé à donner à l'axiome de Leibnitz le nom de principe métaphysique, en ce sens qu'il servirait seulement à diriger l'esprit humain dans les recherches qui portent sur ce qu'on

---

[1] *De l'origine et des limites de la correspondance entre l'algèbre et la géométrie*, chap. XVI.

appelle la métaphysique, par opposition aux sciences qui ont pour objet le monde physique et la nature morale de l'homme; mais on peut très-bien le qualifier de principe philosophique, en tant qu'il présuppose, dans la forme négative de son énoncé, l'idée positive de la raison des choses, laquelle est l'origine de toute philosophie.

D'un autre côté, il nous paraît évident que la philosophie, non plus que les mathématiques, la morale ou l'esthétique, ne saurait être renfermée dans les limites étroites de l'application d'une règle négative telle que la maxime leibnitzienne. De même qu'il y a dans l'esprit des facultés pour juger, en l'absence de toute règle ou formule précise, de la bonté d'une action morale, de la beauté d'une œuvre d'art, soit absolument, soit par comparaison avec d'autres actes ou d'autres œuvres, ainsi il y a en nous des facultés pour saisir les analogies, les inductions, les connexions des choses, et les motifs de préférence entre telles et telles explications ou coordinations rationnelles. Au défaut de démonstrations que la nature des choses et l'organisation de nos instruments logiques ne comportent pas dans la plupart des circonstances, il y a des appréciations, des jugements fondés sur des probabilités qui ont souvent pour le bon sens la même valeur qu'une preuve logique; et de là l'obligation où nous sommes d'étudier soigneusement, avant toute autre chose, la théorie des probabilités et des jugements probables. Nous y consacrerons les deux chapitres suivants.

CHAPITRE III.

DU HASARD ET DE LA PROBABILITÉ MATHÉMATIQUE.

29. — De même que toute chose doit avoir sa raison, ainsi tout ce que nous appelons événement doit avoir une cause. Souvent la cause d'un événement nous échappe, ou nous prenons pour cause ce qui ne l'est pas ; mais, ni l'impuissance où nous nous trouvons d'appliquer le principe de causalité, ni les méprises où il nous arrive de tomber en voulant l'appliquer inconsidérément, n'ont pour résultat de nous ébranler dans notre adhésion à ce principe, conçu comme une règle absolue et nécessaire.

Nous remontons d'un effet à sa cause immédiate ; cette cause, à son tour, est conçue comme effet, et ainsi de suite, sans que l'esprit conçoive, dans l'ordre des événements, et sans que l'observation puisse atteindre aucune limite à cette progression ascendante. L'effet actuel devient ou peut devenir à son tour cause d'un effet subséquent, et ainsi à l'infini. Cette chaîne indéfinie de causes et d'effets qui se succèdent, chaîne dont l'événement actuel forme un anneau, constitue essentiellement une série linéaire (25). Une infinité de séries pareilles peuvent coexister dans le temps : elles peuvent se croiser, de manière qu'un même événement, à la production duquel plusieurs événements ont concouru, tienne en qualité d'effet à plusieurs séries distinctes de causes génératrices, ou engendre à son tour plusieurs séries d'effets qui resteront distinctes et parfaitement séparées à partir du terme initial qui leur est commun. On se fait une idée juste de ce croisement et de cet isolement des chaînons par la comparaison avec les générations humaines. Un homme tient, par ses père et mère, à deux séries d'ascendants; et dans l'ordre ascendant, les lignes paternelle et maternelle se bifurquent à chaque génération. Il peut devenir à son tour la souche ou l'auteur commun de plusieurs lignes descendantes qui, une fois issues de la souche commune, ne se croiseront plus, ou ne se croiseront qu'accidentellement, par des alliances de famille. Dans le laps du temps, chaque famille ou chaque faisceau généalogique contracte des alliances avec une multitude d'autres; mais d'autres faisceaux, en bien plus grand nombre, se propagent collatéralement, en restant parfaitement distincts et isolés les uns des autres aussi loin que nous pouvons les suivre; et s'ils ont une origine commune, l'authenticité de cette origine repose sur d'autres bases que celles de la science et des preuves historiques.

Chaque génération humaine ne donne lieu qu'à une division bifide dans l'ordre ascendant; mais l'on conçoit sans peine la possibilité d'une complication plus grande lorsqu'il s'agit de causes et d'effets quelconques, et rien n'empêche qu'un événement ne se rattache à une multitude, ou même à une infinité de causes diverses. Alors les faisceaux de lignes concurrentes par lesquels l'imagination se représente les liens qui enchaînent les événements selon l'ordre de la causalité, deviendraient plutôt comparables à des faisceaux de rayons lumineux, qui se pénètrent, s'épanouissent et se concentrent, sans offrir nulle part d'interstices ou de solutions de continuité dans leur tissu.

30. — Mais, soit qu'il y ait lieu de regarder comme fini ou comme infini le nombre des causes ou des séries de causes qui contribuent à amener un événement, le bon sens dit qu'il y a des séries *solidaires* ou qui s'influencent les unes les autres, et des séries *indépendantes*, c'est-à-dire qui se développent parallèlement ou consécutivement, sans avoir les unes sur les autres la moindre influence, ou (ce qui reviendrait au même pour nous) sans exercer les unes sur les autres une influence qui puisse se manifester par des effets appréciables. Personne ne pensera sérieusement qu'en frappant la terre du pied il dérange le navigateur qui voyage aux antipodes, ou qu'il ébranle le système des satellites de Jupiter ; mais, en tout cas, le dérangement serait d'un tel ordre de petitesse, qu'il ne pourrait se manifester par aucun effet sensible pour nous, et que nous sommes parfaitement autorisés à n'en point tenir compte. Il n'est pas impossible qu'un événement arrivé à la Chine ou au Japon ait une certaine influence sur des faits qui doivent se passer à Paris ou à Londres ; mais, en général, il est bien certain que la manière dont un bourgeois de Paris arrange sa journée n'est nullement influencée par ce qui se passe actuellement dans telle ville de Chine où jamais les Européens n'ont pénétré. Il y a là comme deux petits mondes, dans chacun desquels on peut observer un enchaînement de causes et d'effets qui se développent simultanément, sans avoir entre eux de connexion, et sans exercer les uns sur les autres d'influence appréciable.

Les événements amenés par la combinaison ou la rencontre d'autres événements qui appartiennent à des séries indépendantes les unes des autres, sont ce qu'on nomme des événements *fortuits*, ou des résultats du *hasard*. Quelques exemples serviront à éclaircir et à fixer cette notion fondamentale.

31. — Il prend au bourgeois de Paris la fantaisie de faire une partie de campagne, et il monte sur un chemin de fer pour se rendre à sa destination. Le train éprouve un accident dont le pauvre voyageur est la victime, et la victime fortuite, car les causes qui ont amené l'accident ne tiennent pas à la présence de ce voyageur : elles auraient eu leur cours de la même manière lors même que le voyageur se serait déterminé, par suite d'autres influences, ou de changements survenus dans son monde, à lui, à prendre une autre route ou à attendre un autre train. Que si l'on suppose, au contraire, qu'un motif de curiosité, agissant de la même manière sur un grand nombre de personnes, amène ce jour-là et à cette heure-là une affluence extraordinaire de voyageurs, il pourra bien se faire que le service du chemin de fer en soit dérangé, et que les embarras du service soient la cause déterminante de l'accident. Des séries de causes et d'effets, primitivement indépendantes les unes des autres, cesseront de l'être, et il faudra au contraire reconnaître entre elles un lien étroit de solidarité.

Un homme qui ne sait pas lire prend un à un des caractères d'imprimerie entassés sans ordre. Ces caractères, dans l'ordre où il les amène, donnent le mot AMITIÉ. C'est une rencontre fortuite ou un résultat du hasard, car il n'y a nulle liaison entre les causes qui ont dirigé successivement les doigts de cet homme sur tels et tels morceaux de métal, et celles qui ont fait de cet assemblage de lettres un des mots les plus usités de notre langue.

Je suppose que deux frères qui servent dans le même corps périssent dans la même bataille : quand on songe au lien qui les unissait et au malheur qu'ils partagent, il y a dans ce rapprochement quelque chose qui frappe; mais, en y réfléchissant, on s'aperçoit que ces deux circonstances pourraient bien n'être pas indépendantes l'une de l'autre, et qu'il ne faut pas mettre sur le compte du hasard seul la funeste coïncidence. Car, peut-être le cadet n'a-t-il embrassé la carrière des armes qu'à l'exemple de son frère; en suivant la même carrière, il est naturel qu'ils aient cherché à servir dans le même corps : en servant dans le même corps, ils ont dû partager les mêmes périls, se porter au besoin du secours; et si le péril a été grand pour tous les deux, il n'est pas étrange que tous deux aient succombé. Des causes indépendantes de leur lien de parenté ont pu jouer un rôle dans cet événement, mais il n'y a pas rencontre fortuite entre leur qualité de frère et leur commune catastrophe.

Je suppose maintenant qu'ils servent dans deux armées, l'un à la frontière du Nord, l'autre au pied des Alpes : il y a un combat le même jour sur les deux frontières, et les deux frères y périssent. On sera fondé à regarder cette rencontre comme un résultat du hasard; car, à une si grande distance, les opérations des deux armées composent deux séries de faits dont la direction première peut partir d'un centre commun, mais qui se développent ensuite dans une complète indépendance l'une de l'autre, en s'accommodant aux circonstances locales et aux conjonctures. Les circonstances qui faisaient qu'un combat avait lieu tel jour plutôt que tel autre sur l'une des frontières, ne se liaient point aux circonstances qui déterminaient pareillement le jour du combat sur l'autre frontière ; si les corps auxquels les deux frères appartenaient respectivement ont donné dans les deux combats, si tous deux y ont péri, il n'y a rien dans leur qualité de frère qui ait concouru à produire ce double événement. Ainsi, lorsque ces deux nobles frères d'armes, Desaix et Kleber, tombaient le même jour, presque au même instant, l'un sur le champ de bataille de Marengo, l'autre au Caire, sous le fer d'un fanatique, il n'y avait certainement pas de liaison entre les manœuvres des armées dans les plaines du Piémont et les causes qui, ce jour-là même, sollicitaient l'assassin à tenter son entreprise, ni entre ces diverses causes et les circonstances des campagnes faites auparavant sur les bords du Rhin, lesquelles avaient valu aux noms de Kleber et de Desaix l'honneur d'être associés dans la pensée de tous ceux qui s'intéressaient à la gloire de nos armes. L'historien, en relevant cette singularité, bien propre à exciter la surprise du lecteur, n'y peut voir qu'une rencontre fortuite, un pur effet du hasard.

32. — Ce n'est point d'ailleurs parce que les événements pris pour exemples sont rares et surprenants qu'on doit les qualifier de résultats du hasard. Au contraire, c'est parce que le hasard les amène, entre beaucoup d'autres auxquels donneraient lieu des combinaisons différentes, qu'ils sont rares ; et c'est parce qu'ils sont rares, qu'ils nous surprennent. Quand un

homme extrait, les yeux bandés, des boules d'une urne qui renferme autant de boules blanches que de noires, l'extraction d'une boule blanche n'a rien de rare ni de surprenant, pas plus que l'extraction d'une boule noire ; et pourtant l'un et l'autre événement doivent être considérés comme des résultats du hasard, parce qu'il n'y a manifestement aucune liaison entre les causes qui font tomber sur telle ou telle boule les mains de l'opérateur et la couleur de ces boules.

Il est bien vrai que, dans le langage familier, on emploie de préférence l'expression de hasard lorsqu'il s'agit de combinaisons rares et surprenantes. Si l'on a extrait quatre fois de suite une boule noire de l'urne qui renferme autant de boules blanches que de noires, on dira que cette combinaison est l'effet d'un grand hasard ; ce qu'on ne dirait peut-être pas si l'on avait amené d'abord deux boules blanches et ensuite deux boules noires, et à plus forte raison si les blanches et les noires s'étaient succédé avec moins de régularité, quoique, dans toutes ces hypothèses, il y ait une parfaite indépendance entre les causes qui ont affecté chaque boule de telle couleur et celles qui ont dirigé à chaque coup les mains de l'opérateur. On remarquera le hasard qui a fait périr les deux frères le même jour, et l'on ne remarquera pas, ou l'on remarquera moins celui qui les a fait mourir à un mois, à trois mois, à six mois d'intervalle, quoiqu'il n'y ait toujours aucune solidarité entre les causes qui ont amené tel jour la mort de l'aîné, et celles qui ont amené tel autre jour la mort du cadet, ni entre ces causes et leur qualité de frères. Dans le tirage aveugle d'une suite de caractères entassés sans ordre (c'est-à-dire sans ordre lié à nos idées et à l'usage habituel que nous faisons des caractères d'imprimerie), on ne fera pas attention aux assemblages de lettres qui ne représentent pas des sons articulables, ou des mots employés dans une langue connue, quoiqu'il y ait toujours absence de liaison entre les causes qui dirigent successivement les doigts de l'opérateur sur tel ou tel morceau de métal et celles qui ont imprimé tels ou tels caractères sur les morceaux extraits ou attaché telle valeur représentative aux sons figurés par ces caractères. Mais cette nuance d'expression, attachée au mot de hasard dans la conversation familière et dans le langage du monde, nuance vague et mal définie, doit être écartée lorsqu'on parle un langage plus philosophique et plus sévère. Il faut, pour bien s'entendre, s'attacher exclusivement à ce qu'il y a de fondamental et de catégorique dans la notion du hasard, savoir, à l'idée de l'indépendance ou de la non-solidarité entre diverses séries de causes [1] : et maintenant le mot de *cause* doit être pris *lato sensu*, conformément à l'usage

---

[1] Cette idée a été entrevue par saint Thomas, et plus anciennement par Boèce (*De interpr.*, lib. III). Suivant celui-ci, « le hasard est l'événement inopiné provenant de causes qui ont originairement un autre objet..... Si, en creusant un champ, on trouve un trésor, la découverte est vraiment fortuite ; il a fallu que l'un ait enfoui le trésor, que l'autre ait creusé la terre, chacun dans une intention différente. »

Un auteur moderne et bien peu connu a eu sur ce sujet des idées plus nettes encore, et qui ne seraient sans doute pas restées dans l'oubli s'il en eût su tirer les conséquences: « Quelqu'un peut-être, dit-il, me demandera si j'admets que le hasard est un vain nom, qui ne signifie absolument rien, que c'est un pur néant, etc... Je réponds que je n'en puis convenir. Je suis persuadé que si ce qu'on dit est vrai, on débiterait une fausseté toutes les fois qu'on dirait, comme on le dit si souvent, que le hasard a fait telle ou telle chose, car il est certain qu'un pur néant ne fait rien, ne produit rien, ne cause rien.

« Pour moi, je suis persuadé que le hasard renferme quelque chose de réel et de positif, savoir, un concours de deux ou de plusieurs événe-

ordinaire, pour désigner tout ce qui influe sur la production d'un événement, et non plus seulement pour désigner les causes proprement dites, ou les causes efficientes et vraiment actives. Ainsi, au jeu de *croix ou pile* (19), l'inégalité de structure de la pièce projetée sera considérée comme une cause qui favorise l'apparition d'une des faces et contrarie l'apparition de l'autre : cause constante, la même à chaque coup, et dont l'influence s'étend sur toute la série des coups pris solidairement et dans leur ensemble; tandis que chaque coup est indépendant des précédents, quant à l'intensité et à la direction des forces impulsives, que l'on qualifie pour cela de causes accidentelles ou fortuites [1].

---

ments contingents, chacun desquels a ses causes, mais en sorte que leur concours n'en a aucune que l'on connaisse. Je suis fort trompé si ce n'est là ce qu'on entend lorsqu'on parle du hasard. »

(*Traité des jeux de hasard, défendus contre les objections de M. de Joncourt et de quelques autres*, par JEAN LA PLACETTE (ministre protestant en Hollande). La Haye, 1714, in-12, fin de la préface.

[1] Dans l'ordre même des conceptions purement abstraites, là où les faits se produisent par une nécessité de raison, et non par des causes efficientes comme celles qui agissent dans la production des phénomènes, la notion du hasard ou de l'indépendance des causes trouve encore son application. Ainsi le géomètre Lambert, dans les Mémoires de l'Académie de Berlin, s'est avisé d'observer la succession des chiffres dans l'expression du rapport de la circonférence au diamètre, évalué en décimales, et il a trouvé, comme cela devait être, que les dix chiffres de notre numération décimale se reproduisent dans cette série, qu'on peut prolonger autant qu'on veut, sans affecter aucun ordre régulier de succession, mais de manière toutefois que la moyenne des valeurs de ces chiffres, quand on embrasse une portion suffisamment longue de la série, diffère peu de 4 1/2 : absolument comme si ces chiffres étaient successivement amenés par un tirage au sort dans une urne renfermant tous ces chiffres en proportions égales, et non par le cours d'une opération de calcul soumise à des règles déterminées. Cela veut dire que les formules mathématiques desquelles résulte avec une approximation indéfinie la détermination du rapport de la circonférence au diamètre, sont indépendantes de la construction de notre arithmétique décimale, et doivent, lorsqu'on y applique le calcul décimal, amener

33. — A cette notion du hasard s'en rattache une autre qui est de grande conséquence en théorie comme en pratique : nous voulons parler de la notion de *l'impossibilité physique*. C'est encore ici le cas de recourir à des exemples pour rendre plus saisissables les généralités abstraites.

On regarde comme physiquement impossible qu'un cône pesant se tienne en équilibre sur sa pointe ; que l'impulsion communiquée à une sphère soit précisément dirigée suivant une ligne passant par le centre, de manière à n'imprimer à la sphère aucun mouvement de rotation sur elle-même ; que le centre d'un disque projeté sur un parquet carré tombe précisément au point d'intersection des diagonales ; qu'un instrument à mesurer les angles soit exactement centré ; qu'une balance soit parfaitement juste ; qu'une mesure quelconque soit rigoureusement conforme à l'étalon, et ainsi de suite. Toutes ces impossibilités physiques sont de même nature, et s'expliquent à l'aide de la notion qu'on a dû se faire des rencontres fortuites et de l'indépendance des causes.

En effet, supposons qu'il s'agisse de trouver le centre d'un cercle : l'adresse de l'artiste et la précision de ses instruments assignent des limites à l'erreur qu'il peut commettre dans cette détermination. Mais d'autre part, entre de certaines limites différentes des premières et plus resserrées, l'artiste cesse d'être guidé par ses sens et par ses instruments. La fixation du point central, dans ce champ plus ou moins rétréci, s'opère sans doute

---

une série de chiffres qui offre tous les caractères de la succession fortuite, puisqu'il n'y a pas de différence essentielle entre la notion du hasard et celle de l'indépendance des causes.

en vertu de certaines causes, mais de causes aveugles, c'est-à-dire de causes tout à fait indépendantes des conditions géométriques qui serviraient à déterminer ce centre sans aucune erreur si l'on opérait avec des sens et des instruments parfaits. Il y a une infinité de points sur lesquels ces causes aveugles peuvent fixer l'instrument de l'artiste, sans qu'il y ait de raison, prise dans la nature de l'œuvre, pour que ces causes fixent l'instrument sur un point plutôt que sur un autre. La coïncidence de la pointe de l'instrument et du véritable centre est donc un événement complétement assimilable à l'extraction d'une boule blanche par un agent aveugle, quand l'urne renferme une seule boule blanche et une *infinité* de boules noires. Or, un pareil événement est avec raison réputé physiquement impossible, en ce sens que, bien qu'il n'implique pas contradiction, de fait il n'arrive pas : et ceci ne veut pas dire que nous ayons besoin d'être renseignés par l'expérience pour réputer l'événement impossible ; au contraire, l'esprit conçoit *a priori* la raison pour laquelle l'événement n'arrive pas, et l'expérience n'intervient que pour confirmer cette vue de l'esprit.

De même, lorsqu'une sphère est rencontrée par un corps mû dans l'espace en vertu de causes indépendantes de la présence actuelle de cette sphère en tel lieu de l'espace, il est physiquement impossible, il n'arrive pas que, sur le nombre infini de directions dont le corps choquant est susceptible, les causes motrices lui aient précisément donné celle qui va passer par le centre de la sphère. En conséquence, on admet l'impossibilité physique que la sphère ne prenne pas un mouvement de rotation sur elle-même en même temps qu'un mouvement de translation. Si l'impulsion était communiquée par un être intelligent, qui visât à ce résultat, mais avec des sens et des organes d'une perfection bornée, il serait encore physiquement impossible qu'il en vînt à bout : car, quelle que fût son adresse, la direction de la force impulsive serait subordonnée, entre de certaines limites d'écart, à des causes indépendantes de sa volonté et de son intelligence ; et, pour peu que la direction dévie du centre de la sphère, le mouvement de rotation doit se produire. On expliquerait de la même manière l'impossibilité physique, admise par tout le monde, de mettre un cône pesant en équilibre sur sa pointe, quoique l'équilibre soit mathématiquement possible, et l'on ferait des raisonnements analogues dans tous les cas cités

34. — Ainsi qu'on vient de l'expliquer, l'événement physiquement impossible (celui qui de fait n'arrive pas, et sur l'apparition duquel il serait déraisonnable de compter tant qu'on n'embrasse qu'un nombre fini d'épreuves ou d'essais, c'est-à-dire tant qu'on reste dans les conditions de la pratique et de l'expérience possible) est l'événement qu'on peut assimiler à l'extraction d'une boule blanche par un agent aveugle, quand l'urne renferme une seule boule blanche pour une infinité de boules noires ; en d'autres termes, c'est l'événement qui n'a qu'une *chance* favorable pour une infinité de chances contraires. Mais on a donné le nom de *probabilité mathématique* à la fraction qui exprime le rapport entre le nombre des chances favorables à un événement et le nombre total des chances : en conséquence, on peut dire plus brièvement, dans le langage reçu des géomètres, que l'événement physiquement impossible est celui dont la probabilité mathématique

est infiniment petite, ou tombe au-dessous de toute fraction, si petite qu'on la suppose. On peut dire aussi que l'événement physiquement certain est l'événement dont le contraire est physiquement impossible, ou l'événement dont la probabilité mathématique ne diffère de l'unité par aucune fraction assignable, si petite qu'on la suppose : événement qu'il ne faut pourtant pas confondre avec celui qui réunit absolument toutes les combinaisons ou toutes les chances en sa faveur, et qui est certain, d'une certitude mathématique.

D'un autre côté, il résulte de la théorie mathématique des combinaisons que, quelle que soit la probabilité mathématique d'un événement A dans une épreuve aléatoire, si l'on répète un très grand nombre de fois la même épreuve, le rapport entre le nombre des épreuves qui amènent l'événement A et le nombre total des épreuves doit différer très-peu de la probabilité de l'événement A : de sorte que, par exemple, si l'événement A a pour lui les deux tiers des chances, et qu'on embrasse dix mille épreuves, le nombre des épreuves qui amènent l'événement A sera, à peu de chose près, les deux tiers de dix mille. Si l'on peut accroître indéfiniment le nombre des épreuves, on fera décroître indéfiniment, et l'on rendra aussi petite qu'on le voudra, la probabilité que la différence des deux rapports dépasse une fraction donnée, si petite qu'elle soit, et l'on se rapprochera ainsi de plus en plus des cas d'impossibilité physique cités tout à l'heure.

35. — Dans le langage rigoureux qui convient aux vérités abstraites et absolues des mathématiques et de la métaphysique, une chose est possible ou elle ne l'est pas : il n'y a pas de degrés de possibilité ou d'impossi-

bilité. Mais, dans l'ordre des faits physiques et des réalités qui tombent sous les sens, lorsque des événements contraires peuvent arriver et arrivent effectivement, selon les combinaisons fortuites de certaines causes variables et indépendantes d'une épreuve à l'autre, avec d'autres causes ou conditions constantes qui régissent solidairement l'ensemble des épreuves, il est naturel de regarder chaque événement comme ayant une disposition d'autant plus grande à se produire, ou comme étant d'autant plus possible, de fait ou physiquement, qu'il se reproduit plus souvent dans un grand nombre d'épreuves. La probabilité mathématique devient alors la mesure de la *possibilité physique*, et l'une de ces expressions peut être prise pour l'autre. L'avantage de celle-ci, c'est d'indiquer nettement l'existence d'un rapport qui ne tient pas à notre manière de juger et d'apprécier, variable d'un individu à l'autre, mais qui subsiste entre les choses mêmes : rapport que la nature maintient et que l'observation manifeste lorsque les épreuves se répètent assez pour compenser les uns par les autres tous les effets dus à des causes fortuites et irrégulières, et pour mettre au contraire en évidence la part d'influence, si petite qu'elle soit, des causes régulières et constantes, comme cela arrive sans cesse dans l'ordre des phénomènes naturels et des faits sociaux.

36. — Il n'est donc pas exact de dire, avec Hume, que « le hasard n'est que l'ignorance où nous sommes des véritables causes, » ou, avec Laplace, que « la probabilité est relative en partie à nos connaissances, en partie à notre ignorance : » de sorte que, pour une intelligence supérieure qui saurait démêler toutes les

causes et en suivre tous les effets, la science des probabilités mathématiques s'évanouirait, faute d'objet. Sans doute le mot de *hasard* n'indique pas une cause substantielle, mais une idée : cette idée est celle de la combinaison entre plusieurs systèmes de causes ou de faits qui se développent chacun dans sa série propre, indépendamment les uns des autres. Une intelligence supérieure à l'homme ne différerait de l'homme à cet égard qu'en ce qu'elle se tromperait moins souvent que lui, ou même, si l'on veut, ne se tromperait jamais dans l'usage de cette donnée de la raison. Elle ne serait pas exposée à regarder comme indépendantes des séries qui s'influencent réellement, ou, par contre, à se figurer des liens de solidarité entre des causes réellement indépendantes. Elle ferait avec une plus grande sûreté, ou même avec une exactitude rigoureuse, la part qui revient au hasard dans le développement successif des phénomènes. Elle serait capable d'assigner *a priori* les résultats du concours de causes indépendantes dans des cas où nous sommes obligés de recourir à l'expérience, à cause de l'imperfection de nos théories et de nos instruments scientifiques. Par exemple, étant donné un dé de forme déterminée, autre que le cube, ou dont la densité n'est pas uniforme, lequel doit être projeté un grand nombre de fois par des forces impulsives dont l'intensité, la direction et le point d'application sont déterminés à chaque coup par des causes indépendantes de celles qui agissent aux coups suivants, elle saurait (ce que nous ne savons pas) quel doit être à très-peu près le rapport entre le nombre des coups qui amèneront une face déterminée et le nombre total des coups ; et cette science aurait pour elle un objet certain, soit qu'elle connût les forces qui agissent et qu'elle en pût calculer les effets pour chaque coup particulier, soit que cette connaissance et ce calcul surpassassent encore sa portée. En un mot, elle pousserait plus loin que nous et appliquerait mieux la théorie de ces rapports mathématiques, tous liés à la notion du hasard, et qui deviennent, dans l'ordre des phénomènes, autant de lois de la nature, susceptibles à ce titre d'être constatées par l'expérience ou l'observation statistiques.

Il est vrai de dire en ce sens (comme on l'a répété si souvent) que le hasard gouverne le monde, ou plutôt qu'il a une part, et une part notable, dans le gouvernment du monde ; ce qui ne répugne nullement à l'idée qu'on doit se faire d'une direction suprême et providentielle : soit que la direction providentielle soit présumée ne porter que sur les résultats moyens et généraux que les lois mêmes du hasard ont pour résultat d'assurer, soit que l'intelligence suprême dispose des détails et des faits particuliers pour les coordonner à des vues qui surpassent nos sciences et nos théories.

Que si nous restons dans l'ordre des causes secondaires et des faits observables, le seul auquel la science puisse atteindre, la théorie mathématique du hasard (dont les développements ne seraient pas à leur place ici) nous apparaît comme l'application la plus vaste de la science des nombres, et celle qui justifie le mieux l'adage : *Mundum regunt numeri*[1]. En effet, quoi-

---

[1] « Omnia in mundo certis rationibus et constanti vicissitudinis lege contingere deprehenduntur ; adeo ut, etiam in maxime casualibus atque fortuitis, quamdam quasi necessitatem, et, ut sic dicam, fatalitatem agnoscere teneamur. » JACOB. BERNOULLI, *Ars conjectandi*, pars IV, *in fine*.

qu'en aient pensé certains philosophes, rien ne nous autorise à croire qu'on puisse rendre raison de tous les phénomènes avec les notions d'étendue, de temps, de mouvement, en un mot, avec les seules notions des grandeurs continues sur lesquelles portent les mesures et les calculs du géomètre. Les actes des êtres vivants, intelligents et moraux ne s'expliquent nullement, dans l'état de nos connaissances, et il y a de bonnes raisons de croire qu'ils ne s'expliqueront jamais par la mécanique et la géométrie. Ils ne tombent donc point, par le côté géométrique ou mécanique, dans le domaine des nombres, mais ils s'y retrouvent placés, en tant que les notions de combinaison et de chance, de cause et de hasard, sont supérieures, dans l'ordre des abstractions, à la géométrie et à la mécanique, et s'appliquent aux phénomènes de la nature vivante comme à ceux que produisent les forces qui sollicitent la matière inorganique; aux actes réfléchis des êtres libres, comme aux déterminations fatales de l'appétit et de l'instinct.

37. — A la vérité, les géomètres ont appliqué leur théorie des chances et des probabilités à deux ordres de questions bien distinctes, et qu'ils ont parfois mal à propos confondues : à des questions de *possibilité*, qui ont une valeur tout objective, ainsi qu'on vient de l'expliquer, et à des questions de *probabilité*, dans le sens vulgaire du mot, qui sont en effet relatives, en partie à nos connaissances, en partie à notre ignorance. Quand nous disons que la probabilité mathématique d'amener un *sonnez* au jeu de tric-trac est la fraction $1/36$, nous pouvons avoir en vue un jugement de possibilité, et alors cela signifie que, si les dés sont parfaitement réguliers et homogènes, de manière qu'il

n'y ait aucune raison prise dans leur structure physique pour qu'une face soit amenée de préférence à l'autre, le nombre des sonnez amenés dans un grand nombre de coups, par des forces impulsives dont la direction variable d'un coup à l'autre est absolument indépendante des points inscrits sur les faces, sera sensiblement un 36ᵉ du nombre total des coups. Mais nous pouvons aussi avoir en vue un jugement de simple probabilité, et alors il suffit que nous ignorions si les dés sont réguliers ou non, ou dans quel sens agissent les irrégularités de structure si elles existent, pour que nous n'ayons aucune raison de supposer qu'une face paraîtra plutôt que l'autre. Alors l'apparition du sonnez, pour laquelle il n'y a qu'une combinaison sur 36, sera moins probable relativement à nous que celle du point *deux et as*, en faveur de laquelle nous comptons deux combinaisons, suivant que l'as se trouve sur un dé ou sur l'autre ; bien que ce dernier événement soit peut-être physiquement moins possible ou même impossible. Si un joueur parie pour *sonnez* et un autre pour *deux et as*, en convenant de regarder comme nuls les coups qui n'amèneraient pas l'un ou l'autre de ces points, il n'y aura pas moyen de régler leurs enjeux autrement que dans le rapport d'un à deux ; et l'équité sera satisfaite par ce réglement, aussi bien qu'elle pourrait l'être si l'on était certain d'une parfaite régularité de structure, tandis que le même réglement serait inique de la part de l'arbitre qui saurait que les dés sont pipés, et en quel sens.

En général, si, dans l'état d'imperfection de nos connaissances, nous n'avons aucune raison de supposer qu'une combinaison arrive plus facilement qu'une autre, quoique, en réalité, ces combinaisons soient autant d'événements dont les possibilités physiques ont pour mesure des fractions inégales ; et si nous entendons par probabilité d'un événement le rapport entre le nombre des combinaisons qui lui sont favorables et le nombre total des combinaisons que l'imperfection de nos connaissances nous fait ranger sur la même ligne, cette probabilité cessera d'exprimer un rapport subsistant réellement et objectivement entre les choses ; elle prendra un caractère purement subjectif, et sera susceptible de varier d'un individu à un autre, selon le degré de ses connaissances. Elle aura encore une valeur mathématique, en ce sens qu'elle pourra, et que même elle devra servir à fixer numériquement les conditions d'un pari ou de tout autre marché aléatoire. Elle aura de plus cette valeur pratique d'offrir une règle de conduite propre à nous déterminer (en l'absence de toute autre raison déterminante), dans des cas où il faut nécessairement prendre un parti. Ainsi, nous agirons raisonnablement en prenant nos arrangements en prévision de l'événement A, plutôt qu'en prévision de l'événement B, si la probabilité de A (calculée d'après l'état de nos connaissances, comme on vient de le dire) l'emporte sur celle de B, lors même que la possibilité inconnue de B surpasserait celle de A ; mais les valeurs numériques des probabilités de A et de B ne détermineront alors qu'un ordre de préférence ; ce ne seront plus des mesures, dans le vrai sens du mot. En conséquence, de telles probabilités, quoique méritant d'attirer l'attention du philosophe qui analyse les motifs de nos jugements, celle du moraliste qui cherche une règle de nos actions, devront être réputées en dehors des applications d'une théorie mathématique qui a pour objet des grandeurs qu'on puisse rigoureusement comparer à une unité de mesure.

58. — Pour les événements fortuits dont l'homme n'a pas lui-même déterminé les conditions, les causes qui donnent telle possibilité physique à tel événement sont presque toujours inconnues dans leur nature et dans leur mode d'action, ou tellement compliquées que nous ne pouvons en faire rigoureusement l'analyse, ni en soumettre les effets au calcul. Dans les jeux même où tout est de convention et d'invention humaine, la construction des instruments aléatoires est sujette à des irrégularités qui impriment aux chances des modifications dont on ne saurait, *a priori*, évaluer l'influence. En conséquence, la probabilité mathématique prise objectivement, ou conçue comme mesurant la possibilité des choses, ne peut en général être déterminée que par l'expérience. Si le nombre des épreuves d'un même hasard croissait à l'infini, elle serait déterminée exactement avec une certitude comparable à celle de l'événement dont le contraire est physiquement impossible. Pour un nombre très-grand d'épreuves, la probabilité n'est encore donnée qu'approximativement ; mais on est autorisé à regarder comme extrêmement peu probable que la valeur réelle diffère notablement de la valeur conclue des observations. En d'autres termes, il arrivera très-rarement que l'on commette une erreur notable en prenant pour la valeur réelle la valeur tirée des observations.

Dans le cas même où le nombre des épreuves est peu considérable, on a voulu tirer, de certaines considérations mathématiques, des formules pour évaluer numériquement la probabilité des événements futurs d'après les événements observés ; mais de telles formules n'indiquent plus que des probabilités subjectives, bonnes tout au plus à régler les conditions d'un pari ; elles deviendraient fausses si on les appliquait, comme on l'a fait souvent bien à tort, à la détermination de la possibilité des événements.

39. — Dans la pratique de la vie, il arrive à chaque instant que nous sommes obligés de nous déterminer d'après des expériences si peu nombreuses qu'elles ne peuvent point nous renseigner sur la vraie mesure de la possibilité d'un événement : de telle sorte qu'il serait impossible d'assigner la chance que nous avons de nous tromper en croyant à la production de l'événement, ou en jugeant que la possibilité de cet événement tombe entre telles et telles limites. Cependant il est clair que, si l'événement A est arrivé plus souvent que l'événement B dans un certain nombre d'épreuves, si petit qu'il soit, ce sera, en l'absence de toute autre donnée, une raison pour que nous réglions notre conduite en prévision de la reproduction de l'événement A, plutôt qu'en prévision de la reproduction de B. Si l'on considère les deux fractions dont l'une est le rapport entre le nombre des épreuves qui ont amené A et le nombre total des épreuves, l'autre le rapport entre le nombre des épreuves qui ont amené B et ce même nombre total, l'ordre de grandeur des deux fractions motivera pour nous un ordre de préférence quant aux événements à la reproduction présumée desquels nous subordonnerons notre conduite ; mais ce motif de préférence ne sera pas une grandeur susceptible d'être mesurée par les fractions dont il s'agit ici, ou par d'autres nombres que certains

géomètres ont proposés à cet effet. En un mot, sauf le cas de règlement d'un pari, la probabilité subjective dont il s'agit ici, de même que celle dont il était question tout à l'heure, sortira du champ des applications de la théorie mathématique des chances, laquelle a essentiellement pour objet des grandeurs mesurables et des rapports qui subsistent entre les choses, indépendamment de l'esprit qui les conçoit.

Nous avons dû rappeler ici succinctement les principes philosophiques de cette théorie, parce que nous aurons sans cesse, dans la suite de nos recherches, à invoquer des jugements fondés sur des probabilités qui, sans être de la même nature que les probabilités mathématiques, et sans pouvoir être assujetties au calcul, se rattachent pourtant aussi à la notion du hasard et de l'indépendance des causes, ainsi qu'on va l'expliquer.

CHAPITRE IV.

DE LA PROBABILITÉ PHILOSOPHIQUE. — DE L'INDUCTION ET DE L'ANALOGIE.

40. — Pour mieux préciser les idées, nous recourrons d'abord à des exemples fictifs, abstraits, mais très simples. Supposons donc qu'une grandeur sujette à varier soit susceptible de prendre les valeurs exprimées par la suite des nombres, de 1 à 10 000, et que quatre observations ou mesures consécutives de cette grandeur aient donné quatre nombres, tels que

$$25, \quad 100, \quad 400, \quad 1600,$$

offrant une progression régulière, et dont la régularité consiste en ce que chaque nombre est le quadruple du précédent : on sera très porté à croire qu'un tel résultat n'est point fortuit ; qu'il n'a pas été amené par une opération comparable à quatre tirages faits au hasard dans une urne qui contiendrait 10 000 billets, sur chacun desquels serait inscrit l'un des nombres de 1 à 10 000 ; mais qu'il indique au contraire l'existence de quelque loi régulière dans la variation de la grandeur mesurée, en correspondance avec l'ordre de succession des mesures.

Les quatre nombres amenés par l'observation pourraient offrir, au lieu de la progression indiquée, une autre loi arithmétique quelconque. Ils pourraient former, par exemple, quatre termes d'une progression dans laquelle la différence d'un terme au suivant serait constante, comme

$$25, \quad 50, \quad 75, \quad 100,$$

ou quatre termes pris consécutivement dans la série des nombres carrés, tels que

$$25, \quad 36, \quad 49, \quad 64 ;$$

ou bien encore ils pourraient appartenir à l'une des séries des nombres qu'on appelle cubiques, triangulaires, pyramidaux, etc. Il y a plus (et ceci est bien important à noter): les algébristes n'ont pas de peine à démontrer qu'on peut toujours assigner une loi mathématique, et même une infinité de lois mathématiques différentes les unes des autres, qui lient entre elles les valeurs successivement amenées, quel qu'en soit le nombre, et quelques inégalités que présente au premier coup d'œil le tableau de ces valeurs consécutives.

Si pourtant la loi mathématique à laquelle il faut recourir pour lier entre eux les nombres observés était d'une expression de plus en plus compliquée, il deviendrait de moins en moins probable, en l'absence de tout autre indice, que la succession de ces nombres n'est pas l'effet du hasard, c'est-à-dire du concours de causes indépendantes, dont chacune aurait amené chaque observation particulière; tandis que, lorsque la loi nous frappe par sa simplicité, il nous répugne d'admettre que les valeurs particulières soient sans liaison entre elles, et que le hasard ait donné lieu au rapprochement observé.

41. — Mais en quoi consiste précisément la simpli-

cité d'une loi ? Comment comparer et échelonner sous ce rapport les lois infiniment variées que l'esprit est capable de concevoir, et auxquelles, lorsqu'il s'agit de nombres, il est possible d'assigner une expression mathématique ? Telle loi peut paraître plus simple qu'une autre à certains égards, et moins simple lorsqu'on les envisage toutes deux d'un point de vue différent. Dans l'expression de l'une n'entreront qu'un moindre nombre de termes ou de signes d'opération; mais d'un autre côté ces opérations seront d'un ordre plus élevé, et ainsi de suite.

Pour que l'on pût réduire à la probabilité mathématique la probabilité fondée sur le caractère de simplicité que présente une loi observée, entre tant d'autres qui auraient pu se présenter aussi bien si la loi prétendue n'était qu'un fait résultant de la combinaison fortuite de causes sans liaison entre elles, il faudrait premièrement qu'on fût à même de faire deux catégories tranchées, l'une des lois réputées simples, l'autre des lois auxquelles ce caractère de simplicité ne convient pas. Il faudrait, en second lieu, qu'on fût autorisé à mettre sur la même ligne toutes celles qu'on aurait rangées dans la même catégorie, et, par exemple, que toutes les lois réputées simples fussent simples au même degré. Il faudrait en dernier lieu que le nombre de lois fût limité dans chaque catégorie ; ou bien, si les nombres étaient de part et d'autre illimités, il faudrait que, tandis qu'ils croissent indéfiniment, leur rapport tendît vers une limite finie et assignable, comme il arrive pour les cas auxquels s'applique le calcul des probabilités mathématiques. Mais aucune de ces suppositions n'est admissible, et en conséquence, par une triple raison, la réduction dont il s'agit doit être réputée radicalement impossible.

42. — Lorsqu'à l'inspection d'une suite de valeurs numériques obtenues ainsi qu'il a été expliqué plus haut, on a choisi, entre l'infinité de lois mathématiques susceptibles de les relier, celle qui nous frappe d'abord par sa simplicité, et qu'ensuite des observations ultérieures amènent d'autres valeurs soumises à la même loi, la probabilité que cette marche régulière des observations n'est pas l'effet du hasard va évidemment en croissant avec le nombre des observations nouvelles : elle peut devenir et même elle devient bientôt telle qu'il ne reste plus à cet égard le moindre doute à tout esprit raisonnable. Si au contraire la loi présumée ne se soutient pas dans les résultats des observations nouvelles, il faudra bien l'abandonner pour la suite et reconnaître qu'elle ne gouverne pas l'ensemble de la série; mais il ne résultera pas de là nécessairement que la régularité affectée par les observations précédentes soit l'effet d'un pur hasard; car on conçoit très bien que des causes constantes et régulières agissent pour une portion de la série et non pour le surplus. L'une et l'autre hypothèse auront leurs probabilités respectives : seulement, pour les raisons déjà indiquées, ces probabilités ne seront pas de la nature de celles qu'on peut évaluer et comparer numériquement.

Il pourrait aussi se faire que la loi simple dont nous sommes frappés à la vue du tableau des observations, s'appliquât, non pas précisément aux valeurs observées, mais à d'autres valeurs qui en sont très-voisines, et qu'ainsi, par exemple, au lieu de la série

25, 100, 400, 1600,

les observations eussent donné la suivante

24, 102, 405, 1597.

L'idée qui viendrait alors, c'est que les effets réguliers d'une cause constante et principale se compliquent des effets de causes accessoires ou perturbatrices, qui peuvent elles-mêmes être soumises à des lois régulières, constantes pour toute la série des valeurs observées, ou varier irrégulièrement et fortuitement d'une valeur à l'autre. Mais la probabilité qu'il en est ainsi se lie évidemment à la probabilité de l'existence d'une loi régulière dans le cas plus simple que nous avons considéré d'abord ; et elle ne saurait, plus que celle-là, comporter une évaluation numérique.

43. — Pour sortir un peu du champ de l'abstraction et des fictions, reportons-nous à l'époque où Kepler, après une multitude d'essais pour démêler une loi dans les nombres qui expriment, d'une part les distances des planètes au soleil, d'autre part les durées de leurs révolutions, reconnut enfin que les durées sont proportionnelles aux racines carrées des cubes des distances. Voilà une loi arithmétique assez compliquée dans son énoncé et qui ne s'appliquait qu'aux six planètes alors connues. C'était peut-être le cas de demander si ce rapport singulier, dont rien ne pouvait faire alors entrevoir la raison, que Kepler n'avait trouvé qu'à force de tâtonnements, poussé par des idées pythagoriciennes, dès lors suspectes aux bons esprits, ne se rencontrait pas par hasard, et parce qu'il faut bien qu'on finisse par trouver une loi mathématique propre à relier entre eux des nombres quelconques, fortuitement groupés. Il semble que les astronomes de son siècle en aient jugé ainsi :

et, nonobstant la découverte des satellites de Jupiter, qui donnait lieu de vérifier, sur ce système particulier, la loi observée dans le système planétaire, la troisième loi de Kepler (comme on l'appelle) a peu fixé l'attention, jusqu'à ce que la grande découverte de Newton eût fait dépendre cette loi, avec tant d'autres résultats de l'observation, du principe de la gravitation universelle.

Kepler avait aussi été frappé d'un rapport singulier que lui présentait le tableau des distances des planètes au soleil. Si l'on range les planètes alors connues (Mercure excepté) dans l'ordre de leurs distances au soleil, ainsi qu'il suit :

Vénus, la Terre, Mars, Jupiter, Saturne,

les nombres qui mesurent respectivement l'intervalle de l'orbite de Vénus à l'orbite de la Terre (ou la différence des rayons des deux orbites) et les intervalles suivants, seront à peu près proportionnels aux nombres plus simples

1, 2, 12, 16;

d'où Kepler avait été amené à conjecturer : premièrement, qu'il restait à découvrir entre Mars et Jupiter une planète dont l'orbite fût à des distances des orbites de Mars et de Jupiter respectivement proportionnelles aux nombres 4 et 8, de manière à permettre de remplacer la série précédente par la progression géométrique

1, 2, 4, 8, 16,

les intervalles allant toujours en doublant d'une planète à la suivante ; secondement, qu'il pourrait bien exister aussi entre Vénus et Mercure une planète dont l'orbite intermédiaire sauvât approximativement l'anomalie qui place Mercure en dehors de la loi si simple qu'on vient d'énoncer.

Cette dernière conjecture de Kepler ne s'est nullement vérifiée ; mais l'autre a reçu une confirmation bien frappante par la découverte tardive du groupe des planètes télescopiques, dont le nombre, déjà porté à quatorze au moment où nous imprimons ces lignes, semble devoir s'accroître encore, et qui, circulant toutes à des distances du soleil, les unes un peu plus petites, les autres un peu plus grandes que celle qui satisferait en toute rigueur à l'induction de Kepler, ont évidemment toutes une même origine : soit qu'on doive les regarder comme autant de fragments d'une planète qui aurait fait explosion, soit qu'il faille autrement expliquer leur rapprochement dans les espaces célestes et les analogies de leur constitution physique. Mais, avant même la découverte des planètes télescopiques, celle de la planète Uranus, située (comme on le croyait alors) aux confins du système planétaire, était venue singulièrement corroborer l'induction, puisque la distance de son orbite à celle de Saturne se rapproche encore beaucoup du double de l'intervalle des orbites de Saturne et de Jupiter. Pour mieux fixer les idées du lecteur, nous réunirons dans un tableau les valeurs réellement observées, en les rapprochant des valeurs qui satisferaient d'une manière rigoureuse à la loi signalée. Nous choisirons Junon, parmi les planètes télescopiques, pour figurer sur ce tableau, à cause de sa position moyenne dans le groupe ; et il faudra se rappeler que le nombre 1 000 représente le rayon de l'orbe terrestre.

INTERVALLES DES ORBITES	VALEURS OBSERVÉES.	VALEURS THÉORIQUES.
Vénus et la Terre. . . .	277	277
La Terre et Mars	523	554
Mars et Junon	1146	1108
Junon et Jupiter. . . .	2533	2216
Jupiter et Saturne. . . .	4336	4432
Saturne et Uranus. . . .	9644	8864

Cette confrontation manifeste des écarts notables; mais, d'un autre côté, il faut songer que les orbites des planètes, au lieu d'être des cercles parfaits et concentriques, couchés dans le même plan, sont des ellipses ayant leurs plans inclinés les uns sur les autres, dont les excentricités et les inclinaisons varient avec le temps, en sorte que les écarts que présente le tableau des valeurs moyennes ne dépassent pas les limites entre lesquelles oscillent sans cesse les distances physiques du soleil à chacune des planètes. D'ailleurs il ne s'agit pas de donner à la formule une précision rigoureuse qui exclurait l'intervention de causes perturbatrices et irrégulières, susceptibles d'altérer le résultat principal dû à l'action d'une cause constante.

Reste l'anomalie pour la planète Mercure, la plus voisine du soleil, et dont l'orbite est séparée de celle de Vénus par un intervalle un peu plus grand que celui qui sépare l'orbite de Vénus de l'orbite de la Terre, tandis que le premier intervalle ne devrait être que la moitié du second, d'après la loi signalée. Pour sauver, ou plutôt pour déguiser cette anomalie, on a imaginé de présenter la loi autrement. On exprime par le nombre 4 la distance de Mercure au soleil, et alors celle de Vénus se trouve avoir pour valeur approchée 4 plus 3 ou 7, celle de la Terre 4 plus deux fois 3 ou 10, celle de Mars 4 plus quatre fois 3 ou 16, et ainsi de suite, jusqu'à Uranus inclusivement. Présentée sous cette forme plus compliquée, et par cela même moins probable, la progression des intervalles planétaires s'est appelée la loi de Bode, du nom d'un astronome allemand du dernier siècle; mais cet échafaudage vient de s'écrouler par la découverte de la planète Neptune, située dans les espaces célestes bien au delà de l'orbite d'Uranus, quoique à une distance beaucoup moindre que la loi de Bode ne l'aurait fait et ne l'avait fait d'abord supposer, puisque l'intervalle des deux orbites ne surpasse pas de beaucoup l'intervalle des orbites de Saturne et d'Uranus, au lieu d'être double ou à peu près double. Il faut donc le reconnaître: Mercure et Neptune, c'est-à-dire les deux termes extrêmes de la série des planètes connues, font exception à la loi entrevue par Kepler; ce qui n'est pas un motif suffisant pour mettre sur le compte du hasard la progression signalée, en ce qui concerne les planètes intermédiaires; car on conçoit fort bien que des causes de distribution régulière, qui n'excluent pas d'ailleurs la complication de causes perturbatrices et anomales, puissent régir toute la portion moyenne d'une série, tandis que les termes extrêmes échapperaient à leur influence. Il y a là des probabilités et des inductions que la philosophie naturelle ne doit point dédaigner, qui ne sont pourtant pas de nature à forcer l'acquiescement de l'esprit, et qu'il serait chimérique de prétendre exprimer par des nombres.

44. — Les considérations théoriques présentées

dans les numéros 40 et suivants seront peut-être plus faciles à saisir pour quelques lecteurs, si nous recourons à des images fournies par la géométrie. Supposons donc que dix points aient pu être observés comme autant de positions d'un point mobile sur un plan, et que ces dix points se trouvent appartenir à une circonférence de cercle : on n'hésitera pas à admettre que cette coïncidence n'a rien de fortuit, et qu'elle indique bien, au contraire, que le point mobile est assujetti à décrire sur le plan une ligne circulaire. Si les dix points s'écartaient fort peu, les uns dans un sens, les autres dans l'autre, d'une circonférence de cercle convenablement tracée, on attribuerait les écarts à des erreurs d'observation ou à des causes perturbatrices et secondaires, plutôt que de renoncer à l'idée qu'une cause régulière dirige le mouvement du mobile.

Au lieu de tomber sur une circonférence de cercle, les points observés pourraient être situés sur une ellipse, sur une parabole, sur une infinité de courbes diverses, susceptibles d'être mathématiquement définies : et même la théorie nous enseigne qu'on peut toujours faire passer par les points observés, quel qu'en soit le nombre, une infinité de courbes susceptibles d'une définition mathématique, quoique la ligne effectivement décrite par le mobile ne soit ni l'une ni l'autre de ces courbes, et ne se trouve assujettie, dans son tracé, à aucune loi régulière.

La probabilité que les points sont disséminés sur le plan d'après des influences régulières dépendra donc de la simplicité qu'on attribuera à la courbe par laquelle on peut les relier, soit exactement, soit en tolérant certains écarts. Or, les géomètres savent bien que toute classification des lignes, d'après leur simplicité, est plus ou moins artificielle et arbitraire. Une parabole peut être réputée, à certains égards, une courbe plus simple qu'un cercle, et, d'autre part, la définition ordinaire du cercle semble plus simple que celle de la parabole. Il n'est donc pas possible, pour les raisons déjà indiquées, que cette probabilité comporte une évaluation numérique comme celle qui résulte de la distinction des chances favorables ou contraires à la production d'un événement.

Ainsi, lorsque Kepler eut trouvé qu'on pouvait représenter le mouvement des planètes, en admettant qu'elles décrivent des ellipses dont le soleil occupe un des foyers, et qu'il eut proposé de substituer cette conception géométrique aux combinaisons de mouvements circulaires par *excentriques* et *épicycles,* dont les astronomes avaient fait usage jusqu'à lui (guidés qu'ils étaient par l'idée d'une certaine perfection attachée au cercle, et qui devait correspondre à la perfection des choses célestes), sa nouvelle hypothèse ne reposait elle-même que sur l'idée de la perfection ou de la simplicité de l'ellipse, d'où naissent tant de propriétés remarquables qui avaient dû attirer l'attention et exercer la sagacité des géomètres immédiatement après les propriétés du cercle. En effet, le tracé elliptique ne pouvait relier l'ensemble des observations astronomiques que d'une manière approchée, tant à cause des erreurs dont les observations mêmes étaient nécessairement affectées, qu'en raison des forces perturbatrices qui altèrent sensiblement le mouvement elliptique.

Une courbe ovale, qui diffère peu d'un cercle, différera encore moins d'une ellipse choisie convenablement;

mais, pour regarder le mouvement elliptique comme une loi de la nature, il fallait partir de l'idée que la nature suit de préférence des lois simples, comme celles qui nous guident dans nos spéculations abstraites ; il fallait trouver dans la contemplation des rapports mathématiques des motifs de préférer, comme plus simple, l'hypothèse du mouvement elliptique à celle des mouvements circulaires combinés. Or, de tout cela, il ne pouvait résulter que des inductions philosophiques plus ou moins probables, et dont la probabilité n'était nullement assignable en nombres, jusqu'à ce que la théorie newtonienne, en donnant à la fois la raison du mouvement elliptique et des perturbations qui l'altèrent, eût mis hors de toute contestation sérieuse la découverte de Kepler et ses droits à une gloire impérissable.

45. — En général, une théorie scientifique quelconque, imaginée pour relier un certain nombre de faits trouvés par l'observation, peut être assimilée à la courbe que l'on trace d'après une définition mathématique, en s'imposant la condition de la faire passer par un certain nombre de points donnés d'avance. Le jugement que la raison porte sur la valeur intrinsèque de cette théorie est un jugement probable, dont la probabilité tient d'une part à la simplicité de la formule théorique, d'autre part au nombre des faits ou des groupes de faits qu'elle relie, le même groupe devant comprendre tous les faits qui sont une suite les uns des autres, ou qui s'expliquent déjà les uns par les autres, indépendamment de l'hypothèse théorique. S'il faut compliquer la formule à mesure que de nouveaux faits se révèlent à l'observation, elle devient de moins en

moins probable en tant que loi de la nature, ou en tant que l'esprit y attacherait une valeur objective : ce n'est bientôt plus qu'un échafaudage artificiel, qui croule enfin lorsque, par un surcroît de complication, elle perd même l'utilité d'un système artificiel, celle d'aider le travail de la pensée et de diriger les recherches. Si au contraire les faits acquis à l'observation postérieurement à la construction de l'hypothèse sont reliés par elle aussi bien que les faits qui ont servi à la construire, si surtout des faits prévus comme conséquence de l'hypothèse reçoivent des observations postérieures une confirmation éclatante, la probabilité de l'hypothèse peut aller jusqu'à ne laisser aucune place au doute dans tout esprit suffisamment éclairé. L'astronomie nous en fournit le plus magnifique exemple dans la théorie newtonienne de la gravitation, qui a permis de calculer avec une si minutieuse exactitude les mouvements des corps célestes, qui a rendu compte jusqu'ici de toutes leurs irrégularités apparentes, qui en a fait prévoir plusieurs avant que l'observation ne les eût démêlées, et qui a indiqué à l'observateur les régions du ciel où il devait chercher des astres inaperçus.

Cet accord soutenu n'emporte cependant pas une démonstration formelle comme celles qui servent à établir les vérités géométriques. On ne réduirait pas à l'absurde le sophiste à qui il plairait de mettre un tel accord sur le compte du hasard. L'accord observé n'emporte qu'une probabilité, mais une probabilité comparable à celle de l'événement physiquement certain, en prenant ces termes dans le sens qui a été expliqué plus haut (34), une probabilité de l'ordre de celles qui déterminent irrésistiblement la conviction de tout esprit droit; et il serait contre la nature des choses qu'une loi physique pût être établie d'une autre manière.

46. — En continuant de nous aider de la comparaison géométrique faite au n° 44, il faut bien distinguer l'induction qui s'applique à des points compris dans les limites de l'observation, de l'induction qui s'étend à des points situés en deçà ou au delà de ces limites. Ainsi, l'on a observé le point mobile dans dix positions prises au hasard pour être le sujet d'autant d'observations; et les dix points déterminés de la sorte se trouvent appartenir à une ligne géométrique, non plus à une ligne limitée et rentrant sur elle-même, comme un cercle ou une ellipse, mais à une ligne du genre de celles qui peuvent se prolonger indéfiniment, comme une parabole ou une hyperbole. On en induira que les positions intermédiaires, si l'on avait pu les observer, auraient été autant de points appartenant à la même courbe : car il serait bien extraordinaire que le hasard eût fait tomber précisément sur les points susceptibles d'être liés par une loi géométrique aussi simple, tandis que les points intermédiaires y échapperaient; et en tout cas les observations peuvent être assez multipliées pour exclure à cet égard tout doute raisonnable. On en induira encore avec une grande probabilité, ou avec une quasi-certitude, que le tracé de la courbe décrite par le point mobile suit la même loi, est le prolongement de la même parabole ou de la même hyperbole, un peu en deçà et un peu au delà des points extrêmes donnés par l'observation : car comment admettre que les circonstances fortuites ou tout-à-fait indépendantes de la marche du mobile, qui nous ont fait commencer et finir nos observations en tel point plutôt qu'en tel autre,

nous aient donné pour points extrêmes précisément ceux où le mobile commence et cesse d'être assujetti à la loi simple qui relie entre elles toutes les positions intermédiaires ? Mais, plus on dépasse les limites de l'observation, plus l'induction devient incertaine, puisque la raison n'a aucune peine à admettre que les lois qui président au mouvement du mobile se modifient brusquement ou par degrés insensibles, ou bien encore se compliquent, par suite de l'intervention de causes perturbatrices qui n'avaient pas d'action sensible dans la région intermédiaire où se sont concentrées les observations.

Lors même que les points donnés par l'observation n'appartiendraient pas à une courbe remarquable par la simplicité de sa définition, si ces points sont suffisamment rapprochés et qu'on les lie par un trait continu, il deviendra très-probable que le tracé de la courbe effectivement décrite par le mobile s'écarte peu, dans un sens ou dans l'autre, de la ligne ainsi menée ; et la probabilité qu'il en est ainsi aura d'autant plus de force que les points observés indiqueront par leur disposition une allure plus régulière dans la marche du mobile ; car, si la ligne effectivement décrite avait de notables irrégularités, comment admettre que le hasard eût fait tomber précisément sur les points dont le système dissimule ces irrégularités notables ? Il reste pourtant infiniment peu probable qu'on ait rigoureusement suivi la véritable trace de la courbe, et l'induction très-probable ne porte que sur une approximation. Mais, quelle est la probabilité qu'on n'ait pas dépassé telles limites d'écart ? Comment varie-t-elle avec les intervalles des points déterminés d'une manière exacte, et avec l'allure indiquée par leur disposition d'ensemble? Ce sont là (on ne doit pas craindre de l'affirmer) des questions auxquelles il n'y a pas de solution mathématique ; et par conséquent encore la probabilité dont il s'agit, quoique toujours liée à la notion du hasard ou de l'indépendance des causes, n'est pas de celles qui se résolvent dans une énumération de chances, et qui tombent par là dans le domaine du calcul.

Non-seulement on reliera par un trait continu les points déterminés exactement, en se laissant guider par un sentiment de la continuité des formes, lequel se refuse à une définition mathématique et rigoureuse, mais on prolongera la courbe en deçà et au delà des points extrêmes ; ce qui est un autre cas d'induction par approximation, auquel correspond une probabilité qui ne peut que s'affaiblir graduellement à mesure qu'on s'éloigne des derniers points de repère ; de sorte qu'il y aurait telles distances de ces points où l'induction paraîtrait à l'esprit le moins scrupuleux d'abord très-hasardée, ensuite tout-à-fait illégitime.

47. — Il n'y a pas de question de physique qui ne soit propre à nous fournir des exemples palpables de l'application de ces conceptions abstraites. Supposons qu'après avoir pris de l'air à la pression atmosphérique ordinaire, on soumette successivement la masse d'air enfermée dans un vase clos à des pressions de deux, de trois, de quatre,..... de dix atmosphères : on trouvera que le volume de cette masse d'air est devenu successivement la moitié, le tiers, le quart,... le dixième de ce qu'il était primitivement. C'est en cela que consiste une loi importante, dont la découverte est attribuée à Mariotte ou à Boyle, et que nous connaissons

sous le nom de loi de Mariotte. A la rigueur, les dix expériences indiquées ne démontreront pas cette loi pour des pressions intermédiaires : par exemple, pour la pression de deux atmosphères et demie. Le jugement que nous porterons en affirmant que cette loi subsiste pour toutes les valeurs de la pression d'une à dix atmosphères, comprend incomparablement plus qu'aucune expérience ne peut comprendre, puisqu'il porte sur une infinité de valeurs, tandis que le nombre des expériences est nécessairement fini. Or, ce jugement d'induction est rationnellement fondé sur ce que, dans l'expérience telle qu'on vient de l'indiquer, le choix des points de repère (ou des valeurs de la pression pour lesquelles la vérification expérimentale a eu lieu) doit être considéré comme fait au hasard ; car la raison n'aperçoit aucune liaison possible entre les causes qui, d'une part, font varier les volumes d'une masse gazeuse selon les pressions, et les circonstances qui, d'autre part, ont déterminé l'intensité de la pesanteur à la surface de la terre et la masse de la couche atmosphérique, d'où résulte la valeur du poids de l'atmosphère ou celle de la pression atmosphérique. Il faudrait donc, pour contester la légitimité de l'induction, admettre, d'un côté, que la loi qui lie les pressions aux volumes prend pour certaines valeurs une forme très-simple, et se complique, sans raison apparente, pour les valeurs intermédiaires. Il faudrait en outre supposer que le hasard a fait tomber plusieurs fois de suite, parmi un nombre infini de valeurs, précisément sur celles pour lesquelles la loi en question prend une forme constante et simple. C'est ce que la raison ne saurait admettre ; et si l'on trouve que le nombre de dix expériences est insuffisant, qu'il faudrait les espacer plus irrégulièrement, il n'y aura qu'à changer les termes de l'exemple. On arrivera toujours à un cas où l'induction repose sur une telle probabilité, que la raison ne conserve pas le moindre doute, en dépit de toute objection sophistique.

Supposons maintenant qu'il s'agisse d'étendre la loi de Mariotte au delà ou en deçà des limites de l'expérience : par exemple, à des pressions de onze, de douze atmosphères, ou (au rebours) à des pressions égales aux neuf dixièmes, aux huit dixièmes de la pression atmosphérique ; ce sera une induction, et même une induction très-permise, car il serait encore infiniment peu probable que le hasard eût arrêté l'expérience précisément aux points où la loi expérimentée cesse de régir le phénomène. Mais, dès qu'on se place à une distance finie des termes extrêmes de l'expérience, il n'est plus infiniment peu probable que la loi n'éprouve pas d'altération sensible, bien qu'il soit encore très-probable, quand la distance est petite, que la loi se soutiendrait, au moins avec une approximation très-grande. En général, la probabilité du maintien de la loi s'affaiblit, tandis que la distance aux termes extrêmes de l'expérience va en augmentant, sans qu'il soit possible d'assigner une liaison mathématique entre la variation de la distance et celle de la probabilité correspondante, sans qu'on puisse évaluer numériquement cette probabilité, qui dépendra d'ailleurs du degré de simplicité de la loi observée, et des autres données expérimentales ou théoriques qu'on possédera sur la nature du phénomène. Dans l'exemple particulier, il y a d'autant plus de motifs d'admettre la possibilité d'écarts notables en dehors des limites de l'expérience, que, même entre ces limites, la loi de Mariotte ne se vérifie pas en toute rigueur, d'après les observations les plus délicates et les plus récentes.

Supposons encore qu'il s'agisse d'une série d'expériences ayant pour objet de déterminer comment la tension de la vapeur d'eau varie avec la température du liquide générateur. Ici l'on ne tombe pas sur une loi simple dans son énoncé, comme celle de Mariotte. A défaut d'une pareille formule, il faut inscrire dans un tableau, en regard des nombres qui expriment les températures auxquelles l'expérience s'est faite, d'autres nombres qui mesurent les tensions correspondantes. Pour des températures intermédiaires, sur lesquelles l'expérience n'a pas directement porté, on *interpole*, c'est-à-dire qu'on intercale entre les nombres donnés par l'expérience d'autres nombres qui paraissent s'accommoder le mieux possible à la marche générale des nombres observés. Ces valeurs intercalées ne pourraient être rigoureusement exactes que par un hasard infiniment peu probable; mais il est extrêmement probable qu'elles diffèrent très-peu des valeurs exactes, attendu que ni l'expérience ni la théorie n'indiquent des causes de brusque perturbation dans l'intervalle. On pourrait encore, avec une grande probabilité de s'écarter très-peu des vraies valeurs, prolonger la table un peu au-dessus ou un peu au-dessous des valeurs observées; mais, à une distance notable de ces limites, l'absence de toute formule simple fait qu'il n'y a plus d'induction légitime, et qu'on ne peut pas indiquer, même approximativement, la marche du phénomène.

48. — Nous ne prétendons pas avoir énuméré toutes les formes dont est susceptible le jugement par induc-

tion ; mais ces exemples suffisent, et, bien que nous les ayons conçus à dessein dans des termes qui ont la simplicité et aussi la sécheresse des définitions mathématiques, ils laissent assez comprendre comment il faudrait interpréter des jugements analogues portés dans d'autres circonstances, où il s'agit de tout autre chose que de mesurer des grandeurs ou d'assigner la loi suivant laquelle une grandeur dépend d'une autre. Si, par exemple, chaque perfectionnement des instruments d'optique avait fait découvrir de nouveaux détails d'organisation dans l'analyse d'un tissu organique, on en induirait sans hésitation, non pas sans doute que chaque portion de tissu organique est composée à son tour de parties organisées, et ainsi à l'infini, mais au moins que d'autres détails d'organisation nous seraient rendus sensibles par d'autres instruments plus parfaits encore; car, si nous ne sommes pas fondés à affirmer, d'après l'observation d'un grand nombre de termes d'une série, qu'elle se prolonge à l'infini, il est du moins infiniment peu probable qu'elle s'arrête précisément au terme où s'arrêtent nos moyens d'observation, en vertu d'un système de causes tout-à-fait indépendantes de celles qui tiennent à la nature de l'objet perçu.

Dans tous les cas, on voit combien est peu fondée cette assertion de la plupart des logiciens, que le jugement inductif repose sur la croyance à la stabilité des lois de la nature, et sur la maxime que les mêmes causes produisent toujours et partout les mêmes effets. D'abord il ne faut pas confondre cette maxime avec l'hypothèse de la stabilité des lois de la nature. Si les mêmes causes, dans les mêmes circonstances, produisaient des effets divers, cette diversité même serait sans cause ou sans raison déterminante, ce qui répugne à une loi fondamentale de la raison humaine, et les jugements portés en conséquence de cette loi fondamentale sont (comme l'axiome de mécanique pris pour exemple au n° **27**) des jugements *a priori*, qu'il ne faut point ranger parmi les jugements inductifs. Quant aux phénomènes physiques, il y en a qui sont régis par des lois indépendantes du temps, et d'autres qui se développent dans le temps, d'après les lois dans l'expression desquelles entre le temps. Ainsi, de ce qu'une pierre abandonnée à elle-même tombe actuellement à la surface de la terre, nous ne pourrions pas légitimement induire que cette pierre tomberait de même, et avec la même vitesse, si l'on récidivait l'expérience au bout d'un temps quelconque; car, si la vitesse de rotation de la terre allait en croissant avec le temps, il pourrait arriver une époque où l'intensité de la force centrifuge balancerait celle de la gravité, puis la surpasserait. A la vérité, nous savons, par la théorie et par l'expérience, que le mouvement de rotation de la terre ne comporte pas une telle accélération ; mais il faut cette connaissance extrinsèque pour légitimer en pareil cas l'induction du fait actuellement observé au fait futur. Au contraire, de ce que la température de la surface de la terre est depuis longtemps compatible avec l'existence des êtres organisés, et même ne paraît pas avoir subi depuis les temps historiques de variation appréciable, nous aurions grand tort d'induire qu'elle a été et qu'elle sera toujours compatible avec les conditions de vie des végétaux et des animaux connus, et même de végétaux et d'animaux quelconques. Le jugement par lequel nous croyons à la stabilité de certaines lois de la nature, ou par lequel nous affirmons que le temps n'entre pas dans la définition de ces lois, repose, ou sur une théorie des phénomènes, comme dans le cas de la pesanteur terrestre pris pour exemple, ou sur une induction analogue à celles que présentent d'autres cas déjà cités ; mais il ne faut pas dire inversement que l'induction provient d'une pareille croyance.

Il est vrai de dire encore que nous sommes portés à concevoir toutes les lois de la nature, et celles mêmes dans l'expression desquelles entre le temps, comme émanant de lois plus générales ou de décrets permanents, immuables dans le temps ; mais ceci appartient à un ordre de considérations supérieures, auxquelles la logique et la science proprement dite n'atteignent pas, et dont nous pouvons, dont nous devons même faire abstraction ici.

49. — Le jugement par *analogie* se rapproche à bien des égards du jugement par induction, et n'en peut pas toujours être nettement distingué. Selon Kant [1], « l'induction conclut du particulier au général, d'après le principe de la généralisation, à savoir : que ce qui convient à plusieurs choses d'un genre, convient aussi à toutes les autres choses du même genre ; tandis que l'analogie conclut de la ressemblance partielle de deux choses de même genre, à leur ressemblance totale… L'induction étend les données empiriques du particulier au général, par rapport à plusieurs objets ; l'analogie, au contraire, étend les qualités données

---

[1] *Logique*, chap. III, sect. 3, § 84.

d'une chose à un plus grand nombre de qualités de la même chose. » Mais il y a bien d'autres sortes d'inductions qui n'ont aucun rapport avec la notion de genre et d'espèces comme lorsque l'on prolonge ou que l'on complète par induction le tracé d'une courbe, ou comme lorsque l'on étend une loi physique, telle que celle de Mariotte, au delà des termes précis de l'expérience; et, dans le cas même que Kant a eu en vue, on ne saisit pas bien nettement quelle différence il y a entre attribuer à une chose par induction ce qui convient à sa congénère, ou conclure par analogie qu'elle possède la qualité trouvée dans sa congénère. Beaucoup de gaz ont été successivement liquéfiés, à mesure qu'on a pu les soumettre à des pressions plus considérables ou à un froid plus intense. De là on affirmera par induction que tous les gaz seraient susceptibles de se liquéfier si l'on disposait de pressions suffisantes et si l'on pouvait abaisser convenablement la température; ou bien encore, on peut regarder ce jugement comme porté par analogie, à cause des ressemblances que nous remarquons entre les propriétés de tous les gaz, précisément en ce qui dépend des variations de température et de pression. Nous en inférons qu'il y a une raison, prise dans les caractères génériques des corps ramenés à cet état, pour qu'ils se liquéfient quand la pression ou la température s'élèvent au-dessus ou tombent au-dessous de certaines limites, et que, selon toute apparence, pour les gaz non encore liquéfiés comme pour les autres, les différences spécifiques de constitution ne doivent agir qu'en rapprochant ou en reculant ces limites.

Raisonner par analogie, c'est, dit l'*Académie*, former un raisonnement fondé sur les ressemblances ou les rapports d'une chose avec une autre. Pour donner à cette définition toute la justesse philosophique, il faudrait dire : « fondé sur les rapports ou sur les ressemblances en tant qu'elles indiquent des rapports. » En effet, la vue de l'esprit, dans le jugement analogique, porte uniquement sur les rapports et sur la raison des ressemblances : les ressemblances sont de nulle valeur dès qu'elles n'accusent pas des rapports dans l'ordre de faits où l'analogie s'applique.

Les chimistes admettent par analogie l'existence de corps élémentaires qu'on n'a pas pu isoler jusqu'ici ; ils assignent même les familles ou les groupes naturels dans lesquels ces corps inconnus doivent se ranger ; mais, pour cela, ils ne tiennent compte que des analogies que présentent, d'après leur mode d'action chimique, les composés dans la constitution desquels sont réputés entrer les radicaux inconnus. Il pourra n'être d'aucune importance à leurs yeux que ces composés affectent à la température ordinaire l'état solide, liquide ou gazeux ; qu'ils soient blancs ou diversement colorés. En un mot, ils ne se borneront pas à constater des ressemblances, et ne régleront pas sur le nombre des ressemblances la probabilité de telle ou telle hypothèse chimique ; ils tiendront surtout compte de la valeur des caractères, valeur indiquée par la théorie, ou constatée par des expériences antérieures ; et l'on se conduira de même, à plus forte raison, dans l'étude des êtres organisés, où la variété des rapports, jointe à la subordination bien marquée des caractères, offre une tout autre carrière au jugement analogique. Là, surtout, l'analogie fournit de ces probabilités irrésistibles que l'on doit assimiler à la certitude physique ; et il n'est pas un naturaliste qui, à l'aspect d'un animal d'espèce jusqu'à présent inconnue, occupé à allaiter ses petits, ne soit parfaitement sûr d'avance que la dissection y fera trouver un cerveau, une moelle épinière, un foie, un cœur, des poumons propres à une circulation double et complète, etc. Une étude patiente des êtres vivants a mis en évidence des lois dont la nature ne s'écarte pas dans les modifications innombrables qu'elle fait subir à certains types d'organisation ; et, bien que la raison de ces lois surpasse le plus souvent nos connaissances, nous ne saurions douter de leur réalité, ni admettre que l'assemblage fortuit de causes indépendantes les unes des autres en ait produit le fantôme.

En consultant l'étymologie, qui est presque toujours le meilleur guide, nous devons entendre plus spécialement par *analogie* (ἀναλογία) un procédé de l'esprit qui s'élève, par l'observation des rapports, à la raison de ces rapports, faute de pouvoir descendre de la conception immédiate des principes à l'explication des rapports qui en dérivent et qui s'y trouvent virtuellement compris ; tandis que l'*induction* (ἐπαγωγή) est plus spécialement le procédé de l'esprit qui, au lieu de s'arrêter brusquement à la limite de l'observation immédiate, poursuit sa route, prolonge la ligne décrite, cède, pour ainsi dire, pendant quelque temps encore, à la loi du mouvement qui lui était imprimé, mais non pas d'une manière fatale et aveugle ; car la raison lui dit pourquoi il aurait tort de résister, et elle se charge de justifier pleinement ce qui aurait pu n'être dans l'origine qu'une tendance instinctive.

50. — Dans tous les jugements que nous venons de passer en revue, l'esprit ne procède point par voie de démonstration, comme lorsqu'il s'agit d'établir un théorème de géométrie, ou de faire sortir, par un raisonnement en forme, la conclusion des prémisses. Il y a donc, indépendamment de la preuve qu'on appelle *apodictique*, ou de la démonstration formelle, une certitude que nous avons souvent nommée (avec les auteurs) *certitude physique*, en tant qu'elle s'applique à la succession des événements naturels, mais qu'on pourrait qualifier aussi de *philosophique* ou de *rationnelle*, parce qu'elle résulte d'un jugement de la raison qui, en appréciant diverses suppositions ou hypothèses, admet les unes à cause de l'ordre et de l'enchaînement qu'elles introduisent dans le système de nos connaissances, et rejette les autres comme inconciliables avec cet ordre rationnel dont l'intelligence humaine poursuit, autant qu'il dépend d'elle, la réalisation au dehors. Mais, tandis que la certitude acquise par la voie de la démonstration logique est fixe et absolue, n'admettant pas de nuances ni de degrés, cet autre jugement de la raison, qui produit sous de certaines conditions une certitude ou une conviction inébranlable, dans d'autres cas, ne mène qu'à des probabilités qui vont en s'affaiblissant par nuances indiscernables, et qui n'agissent pas de la même manière sur tous les esprits.

Par exemple, telles théories physiques sont, dans l'état de la science, réputées plus probables que d'autres, parce qu'elles nous semblent mieux satisfaire à l'enchaînement rationnel des faits observés, parce qu'elles sont plus simples ou qu'elles font ressortir des analogies plus remarquables ; mais la force de ces analogies, de ces inductions, ne frappe pas au même degré tous les esprits, même les plus éclairés et les plus impartiaux. La raison est saisie de certaines probabilités qui pourtant ne suffisent pas pour déterminer une entière conviction. Ces probabilités changent par les progrès de la science. Telle théorie, repoussée dans l'origine et ensuite longtemps combattue, finit par obtenir l'assentiment unanime ; mais les uns cèdent plus tard que d'autres : preuve qu'il entre dans les éléments de cette probabilité quelque chose qui varie d'un esprit à l'autre.

Sur d'autres points nous sommes condamnés à n'avoir jamais que des probabilités insuffisantes pour déterminer une entière conviction. Telle est la question de l'habitation des planètes par des êtres vivants et animés. Nous sommes frappés des analogies que les autres planètes ont avec notre Terre ; il nous répugne d'admettre que, dans les plans de la nature, un petit globe perdu au sein de l'immensité des espaces célestes soit le seul à la surface duquel se développent les merveilles de l'organisation et de la vie ; mais nous ne pouvons guère attendre des progrès de la science aucune lumière nouvelle sur des choses que Dieu semble s'être plu à mettre hors de la portée de tous nos moyens d'observation. Tout près de nous relativement, un globe dont les dimensions sont comparables à celles de la Terre, paraît être placé dans de telles conditions physiques, qu'aucun être organisé, analogue à ceux dont les races peuplent notre Terre, n'y pourrait vivre. Selon que l'esprit sera plus frappé des analogies ou des disparates, il adhérera avec plus ou moins de fermeté à l'opinion philosophique de la pluralité des mondes.

A la vue d'un fragment d'os ayant appartenu à un animal dont l'espèce est perdue, mais dont les congénères vivent encore à l'époque actuelle, un naturaliste prononcera avec certitude, non-seulement que cet animal était de la classe des mammifères, et qu'ainsi il avait un cœur à quatre divisions, un poumon à deux lobes, le sang rouge et chaud, une circulation double, etc., mais encore qu'il appartenait à l'ordre des carnassiers ou à celui des ruminants, au genre *Chat* ou au genre *Cerf*. Par cette puissante induction il fixera avec certitude tous les traits importants de l'organisation de l'animal, de ses habitudes et de son régime ; tandis qu'il n'aura que des probabilités sur quelques-unes des particularités par lesquelles cette espèce perdue se distinguait de ses congénères, et que pour d'autres détails il restera dans une ignorance absolue. S'il s'agit d'une espèce dont le type générique a disparu, et à plus forte raison d'un genre qui ne peut rentrer dans les ordres actuellement connus, la certitude du jugement inductif ne portera que sur les caractères les plus généraux ; et la probabilité ira en s'affaiblissant graduellement quant aux détails et aux linéaments secondaires, sans qu'il soit possible d'en mesurer la dégradation continue.

51. — Cette probabilité subjective, variable, qui parfois exclut le doute et engendre une certitude *sui generis*, qui d'autres fois n'apparaît plus que comme une lueur vacillante, est ce que nous nommons la *probabilité philosophique*, parce qu'elle tient à l'exercice de cette faculté supérieure par laquelle nous nous rendons compte de l'ordre et de la raison des choses. Le sentiment confus de semblables probabilités existe chez

tous les hommes raisonnables ; il détermine alors ou du moins il justifie les croyances inébranlables qu'on appelle *de sens commun*. Lorsqu'il devient distinct, ou qu'il s'applique à des sujets délicats, il n'appartient qu'aux intelligences exercées, ou même il peut constituer un attribut du génie. Il ne s'applique pas seulement à la poursuite des lois de la nature physique et animée, mais aussi à la recherche des rapports cachés qui relient le système des vérités abstraites et purement intelligibles (24). Le géomètre lui-même n'est le plus souvent guidé dans ses investigations que par des probabilités du genre de celles dont nous traitons ici, qui lui font pressentir la vérité cherchée avant qu'il n'ait réussi à lui donner par déduction l'évidence démonstrative, et à l'imposer sous cette forme à tous les esprits capables d'embrasser une série de raisonnements rigoureux.

52. — La probabilité philosophique se rattache, comme la probabilité mathématique, à la notion du hasard et de l'indépendance des causes. Plus une loi nous paraît simple, mieux elle nous semble satisfaire à la condition de relier systématiquement des faits épars, d'introduire l'unité dans la diversité, plus nous sommes portés à admettre que cette loi est douée de réalité objective ; qu'elle n'est point simulée par l'effet d'un concours de causes qui, en agissant d'une manière indépendante sur chaque fait isolé, auraient donné lieu fortuitement à la coordination apparente. Mais, d'autre part, la probabilité philosophique diffère essentiellement de la probabilité mathématique, en ce qu'elle n'est pas réductible en nombres : non point à cause de l'imperfection actuelle de nos connaissances dans la science

des nombres, mais en soi et par sa nature propre. Il n'y a lieu ni de nombrer les lois possibles, par la variation discontinue ou continue d'un élément numérique quelconque, ni de les échelonner comme des grandeurs, par rapport à cette propriété de forme qui constitue leur degré de simplicité, et qui donne, dans des degrés divers, à la conception théorique des phénomènes, l'unité, la symétrie, l'élégance et la beauté.

La probabilité mathématique se prend dans deux sens, ainsi que nous l'avons expliqué : objectivement, en tant que mesurant la possibilité physique des événements et leur fréquence relative ; subjectivement, en tant que fournissant une certaine mesure de nos connaissances actuelles sur les causes et les circonstances de la production des événements ; et cette seconde acception a incomparablement moins d'importance que l'autre. La probabilité philosophique repose sans doute sur une notion générale et généralement vraie de ce que les choses doivent être ; mais, dans chaque application, elle est de nature à changer avec l'état de nos connaissances, et selon les variétés individuelles qui font qu'un esprit se distingue d'un autre.

L'idée de l'unité, de la simplicité dans l'économie des lois naturelles, est une conception de la raison qui reste immuable dans le passage d'une théorie à une autre, soit que nos connaissances positives et empiriques s'étendent ou se restreignent ; mais en même temps nous comprenons que, réduits dans notre rôle d'observateurs à n'apercevoir que des fragments de l'ordre général, nous sommes grandement exposés à nous méprendre dans les applications particulières que nous faisons de cette idée régulatrice. Quand il ne reste que quelques vestiges d'un vaste édifice, l'architecte qui en tente la restauration peut aisément se méprendre sur les inductions qu'il en tire quant au plan général de l'édifice. Il fera passer un mur par un certain nombre de *témoins* dont l'alignement ne lui semblera pas pouvoir être mis raisonnablement sur le compte des rencontres fortuites ; tandis que, si d'autres vestiges viennent à être mis au jour, on se verra forcé de changer le plan de la restauration primitive, et l'on reconnaîtra que l'alignement observé est l'effet du hasard ; non que les fragments subsistants n'aient toujours fait partie d'un système et d'un plan régulier, mais en ce sens que les détails du plan n'avaient nullement été coordonnés en vue de l'alignement observé. Les fragments observés étaient comme les extrémités d'autant de chaînons qui se rattachent à un anneau commun, mais qui ne se relient pas immédiatement entre eux, et qui dès lors doivent être réputés indépendants les uns des autres dans tout ce qui n'est pas une suite nécessaire des liens qui les rattachent à l'anneau commun (29).

CHAPITRE V.

DE L'INTERVENTION DE LA PROBABILITÉ DANS LA CRITIQUE DES IDÉES QUE NOUS NOUS FAISONS DE L'HARMONIE DES RÉSULTATS ET DE LA FINALITÉ DES CAUSES.

53. — L'idée de la finalité des causes, comme l'idée du hasard, revient sans cesse, aussi bien dans la conversation familière que dans les discours des philosophes et des savants : et l'on en sent l'étroite connexité, l'on est amené à en faire le rapprochement, lors même que l'on ne s'en rend pas un compte rigoureux. Si l'une est restée indécise ou obscurcie par de fausses définitions, les mêmes raisons ont dû faire que l'autre offrît aussi de l'obscurité et de l'indécision. Si nous avons été assez heureux pour donner plus de clarté à la notion du hasard, pour en arrêter plus nettement les traits caractéristiques, pour en tirer des conséquences qui apportent quelque perfectionnement à la théorie, nous pourrons sans trop de présomption espérer qu'en suivant la même analyse, ou une analyse du même genre, nous parviendrons à jeter quelque jour sur ces questions relatives à l'harmonie du monde, à la part du hasard des causes finales : questions qui sollicitent la curiosité inquiète de l'ignorant comme du savant, et à la poursuite desquelles l'humanité ne peut rester étrangère ou indifférente dans aucune des phases de son développement.

Lorsqu'une chose exige pour se produire et pour subsister l'accord ou le concours harmonique de causes diverses, c'est-à-dire une combinaison singulière entre toutes les autres, il n'y a pour la raison que *trois* manières de se rendre compte de l'harmonie observée : 1° par l'épuisement des combinaisons fortuites, dans le champ illimité de l'espace et de la durée, où toutes les combinaisons instables ont dû disparaître sans laisser de traces observables, tandis que notre observation porte et ne peut porter que sur celle qui a réuni fortuitement les conditions de durée et de persistance ; 2° par une direction intelligente et providentielle qui accommode les moyens à une fin voulue, ou qui communique à des forces secondaires et aveugles la vertu d'agir comme pourraient le faire des forces intelligentes et qui auraient conscience de leurs actes ou de la fin qu'elles se proposent ; 3° par des réactions mutuelles dont le jeu aurait suffi pour amener dans l'état final que nous observons une harmonie qui n'existait pas originairement (24), et qui, étant le résultat nécessaire de forces aveugles, ne porte pas en soi la marque d'une coordination providentielle ou en vue d'une fin[1]. C'est ainsi que, lorsqu'il s'agit d'expliquer l'accord

---

[1] « Figurez-vous deux horloges ou deux montres qui s'accordent parfaitement. Or cela peut se faire de trois façons : la première consiste dans l'influence mutuelle d'une horloge sur l'autre ; la seconde, dans le soin d'un homme qui y prend garde ; la troisième, dans leur propre exactitude. La première façon, qui est celle de l'influence, a été expérimentée par feu M. Huygens, à son grand étonnement. Il avait deux grandes pendules attachées à une même pièce de bois ; les battements continuels de ces pendules avaient communiqué des tremblements semblables aux particules du bois ; mais, ces tremblements divers ne pouvant pas bien subsister dans leur ordre, et sans s'entr'empêcher, à moins que les pendules ne s'accordassent, il arrivait, par

d'une prédiction et de l'événement prédit, on ne peut faire que trois hypothèses : 1° dans la multitude des prédictions faites au hasard, on n'a dû retenir que celles dont le jeu des causes fortuites a amené la confirmation; 2° la prédiction est l'effet d'une connaissance, naturelle ou surnaturelle, des causes qui devaient amener l'événement; 3° la prédiction et l'événement ont réagi l'un sur l'autre, soit que le récit de la prédiction ait été ajusté après coup sur l'événement, ou le récit de l'événement sur la prédiction, soit que la connaissance de la prédiction ait déterminé l'événement, comme lorsque des troupes perdent courage et se laissent battre, frappées qu'elles sont d'un oracle qui a prédit leur défaite.

54. — Parlons d'abord de l'explication qui se rattache à l'influence des réactions mutuelles ; ce qui nous obligera de revenir sur ce qu'on entend en philosophie naturelle par état initial et par état final, et d'indiquer sur des exemples comment l'ordre et la régularité tendent

---

une espèce de merveille, que, lorsqu'on avait même troublé leurs battements tout exprès, elles retournaient bientôt à battre ensemble, à peu près comme deux cordes qui sont à l'unisson. » LEIBNITZ, *Premier éclaircissement sur un système nouveau de la nature et de la communication des substances.*

Ce qui pouvait paraître *une espèce de merveille* au temps d'Huygens et de Leibnitz, est aujourd'hui un phénomène physique des mieux connus et des plus complètement expliqués par l'analyse mathématique. Il y a une autre hypothèse que Leibnitz, dans ce passage, n'avait pas besoin de considérer, et qu'il omet : celle où, dans la multitude de pendules que contient le magasin d'un horloger, et dans la multitude de tirages fortuits faits pour les appareiller, le hasard finirait par amener l'assortiment de deux pendules ayant la même marche. Quant à ses deux dernières hypothèses, que, pour son objet particulier, il lui convenait de distinguer, nous les rattacherons à un même principe d'explication, celui de la coordination intelligente, ou en vue d'une fin. Nous aurons ainsi, comme Leibnitz, trois hypothèses ou principes d'explication, mais non pas les mêmes.

à s'introduire dans le passage de l'état initial à l'état final. Que l'on imagine un corps de forme régulière, tel qu'une sphère, qui a été primitivement échauffé en ses divers points d'une manière inégale, et sans que les variations de température d'un point à l'autre suivent aucune loi régulière : si le corps est ensuite placé dans un milieu dont la température uniforme et constante se trouve de beaucoup inférieure à la moyenne des températures données dans l'origine aux diverses particules du corps, il perdra graduellement de la chaleur ; sa température moyenne s'abaissera, en tendant à se rapprocher de celle du milieu ambiant ; mais en même temps la distribution de la chaleur dans l'intérieur du corps tendra à se régulariser. Les particules centrales, lors même qu'elles auraient été primitivement moins échauffées que les autres, prendront une température plus élevée que celle des particules voisines de la surface ; parce que, d'une part, celles-ci leur auront communiqué une partie de l'excès de leur chaleur initiale, et que d'autre part les particules centrales se trouvent plus éloignées des points par où le corps, pris dans son ensemble, émet de la chaleur au dehors aux dépens de sa température moyenne. Au bout d'un temps suffisant, la température de la couche superficielle sera sensiblement la même que celle du milieu ambiant ; et, de la surface au centre, la température ira en croissant, de manière qu'on puisse partager la masse du corps en couches sphériques et concentriques, dont toutes les particules, pour chaque couche, jouissent d'une température uniforme. Ainsi, la distribution de la chaleur se fera d'après un mode de plus en plus régulier, et qui finalement doit offrir une régularité parfaite, lors même qu'il n'y aurait eu, dans le mode de distribution initial, aucune trace de régularité.

De même, si l'on suppose un amas sporadique de particules matérielles, distribuées irrégulièrement à des distances quelconques les unes des autres, animées d'ailleurs de vitesses quelconques, mais soumises de plus à des forces qui les attirent les unes vers les autres, il arrivera au bout d'un temps suffisant que ces particules s'agglomèreront en un corps de figure régulière, dont le mouvement régulier de rotation et de translation sera une sorte de moyenne entre les mouvements divers qui animaient les diverses particules à l'état sporadique. L'ordre sera né de lui-même du sein du chaos primordial.

De même, enfin, si l'on agite irrégulièrement de l'air ou de l'eau à l'embouchure d'un tuyau ou d'un canal de forme régulière, le mouvement se propagera de manière qu'à une certaine distance de l'embouchure on n'apercevra plus que des ondulations régulières, dont la loi ne dépendra point du mode d'ébranlement initial. Dans tous ces phénomènes, l'ordre qui s'établit en définitive n'atteste (comme la constance des rapports trouvés par la statistique) que la prépondérance finale d'une influence irrégulière ou permanente sur des causes anomales et variables. Il est la conséquence de lois mathématiques, et nous ne pouvons l'admirer que comme nous admirerions un théorème de géométrie qui nous frapperait par sa simplicité et par la fécondité de ses applications.

55. — Il en est de même de l'harmonie qui s'établit finalement entre plusieurs phénomènes ou séries de phénomènes, en raison de l'influence qu'une série

exerce sur l'autre, ou par suite de réactions mutuelles. C'est ainsi que, selon la curieuse expérience citée plus haut (53, *note*), si l'on fixe à un même support deux horloges dont les battements ne sont point parfaitement synchrones ni les marches rigoureusement concordantes, on remarque, au bout d'un certain temps, que la transmission des mouvements d'une horloge à l'autre, par l'intermédiaire du support commun, les a amenées au synchronisme et à la concordance exacte. En général, des corps qui peuvent se communiquer leurs mouvements vibratoires tendent à vibrer à l'unisson, quoique doués à l'origine de mouvements vibratoires dont les périodes ne concordent pas et sont d'inégales durées, pourvu que les discordances et les inégalités n'excèdent pas certaines limites. Notre système planétaire offre sur une grande échelle des exemples de phénomènes analogues. La lune tourne toujours vers nous la même face, parce qu'elle emploie le même temps à accomplir son mouvement de rotation sur elle-même, et à décrire son orbite autour de la terre. Il serait fort singulier que des circonstances initiales qui auraient fixé ces deux périodes indépendamment l'une de l'autre, se fussent ajustées de manière à produire spontanément une si exacte concordance. Mais, si l'on admet que les deux périodes ont peu différé dans l'origine, et si l'on suppose en outre (selon toute vraisemblance) que la masse de la lune, comme celle des autres corps célestes, ait été primitivement fluide, l'attraction de la terre a dû modifier la figure de son satellite de manière à faire concorder à la longue les deux mouvements périodiques, et à produire le phénomène que nous constatons maintenant, par suite duquel l'un des hémisphères de la lune nous est caché pour jamais. On a des motifs de croire que les satellites des autres planètes présentent le même phénomène, dû à la même cause; et les vitesses avec lesquelles les satellites de Jupiter circulent autour de leur planète ont aussi entre elles des rapports singuliers, qui s'expliquent d'une manière analogue, au moyen de réactions mutuelles qui doivent aboutir à ajuster harmoniquement les parties d'un système, sous la condition toutefois que les parties aient été originairement placées dans un état qui se rapprochât suffisamment de celui que les réactions internes tendent à établir, ou à rétablir quand des causes externes viennent à le troubler.

56. — Dans des phénomènes d'un ordre tout différent, et d'ordres très-différents les uns des autres, lesquels ne se prêtent plus comme les précédents au calcul mathématique, on peut signaler des harmonies pareilles, tenant aussi à des influences ou à des réactions mutuelles, qui toutefois n'opèrent avec efficacité qu'entre de certaines limites : de sorte que l'état initial doit être supposé, sinon précisément dans les conditions d'harmonie qui s'établissent à la longue, au moins dans des conditions qui n'en soient pas trop éloignées. Un organe exercé acquiert plus de force, prend plus de développement, et par là, en même temps que les usages de l'organe deviennent plus fréquents et plus variés, il prend des qualités appropriées à ses nouveaux usages. Au contraire, l'organe qui cesse d'être exercé s'atrophie et disparaît avec le besoin que l'animal en avait, comme on en a un exemple célèbre dans l'œil des animaux fouisseurs, tels que la taupe. Dans l'état social, les besoins sollicitent l'industrie, et des res-

sources nouvelles correspondent harmoniquement à des besoins nouveaux ; de là notamment l'équilibre qui s'établit entre la population et les moyens de subsistance, sans qu'on s'avise de supposer que la fécondité des mariages ait été ajustée d'avance à la fécondité du sol, et encore moins que la fécondité du sol ait été mesurée en vue de la fécondité des mariages. L'introduction dans l'économie animale d'un corps étranger ou d'une substance nuisible irrite les tissus ; et par cette irritation même la nature fait, comme on dit, des efforts pour se débarrasser des substances qui lui nuisent, des corps étrangers qui la blessent. Elle tend à la guérison, ou à la reconstitution de l'état normal passagèrement troublé, pourvu qu'il n'en soit pas résulté de lésions ou d'altérations trop profondes. Lorsqu'une perturbation quelconque a eu lieu dans l'économie animale ou dans l'économie sociale, les forces réparatrices acquièrent par cela même un plus haut degré d'énergie. C'est ainsi qu'après une saignée copieuse ou une longue abstinence, l'appétit du convalescent s'aiguise, et les aliments s'assimilent en proportion plus forte. C'est encore ainsi qu'à la suite d'une guerre ou d'une révolution qui a décimé la population virile et dissipé les capitaux d'une nation, les hommes tendent à se multiplier et les capitaux à se régénérer si rapidement, que peu d'années de paix et d'une administration sage suffisent pour effacer la trace des calamités passées.

57. — Mais, outre les harmonies de cette sorte, qui s'établissent après coup et portent avec elles leur explication, il y en a d'autres dont on ne peut rendre raison de même, parce qu'elles ont lieu entre divers faits ou ordres de faits indépendants, et qui ne sauraient réagir

les uns sur les autres, de manière à produire une harmonie qui n'existerait pas originellement, ou à rétablir une harmonie préexistante et accidentellement troublée. Afin de nous mieux faire comprendre, empruntons encore un exemple à l'astronomie. Dans la théorie du mouvement des astres, comme dans la théorie des mouvements d'un système quelconque de corps, il y a deux choses à considérer : les forces auxquelles les corps sont soumis pendant la durée de leurs mouvements, et les données initiales, c'est-à-dire les positions que les corps occupaient, et les vitesses dont ils étaient animés à une époque d'où l'on part pour assigner, à l'aide du calcul, toutes les phases par lesquelles le système doit passer ensuite, ou même (sauf certaines restrictions dont nous aurons à parler ailleurs) pour remonter aux phases par lesquelles il a dû passer antérieurement. Pour que les mouvements de notre système astronomique se perpétuent avec la régularité et l'harmonie qui nous frappent, il n'a pas seulement fallu que la matière fût soumise à l'action permanente d'une force dont la loi est très-simple, comme celle de la gravitation universelle ; il a encore fallu que les masses du soleil et des planètes, leurs distances respectives, leurs distances aux étoiles, leurs vitesses à une certaine époque, aient été proportionnées de manière que ces astres décrivissent périodiquement des orbites presque circulaires et invariables, sauf de légères perturbations qui les altèrent, tantôt dans un sens, tantôt dans l'autre, et qui se trouvent resserrées entre de fort étroites limites. C'est là ce qu'on entend par les conditions de stabilité du système planétaire ; et il ne nous est point permis, dans l'état de nos connaissances, de supposer que le phénomène de cette stabilité soit du nombre de ceux qui s'établissent ou se rétablissent par une vertu inhérente aux réactions mutuelles et aux liens de solidarité du système. Que ce phénomène ne soit pas un fait absolument primitif, et qu'on puisse recourir, pour l'expliquer, à des hypothèses plus ou moins arbitraires, ce n'est pas ce dont il s'agit ici ; nous tenons seulement à bien faire remarquer que le fait de ces dispositions initiales dans les parties d'un système matériel, et le fait de la soumission des parties du système à l'action de telles forces permanentes, sont deux faits entre lesquels la raison n'aperçoit aucune dépendance essentielle, et dont l'un n'est nullement la conséquence de l'autre : en sorte que l'accord de ces deux faits, pour l'établissement et le maintien d'un ordre dont l'harmonie nous frappe, entre une infinité d'autres arrangements possibles, n'est pas un résultat nécessaire, et ne peut être attribué qu'à une combinaison fortuite, ou à la détermination d'une cause supérieure qui trouve, dans la fin qu'elle poursuit, la raison de ses déterminations.

58. — Prenons un autre exemple, plus rapproché des phénomènes qu'on appelle proprement organiques. Les éléments chimiques des corps que nous avons pu soumettre à l'analyse sont en assez grand nombre, mais ils sont loin de jouer tous le même rôle dans l'économie de notre monde terrestre. Les uns sont abondants, les autres rares ; quelques-uns, en petit nombre, se prêtent à des combinaisons bien plus variées, bien plus complexes, et par là se trouvent aptes à fournir à la nature organique ses matériaux essentiels. Or, il est certain que les causes qui ont déterminé les proportions et la répartition dans la masse de notre globe des

diverses substances chimiquement hétérogènes, sont par leur nature indépendantes de celles qui ont suscité le développement des êtres organisés et vivants; et d'un autre côté, quoique la nature vivante, subissant l'influence des conditions physiques, puisse, dans sa fécondité merveilleuse, se prêter à des conditions physiques fort diverses, en modifiant les types par des voies apparentes ou secrètes, de manière à les rendre compatibles avec les nouvelles conditions, il est pareillement certain que cette puissance de modification a des limites fort restreintes, comparativement à la distance des limites entre lesquelles les conditions physiques et extérieures peuvent osciller. Que l'on imagine, entre les matériaux chimiques dont les couches superficielles de notre globe se composent, d'autres proportions, une répartition différente, et le développement des plantes et des animaux deviendra impossible, faute des conditions requises. Que la masse de l'atmosphère diminue suffisamment, et la surface entière du globe sera dans les conditions où se trouvent les sommets glacés des Alpes. Que la proportion de silice augmente à la surface, et les continents offriront partout l'aspect de stérilité qu'ont pour nous les sables du désert. Que la proportion de chlorure de sodium augmente dans les eaux de l'océan ou qu'il s'y mêle quelques principes malfaisants, et ses eaux seront dépeuplées comme celles du lac Asphaltite. Il faut que la masse de l'atmosphère (pour ne parler que de cette circonstance seule) soit en rapport avec la distance de la terre au soleil, d'où lui vient la chaleur qu'elle doit retenir et concentrer, et en même temps en rapport avec la manière d'agir des forces qui président à l'évolution des êtres vivants; sans quoi (comme l'observation même nous apprend que la chose est possible) les conditions de tant d'admirables phénomènes viendraient à défaillir. La raison, l'expérience nous instruisent assez qu'il y a là un concours de causes indépendantes, une harmonie non nécessaire (d'une nécessité mathématique), et pour l'explication de laquelle, comme on l'a déjà dit, il ne reste que deux hypothèses : celle du concours fortuit, et celle de la subordination de toutes les causes concourantes et aveugles à une cause qui poursuit une fin.

59. — Dans la multitude infinie des exemples d'harmonie que peuvent offrir les êtres organisés, soit qu'on les considère en eux-mêmes ou dans leurs rapports avec les agents extérieurs, prenons, comme un des moins compliqués, celui qui se tire des modifications du pelage des animaux, selon les climats. Nous ignorons absolument (car que n'ignorons-nous pas en ces matières !) comment le climat agit de manière à épaissir la fourrure de l'animal transporté dans les régions froides, et à l'éclaircir quand on le transporte au contraire vers les régions chaudes; mais, selon toute apparence, l'impression du froid et du chaud sur la sensibilité de l'animal, les troubles qui en peuvent résulter dans l'économie intérieure de son organisation, n'interviennent pas plus dans l'action de la température pour modifier le développement du derme et des poils, qu'ils n'interviennent dans les modifications que l'action de la lumière fait subir au système tégumentaire, au point de parer des plus vives couleurs la robe de l'animal qui vit sous les feux du tropique, et, au contraire, de rendre pâle et terne la robe du quadrupède ou de l'oiseau qui habite les contrées polaires.

Le besoin d'une parure plus brillante n'est sans doute pas ce qui donne aux plumes du colibri leur éclat métallique ; bien probablement aussi, le malaise que le froid fait éprouver à l'animal qui s'achemine vers les régions glacées n'est pas ce qui provoque la croissance d'un poil plus laineux et plus abondant. Si ce jugement est fondé, il faut admettre un concours, soit fortuit, soit préétabli, entre les besoins de l'animal et l'action que le milieu ambiant exerce sur le développement du système tégumentaire. A la vérité, il serait téméraire d'affirmer absolument que l'impression du froid sur la sensibilité de l'animal n'est pas la cause immédiate d'un surcroît de développement dans le système tégumentaire ; mais nous n'avons besoin que d'un exemple, hypothétique si l'on veut ; et, en tout cas, la probabilité de la conséquence que nous en tirons ici sera évidemment subordonnée à la probabilité de l'hypothèse, dans l'état de nos connaissances.

On a fait la remarque que le pelage des animaux prend fréquemment une teinte voisine de celle que revêt le sol même qui les porte, comme si la nature avait voulu, dans l'intérêt de la conservation des espèces, leur ménager les moyens de se dérober aux ennemis qui les poursuivent ou qui les guettent. Ainsi le pelage blanchit dans les contrées neigeuses, prend une teinte roussâtre dans les terres arables, et, au milieu du Grand-Désert d'Afrique, se rapproche singulièrement de la teinte même des sables qui sont le fond de ce triste paysage. Que le fait soit plus ou moins constant, qu'il puisse ou non s'expliquer par les lois de la physique, c'est ce que nous n'avons pas à examiner : toujours est-il qu'on ne peut point admettre que la chasse faite à l'animal par ses ennemis naturels et ses efforts pour s'y soustraire contribuent au changement de coloration du pelage; de sorte que si l'harmonie signalée entre le changement de coloration et le besoin de protection existe véritablement, il faut le mettre sur le compte du hasard, ou l'imputer à la finalité qui gouverne les déterminations d'une cause supérieure. Ce ne peut être une de ces harmonies qui s'établissent d'elles-mêmes par des influences ou par des réactions qui tiennent à la solidarité des diverses parties d'un système.

60. — Du reste, les merveilles de l'organisation ne nous laissent pas manquer d'exemples, sinon aussi simples, du moins bien autrement péremptoires. Admettons pour un moment que l'impression du froid et le malaise qu'en ressent l'animal suffisent, à qui comprendrait bien le jeu des forces organiques, pour rendre raison du travail qui s'accomplit dans le bulbe générateur du poil et des modifications de taille ou de structure que le poil subit : à qui persuadera-t-on que l'œil se soit façonné et comme pétri sous l'impression de la lumière; que les propriétés de cet agent physique et toute l'organisation si compliquée, si savante de l'appareil de la vision se soient mises d'accord d'elles-mêmes, à la longue, par une influence comparable à celle qui établit l'accord final entre deux horloges accrochées à un commun support? Chacun comprend que, si le défaut d'excitation suffit pour expliquer l'atrophie de l'appareil de la vision chez les animaux soustraits par leur genre de vie à l'action de la lumière, et que si ce défaut d'excitation paralyse la force plastique qui tend au développement le plus complet de

l'appareil, dans les circonstances convenables de nutrition et d'excitation, on n'en peut pas conclure inversement que la lumière possède la vertu plastique, ni qu'il suffise de l'ébranlement donné par la lumière, pour que le travail de l'organisation aboutisse à la construction de l'appareil de la vision, sans un accord préalable, *parte in qua*, entre les propriétés physiques de la lumière et les lois propres à l'organisme.

Il ne faut pas que la généralité de l'emploi de l'appareil de la vision dans le règne animal soit une cause d'illusion. L'électricité joue dans le monde physique un rôle aussi considérable que celui de la lumière ; cependant, tandis que presque tous les animaux ont des yeux, il n'y a rien de plus particulier et de plus rare que l'existence d'un appareil électrique comme celui qui sert à la torpille et au gymnote de moyen de défense contre ses ennemis et d'attaque contre sa proie. Si l'on plaçait ces poissons dans des circonstances où ils ne pussent charger leurs batteries électriques, ces organes s'atrophieraient, on n'en doit pas douter ; et il n'y aurait là qu'une application de cette loi générale de l'organisme, qui veut que tout organe non exercé subisse un arrêt dans son développement, ou s'atrophie après son développement complet. Mais de là conclura-t-on que l'influence de l'électricité est la force qui crée et qui développe dans la torpille et le gymnote le germe de l'appareil électrique ? Alors, pourquoi la même influence, partout présente, n'aboutirait-elle pas à la construction du même appareil chez toutes les espèces aquatiques, ou tout au moins chez toutes les espèces de même famille, de même genre, qui, outre qu'elles habitent le même élément, ont avec la torpille ou le gymnote électrique de si grandes conformités dans tous les autres détails de leur organisation? Il en faut conclure que l'œil ne se façonne point par l'action de la lumière, non plus que la batterie de la torpille par l'action de l'électricité, et que la cause génératrice de ces appareils est une force plastique, inhérente à la vie animale, qui poursuit pour chaque espèce la réalisation d'un type déterminé, en se gouvernant d'après des lois qui lui sont propres. Si l'appareil de la vision, considéré dans ses traits les plus généraux, semble appartenir au type général de l'animalité, tandis que la batterie électrique ne figure que comme un détail accessoire et tout spécial, dans un type d'organisation très-particulier; si, d'autre part, l'un sert à une fonction très-importante et se trouve approprié à la satisfaction d'un besoin très-général, tandis que l'autre ne remplit qu'une fonction accessoire pour un besoin que la nature a une multitude d'autres moyens de satisfaire, la raison de cette différence ne saurait être dans la disparité et dans l'inégale importance du rôle des agents physiques, à l'influence desquels la nature animale ne ferait que céder docilement : il faut qu'elle se trouve dans des lois propres à la nature animale.

On se convainc d'autant plus de cette autonomie que l'on pénètre plus avant dans la connaissance de l'organisme. Alors on s'aperçoit que la fonction d'un organe et le service que l'animal en tire pour la satisfaction de tel ou tel besoin, ne sont pas ce qu'il y a pour cet organe de plus fondamental, de plus fixe et de plus caractéristique. Tandis qu'un type fondamental et persistant quant à ses traits généraux va en se modifiant d'une multitude de manières quant aux détails, dans le passage d'une espèce à l'autre, l'organe dont on ne peut méconnaître l'identité à travers toutes ces modifications successives remplit souvent des fonctions très-diverses ; et, réciproquement, les mêmes fonctions sont remplies par des organes très-nettement distincts. En un mot, l'organe ne peut en général se définir par la fonction qu'il remplit ; l'attribution de telle fonction à tel organe paraît être le plus souvent un accident, et non ce qui caractérise essentiellement l'organe, ni ce qui en détermine les rapports fondamentaux avec tout le système de l'organisme. Or, si le monde physique et la nature vivante, gouvernés respectivement par des lois qui leur sont propres, qui ont leurs raisons spéciales, se trouvent mis en présence et en conflit, l'harmonie qui s'observe entre les unes et les autres, pour l'accomplissement des fonctions et la satisfaction des besoins de l'être vivant, en tout ce qui excède la part qu'on peut raisonnablement attribuer à des influences et à des réactions mutuelles, ne saurait être imputée qu'à une coïncidence fortuite, ou bien à la finalité qui gouverne les déterminations d'une cause supérieure, de laquelle relèvent les lois générales du monde physique, aussi bien que les lois spéciales à la nature vivante.

61. — C'est maintenant entre ces deux hypothèses ou explications que la comparaison doit s'établir : et d'abord nous traiterons de la première, de celle qui repose sur l'idée d'un concours fortuit, et de l'épuisement des combinaisons fortuites, dans un espace et dans un temps sans limites. Cette explication, sans cesse reproduite et sans cesse combattue, peut d'au-

tant moins, quoi qu'on en ait dit, être passée sous silence ou dédaigneusement traitée, qu'elle est, pour certains détails et entre certaines limites, celle qui satisfait le mieux la raison, ou même la seule que la raison puisse accepter. Il est clair que l'être dont toute l'organisation ne concourt pas à la conservation de l'individu est condamné à périr, et que de même l'espèce ne peut subsister que sous la condition du concours de toutes les circonstances propres à assurer la propagation et la perpétuité de l'espèce. On en conclut que, dans la multitude infinie des combinaisons auxquelles a donné lieu le jeu continuel des forces de la nature, dans le champ illimité de l'étendue et de la durée, toutes celles qui ne réunissaient pas les conditions de stabilité ont disparu pour ne laisser subsister que celles qui trouvaient, dans l'harmonie toute fortuite de leurs éléments, des conditions de stabilité suffisante. Et en effet, nous voyons que les espèces et les individus sont très-inégalement partagés dans leurs moyens de résistance à l'action des causes destructives. Pour les uns, la durée de la vie s'abrège; pour les autres, la multiplication se restreint. Que les forces destructives deviennent plus intenses ou les moyens de résistance plus faibles, le germe ne se développera point, l'individu ne naîtra pas viable, ou l'espèce disparaîtra. Or, l'observation nous apprend en effet que des espèces se sont éteintes, et que tous les jours des individus restent à l'état d'ébauche et ne réunissent pas les conditions de viabilité.

62. — Il est à propos de remonter plus haut ; car ces considérations s'appliquent, non-seulement aux êtres organisés et vivants, mais à tous les phénomènes cos-

miques où l'on trouve des marques d'ordre et d'harmonie. Notre système planétaire, si remarquable par les conditions de simplicité et de stabilité auxquelles il satisfait, n'est lui-même qu'un grain de poussière dans les espaces célestes, une des combinaisons que la nature a dû réaliser parmi une infinité d'autres; et, si faibles que soient encore nos connaissances sur d'autres systèmes ou d'autres mondes si prodigieusement éloignés, nous puisons déjà dans l'observation des motifs de croire qu'en effet la nature, en y variant les combinaisons, ne s'est point assujettie à y réunir au même degré les conditions de simplicité et de permanence. Il a fallu (nous l'avons déjà reconnu) des conditions toutes particulières pour qu'une atmosphère se formât autour de notre planète, et une atmosphère tellement dosée et constituée qu'elle exerçât sur la lumière et la chaleur solaires, en conséquence de la distance où la terre se trouve du soleil, une action appropriée au développement de la vie végétale et animale, en même temps qu'elle fournirait l'élément chimique indispensable à l'entretien de la respiration et de la vie. Mais aussi, parmi les corps célestes, celui qui nous avoisine le plus nous offre de prime-abord l'exemple d'un astre placé par les circonstances fortuites de sa formation dans des conditions toutes contraires : la lune n'a point d'atmosphère, et nous avons tout lieu d'induire des observations que sa surface est vouée à une stérilité permanente. Il a fallu que les matériaux solides de la croûte extérieure du globe terrestre eussent une certaine composition chimique, et que les inégalités de sa surface affectassent de certaines dispositions pour permettre tant de variété et de richesse dans le développement des formes et des organismes; mais aussi, là où ces conditions ont défailli, rencontre-t-on des espaces déserts, des sables arides, des zones glacées, où le cryptogame et l'animalcule microscopique, entassés par millions, sont les dernières et infimes créations d'une force plastique qui se dégrade et qui s'éteint; des contrées où les eaux sauvages, torrentueuses, stagnantes, causes de destruction et d'émanations malfaisantes pour toutes les espèces qui occupent dans les deux règnes un rang élevé, remplacent ces fleuves, ces ruisseaux, ces lacs, ces eaux aménagées, dont le régime et l'ordonnance régulière font encore plus ressortir le désordre et l'irrégularité que présentent d'autres parties du tableau. Si, dans l'état présent des choses, les contrées ravagées et stériles ne forment qu'une petite partie de la surface de notre planète; si les limites de l'empire de Typhon ont reculé presque partout devant l'action du principe organisateur et fécondant, les monuments géologiques sont là pour nous apprendre que l'ordre n'a pas toujours été le même; qu'il a fallu traverser des périodes immenses et des convulsions sans nombre, pour arriver graduellement à l'ordre que nous observons maintenant, et qui probablement, dans la suite des âges, malgré sa stabilité relative, ne doit pas plus échapper que les autres combinaisons de la nature aux causes de dissolution.

63. — Voilà l'argument dans sa force, le même au fond qu'aurait employé un Grec de l'école d'Épicure ou un raisonneur du moyen âge, mais conçu en termes et appuyé d'exemples mieux appropriés à l'état des sciences modernes; c'est aussi à la science que nous demanderons de nous fournir des inductions et des

exemples, non pour le détruire, car il a sa valeur et ses applications légitimes, mais pour en combattre les conséquences extrêmes et les tendances exclusives.

Supposons que notre planète ne doive plus éprouver de secousses comme celles qui, à des époques reculées, ont soulevé les chaînes de montagnes et produit toutes les dislocations et les irrégularités de la surface des continents et du fond des mers; l'action de l'atmosphère et des eaux, combinée avec l'action de la pesanteur, tendra avec une extrême lenteur, mais enfin tendra constamment à désagréger les roches, à en charrier les débris au fond des vallées et des bassins, en un mot, à abattre tout ce qui s'élève, à combler toutes les dépressions, et à niveler la surface comme si les matériaux de l'écorce du globe avaient été primitivement fluides. Or, dans l'état présent des choses, les inégalités de l'écorce terrestre, quoique énormes relativement à notre taille et à nos chétives constructions, sont si petites relativement aux dimensions de la terre, que les astronomes ont dû les négliger dans la plupart de leurs calculs, et que, frappés de la conformité de la figure générale de notre planète avec celle que lui assigneraient les lois de l'hydrostatique, dans l'hypothèse d'une fluidité initiale, ils n'ont pas hésité à regarder cette hypothèse comme démontrée par la figure même de la Terre. Écartons pour le moment toutes les autres preuves et toutes les autres inductions fournies par le progrès des observations géologiques, et qui ne permettent plus de douter raisonnablement de la fluidité initiale : l'accord de la figure du sphéroïde terrestre avec les lois de l'hydrostatique pourrait encore à la rigueur s'expliquer sans la supposition d'une fluidité initiale, et en partant d'une figure initiale quelconque, par l'action indéfiniment prolongée des causes qui, même aujourd'hui, tendent à amoindrir les aspérités de la surface actuelle ou ses écarts du niveau parfait. Un temps infini est à notre disposition pour le besoin de cette conception théorique, comme pour l'épuisement de toutes les combinaisons fortuites, si prodigieux que soit le nombre des éléments à combiner, et si singulière que soit la combinaison dont il s'agit de rendre compte. Néanmoins, le temps qu'il faudrait pour amener, par l'usure et la lente dégradation des couches superficielles, un corps solide de forme quelconque et de la grosseur de la Terre, à la forme que prendrait spontanément la même masse à l'état fluide, dépasse si démesurément la durée des grands phénomènes géologiques (quelque énorme que cette durée soit, en comparaison des temps que nous appelons historiques et auxquels nous remontons par la tradition humaine), qu'en l'absence de tout autre indice, la raison n'hésiterait pas à préférer l'hypothèse d'une fluidité initiale, si naturelle et si simple, à une explication qui requiert une si excessive *demande*. Puis, lorsque nous voyons que dans le relief des anciens terrains, à quelque antiquité que nous puissions remonter, rien n'annonce une figure plus éloignée que la figure actuelle de la direction générale des surfaces de niveau, nous rejetons comme absolument improbable l'explication fondée sur la lente dégradation des couches superficielles, sans même avoir besoin de recourir aux inductions tirées des phénomènes volcaniques et de l'accroissement des températures avec les profondeurs, qui nous font admettre qu'à une profondeur relativement petite, la masse du globe est encore maintenant à l'état de fluidité ignée.

Mais ce laps de temps, devant lequel la raison reculerait pour l'explication d'un phénomène tel que l'ellipticité du globe terrestre, n'est qu'un point dans la durée, en comparaison du temps dont il faudrait disposer pour qu'on pût raisonnablement admettre, d'après les règles qui nous guident en matière de probabilité, que, par la seule évolution des combinaisons fortuites, en dehors des limites où les réactions mutuelles suffisent pour rendre raison de l'harmonie finale, après des combinaisons sans nombre aussitôt détruites que formées, des combinaisons ont enfin dû venir, offrant par hasard toutes les conditions d'harmonie propres en assurer la stabilité. Ainsi ce serait par hasard, après des combinaisons dont l'énumération surpasse toutes les forces du calcul, que se serait formé le globe de l'œil avec ses tissus, ses humeurs, les courbures de leurs cloisons, les densités diverses des matières réfringentes dont il se compose, combinées de manière à corriger l'aberration des rayons, le diaphragme qui se dilate ou se resserre selon qu'il faut amplifier ou restreindre les dimensions du pinceau lumineux, le pigment qui en tapisse le fond pour prévenir le trouble que causeraient les réflexions intérieures, les organes accessoires qui le protègent, les muscles qui le meuvent, l'épanouissement du nerf optique en un réseau sensible si bien approprié à la peinture des images, et les connexions de ce nerf avec le cerveau, non moins spécialement appropriées à la sensation qu'il s'agit de transmettre! Tout cela n'attesterait pas une harmonie préétablie entre les propriétés physiques de la lumière et le plan de l'organisation animale! Il serait trop facile d'insister sur les détails inépuisables de cet argument inductif; on l'a fait trop souvent, et parfois trop éloquemment, pour qu'il ne convienne pas de se borner ici à en indiquer la place. Encore moins conviendrait-il de ressasser les lieux communs des écoles sur les coups de dés et les assemblages de lettres, et de répéter des exemples fictifs, rebattus, même dans l'antiquité [1]. La science moderne a une réponse plus satisfaisante et plus péremptoire que ces raisonnements scolastiques : elle a déchiffré les archives du vieux monde; elle y a vu qu'à une certaine époque géologique les êtres vivants n'existaient pas et ne pouvaient exister à la surface de notre planète; que par conséquent la condition d'un temps illimité pour l'évolution des combinaisons fortuites manque absolument; que les races se sont succédé, et très-probablement aussi se sont modifiées selon les circonstances extérieures, mais sans que la nature procédât plus que maintenant par des myriades d'ébauches informes, avant d'aboutir fortuitement à un type organique sus-

---

[1] « Quæris cur hæc ita fiant, et qua arte perspici possint? Nescire me fateor, evenire autem, te ipsum dico videre. Casu, inquis. Itane vero? Quidnam potest casu esse factum, quod omnes habet in se numeros veritatis? Quatuor tali jacti casum venereum efficiunt; num etiam centum venereos, si quadringinta talos jeceris, casu futuros putas? Adspersa temere pigmenta in tabula oris lineamenta effingere possunt; num etiam Veneris Coæ pulchritudinem effingi posse adspersione fortuita putas? Sus rostro si humi A litteram impresserit, num propterea suspicari poteris Andromacham Ennii ab ea posse describi? Fingebat Carneades, in Chiorum lapicidinis saxo diffisso caput exstitisse Panisci. Credo aliquam non dissimilem figuram, sed certe non talem ut eam factam a Scopa diceres. Sic enim se profecto res habet, ut nunquam perfecte veritatem casus imitetur. » Cic. De divinat., lib. I.

ceptible de se conserver comme individu et de se perpétuer comme espèce. L'existence d'une force plastique, qui d'elle-même procède d'après des conditions d'unité et d'harmonie qui lui sont propres, tout en se mettant en rapport avec les circonstances extérieures et en en subissant l'influence, est dès lors, pour tout esprit sensé, non-seulement la conséquence probable d'un raisonnement abstrait, mais aussi la conséquence indubitable des données mêmes de l'observation.

64. — Le plus souvent, les trois principes ou chefs d'explication que nous avons mentionnés doivent être concurremment acceptés, sauf à faire la part de chacun selon la mesure de nos connaissances et la valeur des inductions qui s'en tirent. Un jardinier soumet à la culture une plante sauvage, la place dans des conditions nouvelles, et bientôt le type organique, cédant aux influences extérieures, se met en harmonie avec ces nouvelles conditions, et par suite en harmonie avec les besoins en vue desquels l'homme a dirigé sa culture. Certains organes avortent ou s'amoindrissent; d'autres organes, comme les fleurs, les fruits, les racines, qui sont pour l'homme des objets d'utilité ou d'agrément, prennent un surcroît de développement, de vigueur et de beauté. Voilà pour la part des réactions et des influences susceptibles d'aboutir à une harmonie finale, et qui (dans ce cas) substituent un ordre harmonique nouveau, provoqué par l'industrie de l'homme, à l'ordre qu'avaient établi les lois primordiales de la nature, en dehors de l'action de l'homme, et antérieurement à l'introduction de cette force nouvelle dans l'économie du monde. Le même jardinier fait des semis à tout hasard, et parmi le grand nombre

de variétés individuelles qui résultent fortuitement des diverses dispositions des germes, combinées avec les influences accidentelles de l'atmosphère et du sol, il s'en trouve quelques-unes qui réunissent les conditions de propagation, en ce sens que le cultivateur a intérêt à les propager, de préférence aux autres qu'il sacrifie. Les individus conservés en produisent à leur tour une multitude d'autres, parmi lesquels on trie encore ceux qui, par des circonstances fortuites, réunissent à un plus haut degré les qualités que l'on prisait dans leurs ancêtres, qualités qui vont ainsi en se consolidant et se prononçant de plus en plus par les transmissions successives d'une génération à l'autre : et par là s'explique la formation des races cultivées, qui sont comme des types nouveaux, artificiellement substitués à ceux de la nature sauvage. Cet exemple peut donner l'idée de la part du hasard et de la multiplication indéfinie des combinaisons fortuites dans l'établissement de l'ordre final et des harmonies qui s'y remarquent. Mais il y a des limites à cette part du hasard, comme à la part des influences que la culture développe : le plus grand rôle dans la constitution de l'harmonie finale reste toujours à la force génératrice et plastique primitivement attachée au type originel, en vertu d'une harmonie préexistante que l'art de la culture peut bien modifier, mais non suppléer, ni créer de toutes pièces.

Ce que nous disons pour un petit échantillon de la nature cultivée peut aussi bien s'appliquer, sauf le grandiose des proportions, aux libres allures de la nature sauvage. Il y a eu sans doute bien des races créées et consolidées par un concours fortuit de circonstances accidentelles, en raison de la diversité des climats et du long temps écoulé depuis l'époque de la première apparition des êtres vivants; mais, autant qu'on en peut juger dans l'état de nos connaissances, ceci n'explique que la moindre partie des variétés de type et d'organisation, et il faut surtout tenir compte des variétés inhérentes au plan primordial de la nature dans la construction des types organiques. De même, pour s'expliquer l'harmonie finale des organes entre eux et de l'organisme complet avec les milieux ambiants, il faut sans doute faire la part des influences et des réactions mutuelles qui suffisent au besoin, entre de certaines limites, pour rétablir une harmonie accidentellement troublée; mais il faut principalement et avant tout avoir égard aux harmonies essentielles du plan primordial. S'il arrive que la patte du chien de Terre-Neuve offre un rudiment de palmature approprié à sa vie aquatique; s'il arrive aussi, suivant la remarque de Daubenton, que le tube intestinal s'allonge un peu chez le chat domestique, que l'on force à se nourrir en partie d'aliments végétaux, ces faits, qui nous démontrent l'influence singulière des milieux ambiants et des habitudes acquises pour modifier, mais seulement dans d'étroites limites, les types organiques, de manière à les approprier à de nouvelles conditions, nous montrent aussi, par l'étroitesse même des limites et l'imperfection organique des produits, toute la différence qu'il faut mettre entre de telles influences extérieures et la vertu plastique qui procède du type même de l'organisation et de ses coordinations harmoniques. Autrement, autant vaudrait assimiler les callosités que la fatigue habituelle développe après coup, quoique d'une manière constante, précisément sur les parties du derme qui ont besoin de protection, avec les organes mêmes de protection, comme les ongles, les sabots, qui rentrent évidemment dans les harmonies originelles du type spécifique.

65. — Lorsque le *consensus* final provient d'influences ou de réactions mutuelles, il n'y a pas ordinairement parité de rôles entre les diverses parties qui tendent à former un système solidaire. L'une des parties joue le plus souvent, en raison de sa masse ou pour toute autre cause, un rôle prépondérant, et il peut même se faire qu'en soumettant les autres à son influence, elle n'en subisse pas à son tour de réaction appréciable. Lorsque les influences ou les réactions mutuelles ne suffisent pas à l'explication du *consensus* observé, et que la raison se sent obligée de chercher dans la finalité des causes l'explication qui lui manquerait autrement, elle ne doit pas non plus admettre qu'il y ait, en général, parité de rôle, dans l'ordre de la finalité, entre toutes les parties du système harmonique. Là où la finalité est le plus manifeste, comme dans l'organisme des êtres vivants, on ne saurait attribuer une telle parité de rôles à toutes les parties de l'organisme, sans aller contre toutes les notions que la science nous donne sur la subordination des organes et des caractères organiques, qui n'ont ni la même fixité d'un type à l'autre, ni la même importance, lorsqu'on les considère simultanément dans le même type. Ainsi, à l'aspect de l'éléphant, on voit que sa structure massive lui rendait nécessaire cet organe singulier de préhension connu sous le nom de trompe, et qu'il y a par conséquent une harmonie remarquable

dans l'organisation de cet animal, entre le développement extraordinaire du nez, qui en fait par exception un organe de préhension, et les modifications de taille et de forme des autres parties du corps. Il serait ridicule de supposer que le nez de l'éléphant s'est allongé par suite des efforts persévérants que lui et ses ancêtres ont faits pour atteindre avec le nez les objets dont ils faisaient leur nourriture : cela excède la part des réactions mutuelles ; la paléontologie ne témoigne nullement de cet allongement progressif ; la race aurait péri avant que le but ne fût atteint ; et la raison est amenée à reconnaître une harmonie originelle, une cause finale. Mais évidemment aussi, ce n'est point parce que l'animal a été pourvu d'une trompe que la nature l'a créé lourd et massif, et l'a privé des moyens d'atteindre directement avec la bouche les objets dont il se nourrit ; c'est au contraire parce que les conditions générales de structure et de taille étaient données pour ce type, en vertu de lois supérieures qui président aux grandes modifications de l'animalité et à la distribution des espèces en ordres et en genres, que la nature, descendant aux détails, a modifié un organe secondaire de manière à l'approprier à un besoin spécial imposé par les conditions dominantes. Dans l'ordre de la finalité, les conditions générales de structure et de taille sont le terme antécédent ; le développement exceptionnel de l'appareil nasal est le terme conséquent. La raison serait choquée si l'on intervertissait l'ordre des termes, comme elle pourrait l'être si l'on s'obstinait à ne voir dans cette harmonie que le résultat d'une coïncidence fortuite.

D'autres fois, les divers termes du rapport harmonique se présentent sur la même ligne, sans qu'il y ait de raison, au moins dans l'état de nos connaissances, pour subordonner l'un à l'autre. Il faut que l'animal carnassier ait assez d'agilité pour atteindre sa proie, assez de force musculaire pour la terrasser, des griffes et des dents puissantes pour la déchirer; mais nous n'avons pas de raisons décisives pour regarder les caractères qui se tirent de la conformation de l'appareil dentaire comme dominant ceux qui se tirent de la conformation des extrémités des membres, ou réciproquement; ces caractères nous paraissent être de même ordre, et concourir de la même manière, au même titre, à l'harmonie générale de l'organisme (25).

66. — Nous aurons lieu de faire des remarques analogues, si nous passons de la considération de l'harmonie qui règne entre les parties d'un être organisé, à l'étude des harmonies que nous offrent les rapports d'un être organisé avec les êtres qui l'entourent, ou bien à celle des harmonies que manifeste, sur une échelle encore plus grande, l'économie du monde physique. Ainsi, il ne sera pas permis de dire indifféremment que les végétaux ont été créés pour servir de pâture aux animaux herbivores, ou que les animaux herbivores ont été organisés pour se nourrir d'aliments végétaux. Le développement de la vie végétale à la surface du globe est le fait antérieur, dominant, auquel la nature a subordonné la construction de certains types d'animaux, organisés pour puiser leurs aliments dans le règne végétal. Ce n'est pas là une proposition qui se démontre avec une rigueur logique; mais c'est une relation que nous saisissons par le sentiment que nous avons de la raison des choses, et par une vue de

l'ensemble des phénomènes. L'abeille seule pourrait se figurer que les fleurs ont été créées pour son usage : quant à nous, spectateurs désintéressés, nous voyons clairement que la fleur fait partie d'un système d'organes essentiellement destinés à la reproduction du végétal, construits dans ce but, et que c'est au contraire l'abeille dont l'organisme a reçu les modifications convenables pour qu'elle pût tirer de la fleur les sucs nourriciers et les assimiler à sa propre substance. Il serait ridicule de dire qu'un animal a été organisé pour servir de pâture à l'insecte parasite, tandis qu'on ne peut douter que l'organisation de l'insecte parasite n'ait été accommodée à la nature des tissus et des humeurs de l'animal aux dépens duquel il vit. Si l'on y prend garde, et qu'on examine la plupart des exemples qu'on a coutume de citer pour frapper de ridicule le recours aux causes finales, on verra que le ridicule vient de ce qu'on a interverti les rapports, et méconnu la subordination naturelle des phénomènes les uns aux autres. Mais, de ce que des matériaux, comme la pierre et le bois, n'ont pas été créés pour servir à la construction d'un édifice, il ne s'ensuit pas qu'on doive expliquer par des réactions aveugles ou par une coïncidence fortuite la convenance qui s'observe entre les propriétés des matériaux et la destination de l'édifice. Or, dans le plan général de la nature (autant qu'il nous est donné d'en juger), les mêmes objets doivent être successivement envisagés, d'abord comme des ouvrages que la nature crée pour eux-mêmes, en disposant industrieusement pour cela des matériaux préexistants; puis comme des matériaux qu'elle emploie avec non moins d'industrie à la construction d'autres ouvrages. Intervertir cet ordre toutes les fois qu'il se montre avec clarté, c'est heurter la raison, ainsi qu'on l'a fait souvent, quand on s'est plu à considérer l'homme comme le centre et le but de toutes les merveilles dont il est seulement le témoin intelligent, et dont il n'a encore, le plus souvent, qu'une notion fort imparfaite.

67. — Les phénomènes naturels, enchaînés les uns aux autres, forment un réseau dont toutes les parties adhèrent entre elles, mais non de la même manière ni au même degré. On n'en peut comparer le tissu, ni à un système doué d'une rigidité absolue, et qui, pour ainsi dire, ne serait capable de se mouvoir que tout d'une pièce, ni à un tout dont chaque partie serait libre de se mouvoir en tous sens avec une indépendance absolue. Ici les liens de solidarité se relâchent, et il y a plus de carrière au jeu des combinaisons fortuites : là, au contraire, les liens se resserrent, et l'unité systématique est accusée plus fortement. Tel on voit le dessin d'une feuille d'arbre parfaitement arrêté quant aux principales nervures, tandis que, pour les dernières ramifications, et pour l'agglomération des cellules qui en comblent les intervalles et composent le parenchyme de la feuille, le jeu fortuit des circonstances accessoires donne lieu à des modifications innombrables et à des détails qui n'ont plus rien de fixe d'un individu à l'autre. On s'écarte également de la fidèle interprétation de la nature, et en méconnaissant la coordination systématique dans les traits fondamentaux où elle se montre distinctement, et en imaginant mal à propos des liens de coordination et de solidarité là où des séries collatérales, gouvernées chacune par

leurs propres lois depuis leur séparation du tronc commun, n'ont plus entre elles que des rapprochements accidentels et des adhérences fortuites.

C'est un axiome de la raison humaine que la nature se gouverne par des lois générales, et l'on va contre cet axiome lorsqu'on invoque un décret providentiel, lorsqu'on a recours à une cause finale (*deus ex machina*) pour chaque fait particulier, pour chacun des innombrables détails que nous offre le tableau du monde. Mais rien ne nous autorise à dire que la nature se gouverne par une loi unique; et tant que ses lois ne nous paraîtront pas dériver les unes des autres, ou dériver toutes d'une loi supérieure, par une nécessité purement logique; tant que nous les concevrons au contraire comme ayant pu être décrétées, séparément, d'une infinité de manières, toutes incompatibles avec la production d'effets harmoniques comme ceux que nous observons, nous serons fondés à voir dans l'effet à produire la raison d'une harmonie dont ne rend pas compte la solidarité des lois concourantes ou leur dépendance logique d'une loi supérieure; et c'est l'idée qui se trouve exprimée par la dénomination de cause finale. De là il suit que, plus le nombre des lois générales et des faits indépendants se réduira par le progrès de nos connaissances positives, plus le nombre des harmonies fondamentales et des applications distinctes du principe de finalité se réduira pareillement; mais aussi, plus chaque harmonie fondamentale, prise en particulier, acquerra de valeur et de force probante dans son témoignage en faveur de la finalité des causes et d'une coordination intelligente, puisque nous jugeons nécessairement de la perfection d'un système par la simplicité des principes et la fécondité des conséquences : en sorte que, s'il nous appartenait de remonter jusqu'à un principe unique qui expliquât tout, ce principe unique ou ce décret primordial serait la plus haute expression de la sagesse comme de la puissance suprême.

D'ailleurs, il doit être bien entendu que les considérations dont il s'agit dans ce chapitre ne s'élèvent point à une telle hauteur. Nous n'avons en vue que l'interprétation philosophique des phénomènes naturels, à l'aide des lumières de la science et de la raison, en tant qu'elle ne franchit pas le cercle des causes secondaires et des faits observables. Nous ne recherchons point comment, dans les détails mêmes livrés au jeu des combinaisons fortuites, il peut y avoir une direction suprême, ni comment, dans un ordre surnaturel vers lequel il est aussi dans la nature de l'homme de tendre par le sentiment religieux, le hasard peut être, jusque pour les faits particuliers, le ministre de la Providence et l'exécuteur de ses décrets mystérieux (36). Nous aurons encore moins la témérité de rechercher quelle est la fin suprême de la création ; la finalité que nous ne pouvons méconnaître dans les œuvres de la nature est une finalité, pour ainsi dire, immédiate et spéciale, une chaîne dont on ne peut suivre que des fragments dispersés. Tel organisme est admirablement adapté à l'accomplissement de telle fonction, et le jeu de la fonction n'est pas moins bien approprié aux besoins de l'individu et à l'entretien de l'espèce ; mais quelle fin la nature s'est-elle proposée en créant et en propageant l'espèce? c'est ce qui ne nous est point indiqué, et ce que nous ne pouvons tenter de deviner sans faire des suppositions gratuites, parfois ridicules, et toujours indignes d'un esprit sévère : tant le champ de nos connaissances est restreint en comparaison de ce qu'il faudrait savoir pour pouvoir, sans une trop choquante présomption, émettre des conjectures sur l'ordonnance générale du monde !

68. — Entre les deux explications qui se réfèrent, l'une à la finalité des causes, l'autre à l'épuisement des combinaisons fortuites, ce n'est point, en général, par une preuve rigoureuse et une démonstration formelle que l'esprit se décide. On peut, non sans choquer le bon sens, mais sans violer aucune règle de la logique, attribuer à un arrangement providentiel le rapprochement le plus insignifiant et le plus aisé à concevoir comme résultant de combinaisons fortuites, ou bien inversement se donner carrière pour tirer du jeu des combinaisons fortuites le résultat le plus merveilleux par un concours harmonique de circonstances innombrables, et celui où brille, avec le plus d'éclat, l'intelligence des rapports entre la fin et les moyens. Quelque fondée que soit la raison humaine à préférer, selon les cas, l'une ou l'autre solution, elle rencontrera une contradiction sophistique : non pas une contradiction passagère, comme en éprouvent toutes les vérités scientifiques, jusqu'à ce qu'elles aient été définitivement constatées et acquises à la science, mais une contradiction permanente, tenant à l'impuissance radicale où la raison humaine se trouve d'y mettre fin par une démonstration catégorique, à défaut de l'observation directe.

Est-ce à dire que l'homme doive et puisse être indifférent au choix de la solution à donner à ces éternels problèmes ; qu'il doive renoncer à se rendre compte, autant que ses facultés le comportent, des principes d'ordre et d'harmonie introduits dans l'économie du monde, de la part qui revient à ces principes divers et du mode de subordination des uns aux autres? Concevrions-nous un tableau de la nature où ces considérations ne trouveraient pas leur place, et où l'on se bornerait à décrire des plantes, des animaux, des roches, des chaînes de montagnes, sans rien dire des rapports des êtres entre eux, des parties au tout, et de la manière d'entendre la raison de ces rapports? C'est ici qu'il devient nécessaire de distinguer profondément la connaissance scientifique, fondée sur l'observation des faits et la déduction des conséquences, d'avec la spéculation philosophique, qui porte sur l'enquête de la raison des choses. Toute la suite de cet ouvrage tendra à faire ressortir de plus en plus cette distinction capitale entre la science et la philosophie, à tâcher de faire la part de l'une et de l'autre, et à montrer que ni l'une ni l'autre ne peuvent être sacrifiées sans que ce sacrifice n'entraîne l'abaissement de l'intelligence de l'homme et la destruction de l'unité harmonique de ses facultés.

69. — Or, comme il est de la nature de la spéculation philosophique de procéder par inductions et par jugements de probabilité, non par déductions et par démonstrations catégoriques, il doit arriver et il arrive que la probabilité traverse des degrés sans nombre : que parfois la raison est irrésistiblement portée à voir, ici la conséquence d'une harmonie préétablie, là le résultat de la multiplication indéfinie des combinaisons fortuites; tandis qu'en d'autres cas elle flotte indécise, inclinant à se prononcer dans un sens ou dans l'autre,

par suite de dispositions qui peuvent varier avec les habitudes intellectuelles, l'état des lumières et les impressions venues du dehors.

Quand on voit que le soleil, centre des mouvements planétaires, qu'il domine et régularise par l'énorme prépondérance de sa masse, et à la faveur des grands intervalles que la nature a mis initialement entre les distances des planètes, est aussi le foyer de la lumière qui les éclaire et de la chaleur qui y développe le principe de vie, on ne peut méconnaître l'admirable ordonnance qui fait concourir harmoniquement, à la production de ces beaux phénomènes, des forces naturelles, telles que la gravitation, la lumière, etc. ; qui, lors même qu'elles pourraient être considérées comme autant d'émanations d'un seul principe, n'en seraient pas moins caractérisées, en tant que principes secondaires, par des lois distinctes ayant entre elles la même indépendance que des ruisseaux issus d'une même source, et qui, après le partage de leurs eaux, conservent leurs cours et leurs allures propres, en s'accommodant aux accidents des terrains qu'ils parcourent (52). Mais, d'un autre côté, s'il est loisible à une imagination rêveuse et poétique de se figurer que le satellite de notre planète a été créé tout exprès pour éclairer nos nuits de sa douce lumière, une raison plus sévère, instruite de ce qu'il y a d'accidentel et d'irrégulier dans la répartition des satellites entre les planètes principales de notre système, ne peut se résoudre à invoquer le principe de la finalité pour rendre compte d'une harmonie dont l'importance est subalterne, et qui même ne remplit qu'imparfaitement le but qu'on voudrait lui assigner.

Encore moins la raison éclairée par le progrès des études géologiques admettrait-elle que, si les antiques révolutions du globe ont enfoui des amas de végétaux incomplétement décomposés, c'était, comme quelques-uns se sont risqués à le dire, pour que l'homme y trouvât plus tard l'approvisionnement de combustible dont les progrès de son industrie lui feraient sentir le besoin. On peut remplir par tant de degrés qu'on voudra l'intervalle entre ces cas extrêmes que nous prenons pour exemples.

70. — Quant au principe du *consensus* final par influences ou réactions mutuelles, lorsque le progrès de nos connaissances scientifiques nous a mis à même d'y rattacher l'explication de telle harmonie particulière, cette explication est définitivement acquise à la science, et il n'y a pas de subtilité dialectique qui puisse l'infirmer. Le nombre des cas particuliers expliqués de la sorte est petit sans doute, mais quelques exemples suffisent pour nous montrer que l'application du principe ne surpasse pas absolument les forces de l'intelligence de l'homme, et que le cercle des applications pourra s'étendre, à mesure que nos connaissances positives se perfectionneront et s'étendront. Si l'application du principe dont il s'agit exige (comme cela paraît être le cas ordinaire) que les dispositions initiales aient été jusqu'à un certain point rapprochées des conditions finales d'harmonie, il faudra encore que l'un des deux autres principes nous serve à rendre compte de l'accomplissement de cette condition initiale ; et à cet égard nous retomberons dans l'ambiguïté inévitable signalée tout à l'heure : le surplus de l'explication, par les réactions mutuelles des

diverses parties d'un système plus ou moins solidaire, conservant toute la certitude d'une démonstration scientifique. Plus il y aura de latitude dans les suppositions permises sur l'état initial (ce qu'on apprendra par une discussion appropriée à chaque cas particulier), plus on aura de motifs de se dispenser de recourir à la finalité des causes ou à l'épuisement d'un nombre immense de combinaisons fortuites, pour rendre complétement raison de l'harmonie qui s'observe dans l'état final.

71. — En terminant, disons quelques mots de l'usage du principe de finalité comme fil conducteur dans les recherches scientifiques. Cet usage peut ne consister que dans l'application de l'adage vulgaire : « Qui veut la fin, veut les moyens. » Lorsque la fin, c'est-à-dire le résultat, est un fait donné et incontestable, il faut, de nécessité logique, admettre les moyens, c'est-à-dire la réunion des circonstances sans lesquelles ce résultat n'aurait pas lieu : et de là une direction imprimée aux recherches expérimentales, jusqu'à ce qu'on ait retrouvé par l'observation directe et positivement constaté ce dont on avait d'abord conclu par le raisonnement l'existence nécessaire. Ainsi, nous sommes autorisés à conclure, de la connaissance que nous avons des habitudes carnassières d'un animal, la présence nécessaire d'armes propres à saisir et à déchirer la proie, un mode de structure de l'appareil digestif approprié au régime carnivore, et ainsi de suite. On a pu de la sorte (50) *restituer* des espèces détruites, dans les traits les plus essentiels de leur organisation, à l'aide seulement de quelques fragments fossiles ; et l'on a fait dans ce travail de restitution des pas d'autant plus

grands qu'on a acquis une connaissance plus approfondie des harmonies de la nature animale. Un pareil travail n'implique point du tout la solution du problème philosophique qui porte sur l'origine et sur la raison des harmonies observées, et n'exige pas qu'on ait pris parti pour l'un ou pour l'autre des trois chefs d'explication entre lesquels il faut choisir pour s'en rendre compte. Il ne s'agit que de conclure logiquement d'un fait certain aux conditions sans lesquelles ce fait ne pourrait avoir lieu. L'esprit, dans cette opération, procède avec toute la sûreté et toute la rigueur démonstratives qui appartiennent aux déductions logiques.

Mais il y a encore pour l'esprit une autre marche, qui consiste à se laisser guider par le pressentiment d'une perfection et d'une harmonie dans les œuvres de la nature, bien supérieures à ce que notre faible intelligence en a pu déjà découvrir. Si ce pressentiment n'est pas infaillible, parce que le point où nous sommes placés pour juger des œuvres de la nature ne nous laisse voir qu'un horizon restreint, et parce que la plus grande perfection dans les détails n'est pas toujours compatible avec la simplicité du plan et la généralité des lois, il arrive bien plus ordinairement, principalement lorsque l'observation porte sur les créations de la nature vivante, que l'observateur, en cédant à ce pressentiment, et en dirigeant son investigation en conséquence, se trouve par cela même sur la voie des découvertes. Il en est de ce pressentiment indéfinissable, et dont il faut tenir grand compte, quoiqu'il n'ait pas la sûreté d'une règle logique, comme de celui qui met le géomètre sur la trace d'un théorème, le physicien sur la trace d'une loi physique, selon qu'il leur paraît que la loi ou le théorème pressentis satisfont aux conditions de généralité, de simplicité, de symétrie, qui contribuent à la perfection de l'ordre en toutes choses, et qu'une longue pratique des sciences leur a rendues familières.

72. — Les considérations dans lesquelles nous venons d'entrer trouvaient ici leur place, non-seulement parce que l'idée d'un ordre harmonique dans la nature est essentiellement corrélative à la notion du hasard et de l'indépendance des causes, et par là même se rattache à la théorie de la probabilité philosophique, mais encore parce qu'elle a une influence directe et évidente sur les jugements que nous portons concernant la réalité de nos connaissances et la valeur objective de nos idées en général. N'est-il pas clair en effet que, s'il y a tant d'harmonie dans tous les détails de la création, et notamment dans l'économie des êtres vivants, l'harmonie doit aussi régner entre le système des causes extérieures qui agissent sur nous de manière à nous donner des connaissances et des idées, et le système de connaissances et d'idées qui en résultent? Ce qu'il y a de particulier, d'accidentel, d'anormal dans les impressions reçues et dans les idées produites, d'un individu à l'autre ou d'une phase à l'autre de l'existence du même individu, ne doit-il pas s'effacer et disparaître, de manière qu'en définitive il y ait accord entre les notions fondamentales, ou les règles de l'intelligence, et les lois fondamentales ou les phénomènes généraux du monde extérieur? D'un autre côté, si un tel *consensus* doit nécessairement s'établir en définitive, n'est-il pas manifeste que c'est par suite de l'influence des causes extérieures sur la

génération des idées, et non par l'influence de nos idées sur la constitution du monde extérieur? De telle sorte que ces étranges systèmes de métaphysique, qui consistent à faire sortir le monde extérieur, ou tout au moins à faire sortir l'ordre qu'on y observe, de l'ordre même de nos idées, ne sont, à le bien prendre, que l'extrême exagération de l'erreur où l'on tombe dans les applications abusives de l'un ou de l'autre des deux principes de solidarité et de finalité (65 *et* 66), lorsqu'au lieu de concevoir que les faits particuliers se sont ajustés ou ont été ajustés aux faits généraux et dominants, on imagine, au contraire, un ajustement des faits généraux et dominants en vue ou par l'influence des faits particuliers et subordonnés.

73. — Il en est de l'harmonie entre la constitution intellectuelle d'un être intelligent et la constitution du monde extérieur, comme de toutes les autres harmonies de la nature : on peut supposer qu'elle n'excède point le pouvoir inhérent aux influences et aux réactions d'un système sur l'autre, comme aussi l'on peut croire qu'elle serait inexplicable sans un concert préétabli ; et enfin la troisième explication, par l'épuisement des combinaisons fortuites, s'offre, ici comme ailleurs, à titre au moins d'argutie scolastique. Mais, de quelque manière que l'on conçoive la raison d'une telle harmonie, il est évident qu'elle n'a lieu nécessairement que tout autant qu'il est nécessaire pour le gouvernement de l'être intelligent, dans ses rapports avec le monde extérieur. Là est le vrai fondement de la distinction posée par Kant entre la raison spéculative et la raison pratique : car il répugnerait que les idées d'un être intelligent ne fussent pas en

rapport harmonique avec ses besoins et avec les actes qu'il doit accomplir en conséquence de ses idées et de ses besoins, tout comme il répugnerait qu'un animal dont l'estomac et les intestins sont appropriés à la digestion d'une proie vivante, n'eût pas reçu de la nature les armes destinées à le mettre en possession de cette proie. Que si l'on sort du cercle des besoins et des actes de l'être intelligent, qui tous dépendent de ses rapports avec le monde extérieur, pour se livrer à des spéculations sur ce que les choses sont en elles-mêmes et indépendamment de leurs rapports avec l'être intelligent, il est incontestable qu'on ne peut plus rien conclure de l'action des principes généraux qui président à l'harmonie de la création, pas plus que Descartes n'était autorisé à s'appuyer en pareil cas sur le principe de la véracité de Dieu : car, s'il est évident que Dieu n'a pas pu nous tromper dans les règles qu'il a imposées à notre intelligence pour la conduite de nos actions, de quel droit affirmer qu'il a dû nous donner des règles infaillibles pour pénétrer dans des vérités absolues dont la connaissance n'importe pas à l'accomplissement des destinées qu'il nous a faites? Il faut donc recourir à d'autres principes pour la discussion critique de la valeur de nos idées, en tant qu'il s'agit de spéculation et non de pratique : ce sont ces principes que nous allons entreprendre d'indiquer, en demandant grâce pour l'aridité des explications techniques. La question en vaut la peine, soit que l'on croie à la possibilité d'une solution, soit qu'on n'ait en vue que de rapprocher des systèmes qui ont tant occupé l'esprit humain.

CHAPITRE VI.

DE L'APPLICATION DE LA PROBABILITÉ A LA CRITIQUE DES SOURCES DE NOS CONNAISSANCES.

74. — Nous avons traité, dans les trois précédents chapitres, des jugements probables fondés sur l'état de nos connaissances, mais en supposant que l'on ne conteste point le fond même de ces connaissances, et que la discussion porte exclusivement sur la valeur des conséquences qu'on en peut tirer. S'agissait-il, par exemple, de la probabilité que les planètes sont habitées, nous admettions comme incontestables l'existence de l'espace et des corps, et celle des planètes en particulier; nous mettions hors de doute ce que les astronomes nous enseignent des dimensions, des formes, des distances et des mouvements de ces corps; nous ne songions à discuter, en fait de probabilités, que celle des analogies et des inductions qui nous portent, à la suite de l'acquisition de connaissances réputées certaines, à croire que les planètes sont habitées. Maintenant, au contraire, il s'agit d'appliquer les idées fondamentales de la raison des choses, de l'ordre et du hasard (c'est-à-dire de la solidarité et de l'indépendance des causes), et les conséquences qui s'en déduisent sur la nature des probabilités et des jugements probables, à l'examen critique des sources de la connaissance humaine, ce qui est le principal objet

de nos recherches, dans tout le cours de cet ouvrage.

Toutes les facultés par lesquelles nous acquérons nos connaissances sont ou paraissent être sujettes à l'erreur ; les sens ont leurs illusions, la mémoire est capricieuse, l'attention sommeille, des fautes de raisonnement ou de calcul nous échappent plusieurs fois de suite. Aussi nous défions-nous justement de nous-mêmes, et ne regardons-nous comme des vérités acquises que celles qui ont été contrôlées, acceptées par un grand nombre de juges compétents, placés dans des circonstances diverses. A toutes les époques de la philosophie, les sceptiques se sont prévalus de cette règle du bon sens pour nier la possibilité de discerner le vrai du faux, tandis que d'autres philosophes en concluaient que nos connaissances, sans être jamais rigoureusement certaines, peuvent acquérir des probabilités de plus en plus voisines de la certitude, et tandis que d'autres encore regardaient l'assentiment unanime, ou presque unanime, comme l'unique et solide fondement de la certitude.

Admettons que chacune des facultés auxquelles nous devons nos connaissances puisse être assimilée à un juge ou à un témoin faillible : une intelligence supérieure qui en comprendrait tous les ressorts, qui pénétrerait, par exemple, dans le mystérieux artifice de la mémoire, serait capable d'assigner la chance d'erreur attachée au jeu de chaque fonction, à l'emploi de chaque faculté, pour chaque individu et dans telles circonstances déterminées. Elle reconnaîtrait peut-être que, pour certains individus et dans certaines circonstances, l'erreur devient physiquement impossible; car, enfin, rien ne nous autorise à affirmer absolument qu'il n'y a pas d'opération intellectuelle, si simple qu'elle soit, qui n'entraîne la possibilité d'une erreur.

Une intelligence incapable de tirer de telles conclusions *a priori*, mais qui serait en possession d'un critère infaillible pour discerner les cas où l'une de nos facultés nous a trompés de ceux où elle nous a fidèlement renseignés, pourrait par cela même (58) déterminer expérimentalement les chances d'erreur inhérentes à l'exercice de cette faculté, si d'ailleurs elle pouvait effectuer des séries d'expériences assez nombreuses, et fixer convenablement les conditions de l'expérience.

75. — Lors même que l'intelligence dont nous parlons ne serait pas en possession d'un critère infaillible, l'observation pourrait la conduire à déterminer numériquement les chances d'erreur, inconnues *a priori*, pourvu qu'on admît que la chance de vérité surpasse la chance d'erreur ; ce qu'il faut bien accorder, si l'on accorde que, dans leur jeu régulier, les facultés intellectuelles de l'homme ont pour fin et pour résultat de l'instruire et non de le tromper ; de sorte que la perception et le jugement erronés doivent être considérés comme les suites d'un trouble accidentel des facultés et des fonctions. Ceci repose sur une théorie qui ne peut être exposée avec les développements convenables sans le secours du calcul, mais dont nous voulons au moins indiquer ici les principes, pour ne rien négliger de ce qui a trait aussi essentiellement à notre sujet.

Afin de fixer les idées par un exemple, supposons qu'un observateur dont l'attention s'est toujours portée sur l'état du ciel, soit dans l'habitude de pronostiquer, à chaque coucher du soleil, le temps qu'il fera le jour suivant; si l'on tenait registre de ses pronostics pendant un temps suffisamment long, le rapport entre le nombre des pronostics contredits par l'événement et le nombre total des pronostics donnerait, sans erreur sensible, et par voie purement expérimentale, la mesure de la chance d'erreur qui affecte le jugement de l'observateur dans les circonstances indiquées. Il n'y aurait aucune limite à la précision de cette mesure expérimentale, si l'on pouvait prolonger indéfiniment l'expérience, et si d'ailleurs l'observateur ne gagnait ni ne perdait en perspicacité dans le cours de l'expérience, comme il faut le supposer d'abord pour plus de simplicité. Après une première série d'épreuves, qui aurait donné la mesure de la chance d'erreur avec une précision suffisante, si l'on en recommençait une autre, toujours dans les mêmes conditions, on trouverait sensiblement le même rapport entre le nombre des pronostics démentis par l'événement et le nombre total des pronostics; la grandeur des nombres amenant sensiblement, dans chaque série d'épreuves, la compensation des effets dus à des causes irrégulièrement variables d'une épreuve à l'autre, pour ne laisser subsister que les effets des causes régulières et permanentes, ou de celles qui régissent solidairement toute la série des épreuves.

76. — Concevons maintenant que deux observateurs fassent leurs pronostics simultanément, mais à l'insu l'un de l'autre, et qu'on en tienne registre : la chance d'erreur pourra être très-différente pour les deux observateurs; mais (toujours dans le but de raisonner sur les cas les plus simples) supposons d'abord qu'elle soit la même. Admettons enfin que les causes

qui influent sur la vérité ou l'erreur du jugement de l'un des observateurs soient complétement indépendantes de celles qui influent sur la vérité ou l'erreur du jugement de l'autre observateur ; qu'elles résident, par exemple, dans les dispositions où se trouvent accidentellement les deux observateurs, au physique et au moral : il y aura une liaison mathématique entre le nombre qui mesure la chance d'erreur pour chaque observateur et le rapport du nombre des cas où ils sont d'accord au nombre des cas où ils émettent des jugements contraires. Si, par exemple, chaque observateur se trompe une fois sur cinq, ou si la chance d'erreur est un cinquième, il arrivera dix-sept fois sur vingt-cinq que les deux observateurs tomberont d'accord dans leurs pronostics ; et le dépouillement du registre devra donner sensiblement ce rapport de dix-sept à vingt-cinq, toutes les fois qu'il comprendra une série assez nombreuse d'observations pour que les irrégularités fortuites se compensent sensiblement. On pourra passer par une formule mathématique du premier rapport au second, ou inversement.

Cependant, il est aisé de comprendre que, dans le retour du second nombre au premier, doit se trouver une ambiguïté qui n'existe pas dans le passage direct du premier nombre au second. S'il arrive que les deux observateurs tombent d'accord dix-sept fois sur vingt-cinq lorsqu'ils se trompent tous les deux une fois sur cinq, il est évident qu'ils doivent encore tomber d'accord dix-sept fois sur vingt-cinq lorsqu'ils se trompent tous les deux quatre fois sur cinq, ou lorsque ce n'est plus la chance d'erreur, mais la chance de vérité, qui est égale à un cinquième. Le cas extrême où ils seraient toujours d'accord, sans qu'il y eût de correspondance entre eux, indiquerait manifestement que chacun d'eux dit toujours vrai ou que chacun d'eux se trompe toujours. Cette ambiguïté inhérente à la nature du problème doit se retrouver dans la formule mathématique, et s'y trouve effectivement. Mais si l'on a, *a priori*, de suffisants motifs d'admettre que la chance de vérité l'emporte sur la chance d'erreur, l'ambiguïté sera levée par cela même. La formule mathématique donnant, par exemple, ces deux systèmes :

chance d'erreur, *un cinquième* ; chance de vérité, *quatre cinquièmes*,

ou bien :

chance d'erreur, *quatre cinquièmes* ; chance de vérité, *un cinquième*,

on saura que le premier système est seul admissible, et l'on rejettera le second.

C'est ainsi que l'on conçoit la possibilité de déterminer empiriquement une chance d'erreur, non plus par l'observation directe, comme dans le cas où l'on possède un critère de vérité (tel que celui qui résulterait, dans notre exemple, de la comparaison des pronostics avec les événements subséquents), mais par voie indirecte et à l'aide de relations fournies par le calcul, toutes les fois qu'un pareil critère n'existe pas. Ainsi, quand un médecin prescrit un traitement à son malade, on ne saurait tirer de l'événement un critère infaillible de la vérité ou de l'erreur du jugement du médecin ; car il peut se faire que le malade succombe, quoique le traitement prescrit soit le meilleur, ou au contraire qu'il guérisse malgré les vices du traitement. A supposer donc que deux médecins soient appelés séparément en consultation pour une nombreuse série de cas pathologiques, il n'y aura aucun moyen de déterminer directement, pour chacun d'eux, la chance d'un jugement erroné; mais le registre des consultations fera connaître combien de fois les deux médecins sont tombés d'accord et combien de fois ils ont porté des jugements contradictoires : ce qui permet de concevoir, d'après les explications données plus haut, comment on pourrait parvenir à déterminer ces chances indirectement et sans ambiguïté, si l'on était d'ailleurs fondé à croire (comme on l'est sans doute) que les études professionnelles du médecin, sans le rendre infaillible, l'inclinent plutôt à la vérité qu'à l'erreur, et qu'il vaut mieux, en général, consulter le médecin que de remettre aux dés le sort du malade.

77. — Dans les questions qui sont du ressort du calcul, et même dans toutes les questions auxquelles on veut appliquer une logique sévère, il faut commencer par des cas hypothétiques, abstraits, qui servent ensuite à aborder graduellement des cas plus complexes et plus rapprochés de la réalité des applications. C'est ainsi que nous avons procédé dans la question présente. En réalité, les chances d'erreur varient d'une personne à l'autre, et, même, en général, pour chaque personne, d'un jugement à l'autre. Quand un jugement est porté sur le même fait par plusieurs personnes, les causes d'erreur qui agissent sur l'une ne sont pas dans une complète indépendance des causes d'erreur qui agissent sur l'autre. Pourvu que l'on dispose de longues séries de jugements, comme cela a lieu dans la statistique des tribunaux, la théorie dont on vient d'indiquer les bases peut encore s'appliquer, après le redressement de toutes les hypothèses inexactes, et à la faveur de données expérimentales suffisantes. Alors

les valeurs numériques trouvées par le calcul ne désignent plus des chances d'erreur pour une personne et pour un cas d'espèce déterminée, mais des moyennes entre toutes les valeurs que la chance d'erreur est susceptible de prendre pour un grand nombre de personnes et pour un grand nombre d'espèces. On peut arriver ainsi à une théorie vraiment exacte des résultats moyens et généraux de certaines institutions judiciaires, c'est-à-dire des résultats qui préoccupent le législateur et intéressent la science de l'organisation sociale, sans qu'il y ait lieu d'en rien conclure (comme bien des gens l'ont cru et le croient encore) dans l'application à chaque cas particulier.

Il serait sans doute intéressant, utile aux progrès de la science de notre constitution intellectuelle, d'avoir une table des valeurs moyennes de la chance d'erreur, pour des perceptions ou des jugements autres que les décisions des tribunaux, comme il est utile à la connaissance de la constitution physique de l'homme d'avoir des tables de mortalité, des moyennes de la taille, du poids, de la force musculaire, à différents âges et dans différents pays. Aussi la théorie de ces chances moyennes ne doit-elle pas être complétement négligée, quand même on n'apercevrait pas les moyens de dresser une statistique propre à rendre la théorie applicable : car d'abord la théorie peut provoquer l'expérience, comme l'expérience rectifie souvent la théorie; et d'ailleurs il est bon, ainsi que l'a dit Leibnitz, d'avoir des méthodes pour tout ce qui peut se trouver par raison, lors même que des circonstances devraient par le fait entraver l'application de la méthode. Mais en même temps il faut reconnaître que ce qui nous im-

porte par-dessus tout, c'est de peser, dans chaque cas
particulier, la valeur des motifs qui nous portent à accorder, à refuser ou à suspendre notre assentiment.
Or, à cet égard, la théorie des probabilités mathématiques, bien entendue, ne serait le plus souvent d'aucun secours : mal entendue, elle conduirait à de très-fausses conséquences.

78. — Supposons, pour prendre un exemple, qu'il ait été parfaitement constaté par l'expérience que deux personnes, A et B, sont sujettes chacune à se tromper une fois sur vingt dans un calcul numérique, de forme bien déterminée : il ne s'ensuivra pas que, lorsque B a contrôlé avec attention le calcul de A et l'a trouvé juste, la probabilité de l'erreur simultanée soit de un sur quatre cents, ainsi qu'on pourrait le conclure par assimilation avec la probabilité d'extraire deux fois de suite une boule noire d'une urne qui renfermerait dix-neuf fois autant de boules blanches que de boules noires. En effet, par cela même que B se propose de contrôler un résultat déjà obtenu, il y a lieu de supposer que son attention est plus éveillée et qu'il se prémunit mieux contre les chances d'erreur. Quand même B opérerait dans l'ignorance du résultat trouvé par A et sans intention de contrôle, il serait fort extraordinaire que, parmi toutes les fautes de calcul possibles, il lui échappât précisément celle qui a échappé au calculateur A, ou qu'il lui en échappât une autre, affectant précisément de la même manière le même chiffre du résultat final. En conséquence, si les résultats trouvés par les deux calculateurs concordaient exactement, la probabilité de l'erreur du résultat commun, conclue de ces notions de combinaisons et de

chances, pourrait être de beaucoup inférieure à celle de un sur quatre cents. Le calcul de cette probabilité serait un problème compliqué, dont la solution dépendrait de la forme du calcul numérique qui a amené les deux résultats concordants, du nombre des chiffres employés, etc. Au contraire, si les fautes du calcul tenaient à quelque vice de méthode commun aux deux opérateurs, à quelque erreur des tables dont ils se servent, la probabilité d'une erreur commune aux deux résultats concordants pourrait excéder de beaucoup celle de un sur quatre cents : en d'autres termes, il arriverait plus d'une fois sur quatre cents que les deux opérateurs tomberaient sur des résultats faux, quoique concordants.

79. — Admettons maintenant que le résultat trouvé par les deux calculateurs satisfasse à une loi simple, suggérée par la théorie, déjà vérifiée pour d'autres cas, et dont on attendait la confirmation : tout le monde s'accordera à regarder comme excessivement peu probable, ou même comme impossible, qu'une erreur fortuite de calcul donne précisément ce qu'il faut pour faire cadrer le résultat avec la loi théorique. On ne doutera point de la justesse du résultat obtenu, et l'on ne s'enquerra point si les deux calculateurs sont sujets à se tromper une fois sur vingt, ou une fois sur cent. Nous avons pris pour exemple un calcul numérique, c'est-à-dire en quelque sorte la plus mécanique des opérations intellectuelles ; mais il est clair qu'une pareille discussion peut porter sur tous les actes de l'esprit qui tendent à nous faire connaître quelque chose : bien que l'évaluation des chances d'erreur, tant *a priori* qu'*a posteriori*, paraisse devoir

offrir des difficultés d'autant moins surmontables qu'il s'agit d'opérations plus compliquées, ou pour lesquelles sont mis en jeu des ressorts plus cachés de notre organisation intellectuelle.

Il est arrivé aux plus grands géomètres de tomber dans des méprises, et des propositions admises comme vraies, même en mathématiques pures, ont été plus tard abandonnées comme fausses ou inexactes. Cependant il serait fort extraordinaire, et par cela seul improbable, que tant de géomètres, depuis plus de vingt siècles, se fussent trompés en trouvant irréprochable la démonstration du théorème de Pythagore, telle qu'on la lit dans Euclide. Mais, si l'on considère que ce théorème se démontre de diverses manières, qu'il se coordonne avec tout un système de propositions parfaitement liées, on aura la plus entière conviction, non-seulement que la démonstration est conforme aux lois régulatrices de la pensée humaine, mais encore que ce théorème appartient à un ordre de vérités subsistant indépendamment des facultés qui nous les révèlent et des lois auxquelles ces facultés sont soumises dans leur exercice.

80. — Des remarques analogues peuvent s'appliquer à la crédibilité des témoignages. J'ai un ami à Londres, et il m'instruit qu'un grave événement vient d'arriver dans cette ville, qu'un incendie y a causé des pertes énormes et détruit de fond en comble un quartier de la ville ; il ajoute diverses circonstances à son récit ; et bientôt après, un de mes amis de Paris, qui a aussi un correspondant à Londres, me montre une lettre où les mêmes faits sont rapportés avec les mêmes circonstances. Je sais de plus pertinemment que son

correspondant et le mien ne se connaissent pas, n'ont aucune relation ensemble, et ne peuvent par conséquent s'être entendus pour nous tromper tous les deux. Dès lors, je ne songe point à m'informer si l'un et l'autre sont sujets, une fois sur dix ou une fois sur mille, soit à se laisser fasciner par quelque hallucination, soit à vouloir mystifier leurs amis par quelque méchante plaisanterie : car comment ce bizarre caprice leur serait-il venu à tous deux précisément le même jour? Et quand même il leur serait venu, comment, sans concert aucun, les fantaisies de leur imagination se seraient-elles accordées pour leur faire inventer le même conte avec les mêmes circonstances? La chose n'est sans doute pas mathématiquement impossible; mais il y aurait là un si prodigieux hasard, que la raison ne peut se résoudre à admettre une telle explication, tandis qu'il y en a une si naturelle, à savoir la réalité de l'événement raconté. Toutefois, quant à certains détails du récit, je suspendrai mon jugement, nonobstant la confrontation des deux lettres : car tout le monde sait que, sous l'impression d'un grand désastre, les esprits sont généralement portés à s'en exagérer à eux-mêmes et à en exagérer aux autres l'étendue et les suites. Les hommes aiment le merveilleux et le surprenant. Il y a là une cause d'altération de la vérité, qui a dû, ou qui du moins a pu agir de la même manière, sans concert aucun, sur les deux correspondants. Dix lettres, cent lettres reçues le même jour de personnes différentes et qui n'ont pu se concerter, me laisseraient encore soupçonner beaucoup d'exagération dans certains détails : j'attendrai, pour y ajouter foi, que les imaginations aient eu le temps de se calmer, et qu'on ait procédé à des enquêtes dont les formes présentent des garanties suffisantes d'exactitude.

En général, si beaucoup de témoins sont unanimes pour rapporter un fait isolé; si nous savons qu'il n'y a pas de concert possible entre les témoins, qu'ils n'ont pas été sous l'influence et comme dans l'atmosphère des mêmes causes d'erreur ou d'imposture, qu'il n'y avait au contraire aucune solidarité possible entre les causes capables de vicier séparément le témoignage de chacun d'eux, la théorie mathématique des chances nous autorisera déjà à rejeter comme extrêmement peu probable la supposition qu'ils se trompent tous ou qu'ils veulent tous nous tromper. Mais, si le fait témoigné est complexe, si toutes les circonstances se relient bien entre elles et avec d'autres faits tenus pour certains, un autre jugement de probabilité, fondé sur l'idée de l'ordre et sur le besoin de nous rendre compte de l'enchaînement rationnel des événements, pourra mettre hors de doute le fait témoigné, lors même que les témoignages ne seraient pas en grand nombre, ou qu'ils seraient exposés à des causes d'erreur manifestement solidaires.

Cela s'applique plus spécialement encore aux témoignages historiques. Nous croyons fermement à l'existence de ce personnage que l'on nomme *Auguste*, non-seulement à cause du grand nombre d'écrivains originaux qui en ont parlé, et dont les témoignages, sur les circonstances principales de son histoire, sont d'accord entre eux et d'accord avec le témoignage des monuments, mais encore et principalement parce qu'Auguste n'est pas un personnage isolé, et que son histoire rend raison d'une foule d'événements contemporains et postérieurs, qui manqueraient de fondement et ne se relieraient plus entre eux si l'on supprimait un anneau de cette importance dans la chaîne historique.

A supposer que quelques esprits singuliers se plaisent à mettre en doute le théorème de Pythagore ou l'existence d'Auguste, notre croyance n'en sera nullement ébranlée : nous n'hésiterons pas à en conclure qu'il y a désordre dans quelques-unes de leurs idées; qu'ils sont sortis à quelques égards de l'état normal dans lequel nos facultés doivent se trouver pour remplir leur destination.

Ce n'est donc pas sur la répétition des mêmes jugements, ni sur l'assentiment unanime ou presque unanime, qu'est fondée uniquement notre croyance à certaines vérités; elle repose principalement sur la perception d'un ordre rationnel d'après lequel ces vérités s'enchaînent, et sur la persuasion que les causes d'erreur sont des causes anomales, affectant d'une manière irrégulière chaque sujet qui perçoit, et d'où ne pourrait résulter une telle coordination dans les objets perçus. En un mot, c'est principalement, et même on pourrait dire essentiellement, sur des probabilités de la nature de celles que nous avons nommées *philosophiques*, qu'est fondée la *critique* de nos propres jugements, de nos perceptions personnelles, des jugements, des perceptions et des dires de nos semblables. C'est effectivement ainsi que cette critique se fait tous les jours, dans la méditation solitaire, dans la discussion orale et dans les livres. Parfois, cette critique passe comme inaperçue, tant les conclusions

qu'elle doit amener sont saisissantes et incontestables.
Dans une foule de cas elle nous mène à des probabilités
dont on ne saurait fixer la valeur par des nombres,
ni par aucun signe précis, qui frappent inégalement
les esprits, et n'engendrent que des controverses sans
issue.

81. — Maintenant, faut-il nécessairement s'arrêter
là, et n'est-ce pas encore ainsi que peut et que doit se
faire la critique de nos facultés, de nos idées, de nos
jugements, quand on les considère, non plus dans les
individus, mais dans l'espèce ; quand il s'agit de règles et de notions générales, et non plus seulement
d'objets ou de faits particuliers? Les motifs de décider
sont les mêmes. Nos sens, et en général toutes les facultés par lesquelles nos connaissances s'élaborent et
se perfectionnent, sont guidées, contrôlées dans leur
exercice par cette faculté supérieure et régulatrice,
à laquelle nous réservons par excellence le nom de
raison (17), et qui saisit l'ordre et la raison des choses,
en remontant des phénomènes aux lois, des conséquences aux principes, des apparences à la réalité.
C'est encore elle qui doit nous apprendre si les notions
et les idées qui résultent pour nous de l'exercice de
toutes nos autres facultés, après qu'on a mis à l'écart
toutes les causes fortuites d'illusion, après le redressement de toutes les anomalies accidentelles et individuelles, ne sont vraies que d'une vérité humaine, accommodée à la constitution de notre espèce, à la condition et aux lois de notre propre nature ; ou si, au
contraire, ces facultés ont été données à l'homme
pour atteindre, dans une certaine mesure, à la connaissance effective de ce que les choses sont intrin-

séquemment, et indépendamment du commerce que nous entretenons avec elles [1].

Un homme pourrait être assujetti à ne voir qu'à travers un verre prismatique ou lenticulaire, qui changerait tous les angles visuels, déformerait tous les contours, altérerait tous les rapports de grandeur et de situation ; mais cet homme ne démêlerait aucune des lois qui régissent le monde matériel ; il ne trouverait que confusion et désordre dans les phénomènes qui nous frappent par leur simplicité et leur harmonie ; à moins qu'à l'aide d'autres sens, ou même par la discussion raisonnée d'expériences faites avec la vue dans des circonstances convenables, il ne vînt à bout de démêler dans ses perceptions ce qui provient de la configuration de l'appareil ou de l'organe par l'intermédiaire duquel les rayons visuels lui parviennent.

Cette hypothèse n'est pas un pur jeu d'imagination : nous observons effectivement les astres à travers un milieu (l'atmosphère terrestre) qui dévie inégalement les rayons de lumière selon les distances des astres au zénith, de manière à changer les distances zénithales, à altérer les distances apparentes des astres entre eux, et à troubler les configurations des groupes dans lesquels nous les rangeons. En vertu de cette cause perturbatrice qu'on nomme la *réfraction astronomique*, les phénomènes du mouvement diurne perdent en apparence leur harmonieuse simplicité.

---

[1] « Illa magna fallacia sensuum, nimirum quod constituant lineas rerum ex analogia hominis, et non ex analogia universi ; quæ non corrigitur, nisi per rationem et philosophiam universalem. » Bacon. *Nov. Org.* lib. II, c. XL.

Les étoiles ne décrivent plus, d'un mouvement uniforme, des cercles parfaits autour de l'axe du monde. Mais, lors même que nous ne pourrions pas, avec nos connaissances sur la constitution de l'atmosphère et sur le mode de propagation de la lumière, assigner la cause physique de cette illusion, et calculer les effets de la réfraction astronomique, nous n'hésiterions point à reconnaître que les irrégularités du mouvement diurne des étoiles sont purement apparentes et dues à des illusions d'optique, dont le milieu où nous sommes plongés est la véritable cause. Il nous suffirait, pour en être convaincus, de remarquer que ces irrégularités sont plus ou moins sensibles selon l'état de l'atmosphère; qu'elles donnent lieu à des écarts d'autant plus grands que l'astre se penche davantage sur notre horizon : de sorte que, au moment même où elles acquièrent pour nous la plus grande amplitude, elles diminuent ou disparaissent pour un observateur éloigné. Enfin, lors même que cette dernière expérience décisive ne pourrait pas se faire, quand même il nous serait impossible de comparer des observations de la même étoile faites simultanément dans des lieux très-distants l'un de l'autre, il nous suffirait de remarquer que notre horizon n'a qu'une relation accidentelle avec l'axe du mouvement diurne; que la direction de notre horizon tient au lieu que nous occupons à la surface de la terre, circonstance qui n'a rien à faire avec le mouvement des astres; cela suffirait, disons-nous, pour nous faire conclure, avec cette haute probabilité qui entraîne l'acquiescement de la raison, que des irrégularités dont l'amplitude dépend de la hauteur des astres sur l'horizon tiennent à nous et non aux astres, ne sont qu'apparentes et n'affectent point les mouvements réels.

82. — Une cause d'illusions optiques, comparable à celle qui réside dans la couche atmosphérique où nous sommes plongés, et dont l'astronome sait si bien démêler la nature et mesurer les effets, pourrait (comme Bacon le soupçonne en passant) se trouver dans la constitution même de l'œil humain, dans la structure des milieux et des appareils divers qui concourent à le former ; enfin, ce qu'il serait difficile sinon impossible de vérifier directement, dans le mode même de sensibilité de la rétine et des tissus nerveux qui la mettent en communication avec le centre cérébral [1]. Si cette atmosphère interne (qu'on nous passe l'expression) existait effectivement, si nous avions seulement quelques motifs d'en soupçonner l'existence, il faudrait douter aussi de la légitimité des lois du mouvement diurne, y supposer une complication des lois qui régissent effectivement le phénomène, avec les lois d'après lesquelles la vision s'opère en nous. Tout l'édifice des sciences astronomiques, qui repose sur les lois du mouvement diurne, serait ébranlé dans sa base. Mais c'est là une pensée qui ne vient à personne, et qui surtout ne viendra jamais à un astronome. La belle simplicité des lois observées nous garantit assez l'absence de toute cause interne qui les compliquerait à notre insu. Il répugne à la raison d'admettre qu'un vice de conformation de l'œil humain, bien loin de troubler l'ordre et la régularité des phénomènes exté-

---

[1] Par exemple, l'illusion optique, connue des astronomes et des physiciens sous le nom d'*irradiation*, paraît tenir au mode de sensibilité de la rétine.

rieurs, y introduisît l'ordre, la régularité, la simplicité qui ne s'y trouveraient pas, ou qui ne s'y trouveraient que dans un moindre degré de perfection. Aussi avons-nous la ferme conviction que l'observation ne nous induit point en erreur ; que les étoiles sont bien rapportées par nous à leurs véritables *lieux optiques*, après que nous avons tenu compte de la déviation causée par l'interposition de l'atmosphère, et de quelques autres perturbations provenant des mouvements dont la Terre est animée, lesquelles sont elles-mêmes soumises à des lois régulières que la théorie parvient à démêler. Les anomalies très-petites que les observations ainsi redressées peuvent encore offrir sont mises avec raison (44) sur le compte des erreurs inhérentes à toute opération de mesure, faite avec des sens et des instruments d'une perfection bornée. Si elles ne se compensent pas avec une approximation d'autant plus grande que les observations qu'elles affectent seront accumulées en plus grand nombre, elles accuseront l'existence d'une cause constante d'erreur ou d'un vice, soit dans les instruments employés, soit dans les organes mêmes ou dans les habitudes de l'observateur (telle que serait une disposition constante à une *estime* un peu trop forte ou un peu trop faible, soit dans l'opération même de la mesure des grandeurs angulaires, soit dans l'opération de la *lecture* sur le limbe des instruments). Enfin, si les anomalies dont nous parlons ne disparaissent pas sensiblement quand on établit la compensation entre les mesures prises par un grand nombre d'observateurs placés dans des circonstances variées, elles accuseront effectivement une cause constante d'erreur, et partant une imperfection qui tient à la constitution même de l'espèce; imperfection d'autant moins surprenante qu'en général la nature, tout en satisfaisant aux conditions d'harmonie requises pour le maintien de son plan et la conservation de ses ouvrages, ne semble pas s'assujettir à y satisfaire avec une précision mathématique, et, tout au contraire, semble avoir une disposition constante à admettre des tolérances et des écarts dont au surplus la raison se rend compte (ainsi qu'on l'a vu dans le précédent chapitre) par les explications mêmes qu'on peut donner de l'ordre et de l'harmonie du monde.

85. — La comparaison que nous venons d'emprunter à la physique peut être reproduite sous une forme un peu différente et qui a ses avantages particuliers. Supposons donc qu'au lieu de voir les objets directement, nous n'ayons en face de nous qu'un miroir qui nous en renverrait les images. C'est dans un pareil miroir qu'Herschell sondait les profondeurs du ciel étoilé, et il y a des mondes au sein desquels l'œil de l'homme n'a pénétré que de cette manière. Mais Herschell connaissait parfaitement la structure de son télescope qu'il avait inventé lui-même; tandis qu'on peut imaginer un miroir en face duquel il aurait plu à la nature de nous placer, sans nous avertir de sa présence, et sans nous instruire directement de la forme qu'elle aurait jugé à propos de lui donner. Cependant, si le miroir était courbe, la déformation des images produirait le même effet que produisait tout à l'heure l'interposition du prisme ou du verre lenticulaire. En troublant toutes les apparences, en mettant obstacle à l'enchaînement des phénomènes suivant un ordre

simple et régulier, elle nous ferait soupçonner l'existence d'une cause de désordre qui affecte, non pas les objets de nos perceptions, mais les instruments ou les organes de nos perceptions, et par suite nos perceptions mêmes et toutes les notions qui s'y rattachent ; au lieu que, si le miroir était plan, l'ordre dans lequel tous les phénomènes s'enchaîneraient nous autoriserait assez à conclure que nous sommes placés dans des conditions favorables pour voir les objets extérieurs tels qu'ils sont, soit que nous en ayons l'intuition directe, soit qu'ils ne se montrent à nous que par l'intermédiaire de certaines images, peut-être affaiblies, mais pourtant fidèles, en ce sens qu'elles retiennent bien les formes principales et les traits caractéristiques du type originel

Néanmoins, même dans le cas du miroir plan, il y aurait une différence de forme bien essentielle entre les objets et leurs images : différence pareille à celle qui existe entre la main droite et la main gauche, ou à celle que l'anatomie découvre entre l'organisation intérieure de la plupart des hommes, pour lesquels la déviation des viscères a lieu dans un sens, et celle de quelques sujets qui, par anomalie, offrent la même déviation en sens inverse. La même inversion affecterait à la fois les mouvements des corps célestes, l'action des courants électriques sur les aimants, l'action des cristaux sur la lumière, l'enroulement des spires de la coquille et de la plante, et une multitude d'autres traits, généraux ou particuliers, de la structure du monde que nous connaissons. Mais, par cela même qu'elle affecterait à la fois l'ensemble et tous les détails, elle ne troublerait en rien ni la régularité de l'ensemble, ni l'harmonie des parties ; elle n'amènerait aucun surcroît de complication ; et la raison, n'ayant aucun motif de préférence entre deux ordres d'une symétrie si parfaite, ne pourrait s'appuyer sur aucune induction pour croire ou pour ne pas croire à l'hypothèse d'une réflexion, ou d'un nombre impair de réflexions, d'où résulterait l'inversion des rapports géométriques. Il faudrait, pour que la question cessât d'être à tout jamais problématique, que des observations d'une autre nature, fondées sur d'autres propriétés de la lumière, nous apprissent à distinguer par certains caractères les rayons directs d'avec les rayons réfléchis, et ceux qui n'ont subi qu'un certain nombre de réflexions d'avec ceux qui en ont subi un nombre plus grand. De là un nouveau critère dont effectivement les progrès de l'optique nous ont mis en possession, mais dont l'acquisition récente sert à mieux faire ressortir l'insuffisance d'un autre critère pour discerner l'image de l'objet réel, bien que ce critère suffise déjà pour décider que nous avons devant nous, sinon l'objet réel, au moins une image régulière et non fantastique.

84. — C'est ainsi, pour revenir encore à notre premier exemple, qu'après avoir dégagé l'observation du mouvement diurne des étoiles de la cause de trouble et de complication qui résulte de l'interposition des couches de l'atmosphère, nous ne doutons pas que les étoiles ne soient rapportées par nous à leurs véritables lieux optiques ; et nous ne craignons nullement qu'il reste dans la structure de l'œil ou dans la constitution du *sensorium* un vice qui fausse toutes les mesures des distances angulaires, au point que la

simplicité des lois du mouvement diurne ne serait que le fruit d'une illusion fantastique. Mais, d'un autre côté, le phénomène de la rotation diurne de la sphère céleste conserve les mêmes caractères de régularité et de simplicité géométrique, soit qu'on l'explique par la rotation du système entier des astres, ou par une rotation en sens inverse imprimée au système entier des objets terrestres. De là une ambiguïté comme celle dont nous parlions tout à l'heure, pour la solution de laquelle il faut le secours de connaissances nouvelles sur la constitution physique des objets célestes, connaissances qui fournissent à la raison d'autres analogies et d'autres inductions. A la faveur de ces connaissances nouvelles, non-seulement la question relative au sens du mouvement se trouve tranchée, mais nous acquérons la certitude que le système des lieux optiques des étoiles, ou ce qu'on nomme la sphère céleste, n'est qu'un phénomène (87), une image *sui generis*, tellement différente de la réalité que l'image brillerait encore à nos regards plusieurs années après que l'objet qu'elle nous représente aurait cessé d'exister. Et pourtant, quoiqu'il nous soit donné de pénétrer beaucoup plus avant dans la connaissance de la réalité d'où émanent ces apparences phénoménales, il est toujours exact de dire que notre constitution ne fausse en rien le phénomène et ne nous empêche pas d'en saisir la véritable loi, ou d'en avoir une juste idée, tout à fait indépendante des particularités de notre propre organisation.

85. — Les sens ne sont pas toujours dans le même état, ne fonctionnent pas toujours de la même manière; et pourtant, ni les aberrations de la sensibilité

chez quelques individus, dans certaines conditions anomales, ni celles même qui se reproduisent habituellement et périodiquement dans l'état de sommeil, ne sont capables, malgré les objections usées du vieux pyrrhonisme, d'ébranler notre foi dans le témoignage ordinaire des sens. C'est que les notions qu'ils nous donnent sur les objets extérieurs, dans l'état de veille, et lorsque rien n'en trouble le jeu ordinaire, s'accordent parfaitement entre elles. C'est que des impressions de nature diverse, reçues par des sens différents, se relient, se systématisent, se coordonnent bien, dans l'hypothèse de l'existence des objets extérieurs, tels que l'entendement les conçoit. C'est que la mémoire constate l'identité des notions que les sens nous ont données, depuis ce période obscur de la première enfance où leur éducation s'est achevée, malgré la variété des affections pénibles ou agréables qui ont accompagné pour chacun de nous, aux diverses époques de la vie, la perception des mêmes objets extérieurs. C'est que la même identité dans la perception des mêmes objets pour tous les hommes jouissant de l'intégrité de leurs facultés, sans pouvoir se démontrer formellement, se manifeste clairement dans notre commerce continuel avec nos semblables, tandis qu'il n'y a nulle liaison régulière entre le songe de la veille et celui du lendemain, ni entre nos songes et ceux des autres hommes. C'est qu'enfin, malgré le peu de connaissance que nous avons du principe de la sensibilité et du jeu de nos fonctions psychologiques, nous en savons assez pour démêler que les perturbations de la sensibilité, dans le sommeil ou dans d'autres circonstances de la vie animale, résultent de la suspension ou de l'oblitération de certaines facultés, de l'affaiblissement ou de la lésion de certains organes. *Exceptio firmat regulam*.

Quelquefois les sens nous exposent à des illusions qu'on pourrait appeler normales, parce qu'elles sont universellement partagées, et que, loin de résulter d'un trouble accidentel dans l'économie des fonctions, elles sont le résultat constant de cette économie même. Telles sont les illusions d'optique par suite desquelles le ciel prend l'apparence d'une voûte aplatie, et la lune nous semble beaucoup plus grande à l'horizon que près du zénith. On a proposé plusieurs explications de ces illusions et de beaucoup d'autres; mais, lors même qu'elles resteraient inexpliquées, le concours des autres sens et l'intervention de la raison ne tarderaient pas à rectifier les erreurs de jugement qui peuvent les accompagner d'abord. Dans la contradiction apparente d'une faculté et d'une autre, notre esprit n'éprouve aucun embarras à se décider : il reconnaît la prééminence d'une faculté sur l'autre, et il n'hésite pas à concevoir les phénomènes de la manière qui se prête seule à une coordination systématique et régulière, de la manière qui satisfait seule aux lois suprêmes de la raison.

86. — De même que la nature a organisé l'œil pour percevoir les angles optiques sans les altérer, les configurations optiques sans les déformer, et cela dans un but évident d'appropriation aux besoins des êtres qu'elle douait du sens de la vue, ainsi a-t-elle façonné l'entendement, non pour coordonner les impressions venues des choses extérieures, suivant un type à lui, étranger à la réalité objective, mais pour pénétrer dans cette

réalité, toutefois selon la mesure exigée pour l'accomplissement de la destinée de l'homme.

Or, bien que l'homme, en philosophant, cultive des facultés dont il tient le germe de la nature, il est clair que la nature n'a point fait l'homme pour philosopher : ce sera, si l'on veut, la destinée de quelques individus, mais ce n'est assurément pas la destination de l'espèce. Il est donc tout simple que les actes par lesquels l'homme se rapproche le plus des animaux lui suggèrent instinctivement les perceptions ou intuitions fondamentales dont il a besoin pour se conduire dans l'exercice de ses fonctions animales, et dont les animaux mêmes paraissent avoir au moins une conscience obscure. Il est tout simple aussi que, pour l'accomplissement des actes qui s'élèvent au-dessus de l'animalité, mais qui tiennent à l'accomplissement de la destinée de l'espèce, l'homme ait des croyances naturelles [1], qu'on pourra appeler spontanées : non qu'elles fassent soudainement apparition dans l'esprit, mais parce qu'elles précèdent de beaucoup tout contrôle philosophique ou rationnel. Il est vrai de dire en ce sens avec Pascal que *la nature confond les pyrrhoniens;* mais le second membre de l'antithèse, *la raison confond les dogmatistes,* ne peut être admis comme l'admettait cet austère génie. Le raisonnement et non la raison confond les dogmatistes, en tant qu'il les réduit à l'impuissance de démontrer formellement les thèses du dogmatisme ; mais la raison proprement dite, le sens de la raison des choses, parvient, suivant les cas, à légitimer cer-

---

[1] « Neque earum rerum quemquam funditus natura voluit expertem. » Cic., *De Orat.*, lib. III, c. L.

taines croyances naturelles et instinctives, et à en rejeter d'autres parmi les préjugés ou les illusions des sens[1]. Ce départ du vrai et du faux, dans des croyances ou des penchants intellectuels que nous tenons de la nature, cette critique des instruments à l'aide desquels nous entrons dans la connaissance des choses, ne pourraient sans contradiction, comme les sceptiques de tous les temps l'ont fait voir, résulter de démonstrations formelles du genre de celles des géomètres; ce départ ou cette critique ne résultent jamais que de jugements fondés sur des probabilités; mais ces probabilités peuvent, dans certains cas, acquérir une telle force, qu'elles entraînent irrésistiblement l'assentiment de la raison, tandis qu'elles ne projettent qu'une lueur indécise sur d'autres parties du champ de la spéculation.

87.— Le système de critique philosophique que l'on indique ici n'est pas autre chose que le système de critique suivi dans les sciences et dans la pratique de la vie. Il faut se contenter de hautes probabilités dans la solution des problèmes de la philosophie, comme on s'en contente en astronomie, en physique, en histoire, en affaires; et de même qu'il y a en physique, en histoire, des choses hors de doute, quoique non logiquement démontrées, il peut, il doit y en avoir de telles dans le champ de la spéculation philosophique. Il faut savoir reconnaître l'affaiblissement graduel et continu de la probabilité là où il se trouve,

---

[1] « Je vois toutes les vérités dans une lumière intérieure, c'est-à-dire dans ma raison par laquelle je juge et des sens, et de leurs organes, et de leurs objets. » BOSSUET, *De la connaissance de Dieu et de soi-même*.

aussi bien en philosophie qu'ailleurs. La prétention d'y tout réduire à la démonstration logique, et même la tendance à rechercher de préférence ce genre de preuves, ne peuvent aboutir qu'au scepticisme, comme l'atteste l'expérience de tous les siècles, et comme l'indiquent *a priori* les lois de l'intelligence humaine. L'idée de procéder en philosophie comme l'esprit procède partout est sans doute une idée si simple qu'on n'y saurait voir ni invention, ni réforme ; mais c'était aussi une idée simple que celle d'étendre aux corps célestes les lois d'inertie, de pesanteur, qui régissent à la surface de notre globe les mouvements de la matière, et de cette idée simple sont issues les grandes découvertes astronomiques du dix-septième siècle. Ce n'est pas non plus une idée neuve que de penser que nous sommes guidés en tout par des probabilités d'inégale force ; c'était l'opinion professée dans l'école grecque connue sous le nom de *troisième Académie*, école dont Cicéron a été chez les Latins et est resté pour nous l'élégant interprète. Mais la notion de la probabilité n'a jamais été pour les anciens que vague et confuse ; et lorsque, chez les modernes, les progrès des sciences exactes eurent fait éclore la théorie de la probabilité mathématique, précisément vers l'époque où la philosophie et les sciences exactes allaient tendre à faire divorce, il semble que cette découverte même ait empêché qu'on ne donnât à la doctrine philosophique ébauchée par les Grecs la rigueur méthodique et la précision sans subtilité qui caractérisent l'esprit moderne. Il fallait pénétrer plus avant qu'on ne l'a fait dans l'idée fondamentale du hasard et de l'indépendance des causes ; distinguer nettement la notion de la probabilité philosophique d'avec celle de la probabilité mathématique, telle que les géomètres l'entendent ou doivent l'entendre ; faire voir ce que ces notions ont de commun et en quoi elles diffèrent, au point d'être essentiellement irréductibles l'une à l'autre.

Surtout il fallait distinguer cette subordination de nos facultés, qui seule peut conduire à un contrôle et à une solution des contradictions apparentes. A défaut de cette distinction, il n'y aura plus, à proprement parler, de discussion philosophique ; on multipliera indéfiniment les faits prétendus primitifs ou irréductibles ; on en appellera sans cesse au *sens commun* : ce qui équivaudra à la multiplication indéfinie, en physique, des qualités occultes, et ce qui est un procédé exclusif de toute organisation théorique.

88. — C'est un préjugé commun chez les personnes éclairées que l'homme, ne pouvant juger qu'à l'aide de ses facultés, ne saurait critiquer ses facultés ; mais, si l'homme a des facultés diverses, si elles sont hiérarchiquement ordonnées, et non simplement associées, ce qu'il y a de spécieux dans la formule de ce jugement *a priori* disparaît aussitôt. Or, les explications données jusqu'ici, celles que nous continuerons de donner par la suite, mettent ou mettront en évidence, à ce que nous espérons, le fait de cette coordination hiérarchique. Les sens ne sont que des instruments pour la raison : et de même que l'homme parvient à s'assurer, au moyen des sens, des causes d'erreur inhérentes aux instruments que son industrie a créés, de même il peut, sous de certaines conditions, s'assurer des causes d'erreur qui résideraient dans les instruments naturels dont sa raison dispose.

Supposons, pour prendre un nouvel exemple, qu'il s'agisse de mesurer une certaine grandeur, et que cette grandeur doive être estimée à vue, sans le secours d'aucun instrument, afin de ne pas compliquer des erreurs provenant de l'instrument celles qui proviendraient des imperfections du sens. Nous sommes bien certains, avant toute expérience, qu'une pareille estime sera entachée d'erreur, car la précision mathématique ne saurait (sans un hasard infiniment peu probable) se trouver dans ce qui dépend des sens et du commerce de l'homme avec le monde matériel ; mais, ce qu'il faut tâcher de découvrir expérimentalement, c'est la présence ou l'absence d'une cause constante d'erreur qui, en se combinant avec d'autres causes dont l'action varie fortuitement et irrégulièrement d'une mesure à l'autre, tendrait à rendre toutes les mesures trop fortes ou toutes les mesures trop faibles, de manière à entacher d'une erreur sensible le résultat moyen, après que les effets des causes variables et fortuites se seraient sensiblement compensés. Or, concevons que toutes les mesures ainsi prises se trouvent rangées en tableau par ordre de grandeur, de part et d'autre de la valeur moyenne, selon qu'elles la surpassent ou qu'elles en sont surpassées. S'il n'y a pas de cause constante, soit organique ou constitutionnelle, soit tenant à l'action des milieux ambiants, qui tende à favoriser de préférence, soit les erreurs en plus, soit les erreurs en moins, les mesures particulières qui toutes pèchent, les unes par excès, les autres par défaut, se trouveront distribuées symétriquement de part et d'autre de la valeur moyenne, dont la vraie valeur ne pourra différer sensiblement.

A mesure que l'on s'éloignera davantage de la valeur moyenne, dans un sens ou dans l'autre, les valeurs particulières deviendront plus clairsemées, plus distantes de celles qui les précèdent ou qui les suivent ; parce que, en vertu de l'hypothèse, la probabilité d'une erreur plus petite doit l'emporter sur la probabilité d'une erreur plus grande. Les valeurs particulières seront également accumulées ou également clairsemées à des distances égales de la moyenne, en plus ou en moins. Si donc une pareille distribution symétrique s'observe dans le tableau des valeurs particulières, il ne sera pas encore prouvé, mais il sera du moins fort probable que l'œil, dans l'opération de mesure dont il s'agit, n'est pas sous l'influence d'une cause constante d'erreur, et que la moyenne ne diffère pas sensiblement de la vraie valeur qu'il fallait mesurer. Mais si au contraire la distribution symétrique dont nous parlons n'a nullement lieu, on sera certain, pourvu qu'on opère sur des nombres suffisamment grands, que les chances des erreurs en un sens l'emportent sur celles des erreurs en sens contraire ; que, par exemple, une cause constante favorise les erreurs en plus ; et dès lors il deviendra, sinon rigoureusement impossible, du moins excessivement peu probable, que la moyenne trouvée ne diffère pas sensiblement de la vraie valeur. Une simple vue de l'esprit, une conception purement rationnelle, aura accusé la vérité ou l'erreur de la perception sensible et du jugement de comparaison ou de mesure qui en est la suite.

89. — L'homme, dit-on, se fait nécessairement le centre de tout, rapporte nécessairement tout à lui. Que ce soit là une tendance instinctive de sa nature

sensible, on ne saurait le nier ; mais qu'il y ait dans la raison de quoi combattre et surmonter cette tendance, de quoi élever l'homme au-dessus des pures *fonctions de relation*, comme les physiologistes les appellent avec justesse, c'est ce dont l'histoire des sciences fournit des preuves multipliées. Quoi de plus conforme à ce penchant instinctif que de supposer la terre immobile et d'en faire le centre des mouvements des corps célestes? Et cependant, par une suite d'analogies, d'inductions, de preuves, qui s'adressent à la raison et non aux sens, l'homme s'est vu contraint de sacrifier ce préjugé. Il l'a fait en dépit de bien d'autres obstacles qui venaient contrarier le jugement de sa raison.

La raison et la science ont conduit les naturalistes à des conséquences tout autres. La gradation qu'ils établissent dans la série des espèces animales qui peuplent notre globe, laisse l'homme à la tête de la série, et abaisse d'autant plus les autres espèces qu'elles s'éloignent davantage de la nôtre par l'ensemble de leurs caractères, ou par les caractères que l'ensemble des observations nous oblige de regarder comme les caractères fondamentaux et dominants ; et cependant il est fort clair, pour tous les zoologistes, que cette gradation ne doit pas être mise sur le compte d'un préjugé de position; qu'un tel ordre n'est pas artificiel, parce qu'il ne présente aucune des incohérences que présenterait inévitablement un ordre artificiel, établi d'après la position accidentelle de l'homme dans la série des êtres. C'est ce que le progrès et les résultats concordants de la zoologie, de l'anatomie comparée, de l'embryogénie, de la paléontologie, ont mis depuis longtemps hors de doute, et ce qui reçoit, chaque jour, des nouvelles découvertes, une nouvelle confirmation.

La découverte de l'ordre des affinités naturelles, qui nous donne ainsi, par des inductions rationnelles, la certitude de la prééminence de notre espèce, a été pour nous le résultat d'investigations scientifiques, de travaux méthodiques et persévérants. Au début, et poussé par les seuls instincts de sa nature sensible, l'homme range en effet les êtres de la création terrestre dans un ordre artificiel, selon les services qu'ils lui rendent, le parti qu'il en tire, ou du moins (s'il veut bien faire abstraction de ce qui le touche personnellement) d'après leur taille, leurs formes extérieures, la durée de leur croissance, le milieu qu'ils habitent ; en un mot, d'après des caractères auxquels l'homme est naturellement porté à attribuer une valeur qu'ils n'ont foncièrement pas, et que fait évanouir une connaissance plus approfondie de la nature des êtres, à mesure que les progrès de la science mettent en évidence des faits plus cachés et permettent à la raison de saisir des rapports plus essentiels.

Ce n'est pas que, dans l'ordre réputé avec fondement le plus naturel ou le plus vrai, il n'y ait encore des traces d'un ordre relatif et artificiel, accommodé à notre manière de concevoir les choses, plutôt qu'à l'exacte représentation de ce que les choses sont intrinsèquement et absolument. Nous le reconnaîtrons plus tard, et nous en démêlerons la cause, qui tient au mode de développement de quelques-unes de nos facultés : de sorte que cette application, dans un autre sens, des principes de la critique, ne fera que donner aux principes une nouvelle confirmation.

Si l'homme était en commerce avec des êtres raisonnables d'une autre nature que la sienne ; si nous connaissions en effet plusieurs espèces d'animaux raisonnables, comme nous connaissons une foule d'espèces qui se rapprochent beaucoup de la nôtre par l'ensemble des organes et des fonctions de l'animalité, nul doute que nous n'eussions bien d'autres moyens de compléter la critique de nos connaissances et d'y démêler ce qui tient au fond des choses d'avec ce qui est imposé par la constitution de l'espèce. Mais de pareils termes de comparaison nous font défaut, et la distinction des races humaines est trop inférieure en consistance à la distinction spécifique pour ouvrir à l'induction philosophique des voies assez sûres et assez larges. Cependant, là même encore tout jugement critique n'est pas impossible. Sans doute il est fort naturel de croire à la prééminence physique et intellectuelle de la race à laquelle on appartient; mais ce préjugé naturel peut être confirmé ou infirmé par la raison. Si, par exemple, il arrivait que les mêmes caractères qui ont servi à établir la gradation des espèces et la prééminence incontestable de l'espèce humaine sur les autres espèces animales, pussent encore servir à établir dans l'espèce humaine une gradation entre les races, il faudrait bien admettre par raison, et indépendamment de tout préjugé de naissance, la supériorité de la race qui réunit ces caractères distinctifs au degré le plus éminent. L'induction à laquelle la raison céderait en pareil cas est absolument de même nature que celle qui nous fait prolonger, au delà du dernier point de repère, une courbe dont l'allure nous est indiquée par des points de repère en nombre suffisant (46).

90. — Si l'ordre que nous observons dans les phénomènes n'était pas l'ordre qui s'y trouve, mais l'ordre qu'y mettent nos facultés, comme le voulait Kant, il n'y aurait plus de critique possible de nos facultés, et nous tomberions tous, avec ce grand logicien, dans le scepticisme spéculatif le plus absolu. Mais il ne suffit pas de poser gratuitement une telle hypothèse, il faut la contrôler par les faits, et nous avons montré que tous les faits y répugnent. A moins d'outrer l'idéalisme jusqu'au point d'admettre que la pensée crée de toutes pièces le monde extérieur (et nos recherches n'ont point pour objet la critique de pareils écarts de la spéculation), tant qu'on ne donne aux idées qu'une vertu de représentation et non de production, on doit accorder qu'il existe dans les choses un ordre indépendant de notre manière de les concevoir, et que, s'il n'y avait pas harmonie entre l'ordre de réception par nos facultés et l'ordre inhérent aux objets représentés, il ne pourrait arriver que par un hasard infiniment peu probable que ces deux ordres s'ajustassent de manière à produire un ordre simple ou un enchaînement régulier dans le système des représentations [1]. C'est précisément parce que cette harmonie n'est point parfaite et ne comporte pas plus que les autres harmonies de la nature une précision rigoureuse (73), qu'il peut se présenter et qu'il se présente en effet des désordres partiels, des lacunes et des contradictions dans le système de nos conceptions.

---

[1] « Il n'est pas dans la nature des choses que ce qui a sa base fondamentale en désordre et dans la confusion, puisse avoir ce qui en dérive nécessairement dans un état convenable. » Confucius, le *Ta-hio ou la Grande Étude*, § 7.

L'idée de l'ordre a cela de singulier et d'éminent, qu'elle porte en elle-même sa justification ou son contrôle. Pour savoir si nos autres facultés nous trompent ou ne nous trompent pas, nous examinons si les notions qu'elles nous donnent s'enchaînent ou ne s'enchaînent pas suivant un ordre qui satisfasse la raison; mais l'idée de l'ordre ne peut nous être donnée que par l'ordre même; et s'il était possible qu'elle surgît dans l'esprit humain indépendamment de toute manifestation d'un ordre extérieur, elle ne pourrait tenir devant la perpétuelle manifestation du désordre. Par cela seul que nous avons la faculté de la raison, et que cette faculté n'est pas condamnée à l'impuissance ou étouffée dans son germe par le défaut d'exercice, nous devons croire que l'autorité qu'elle s'arroge est une autorité légitime. Les yeux ne peuvent témoigner pour les yeux, le goût pour le goût; mais la raison témoigne pour la raison, en même temps qu'elle témoigne, selon les cas, pour ou contre les yeux et le goût. Au surplus, il serait chimérique et même absurde de chercher un critère à la faculté qui critique les autres, puisqu'on irait ainsi à l'infini. Il est trop évident qu'il faudrait dès lors, sans aucune discussion, adopter le pyrrhonisme le plus radical, et dire avec ce Grec « qu'on ne sait pas même que l'on ne sait rien. » Mais, encore une fois, il s'agit ici, si nous ne nous faisons pas trop d'illusion, d'une discussion plus sérieuse que ces subtilités d'école, et l'on renonce volontiers à convaincre ceux qui n'admettent même pas l'autorité de la raison.

« Du même droit, dit Jouffroy [1], que la raison, re-

---

[1] Préface de la traduction des Œuvres de Reid, p. CLXXXVIII.

« cueillant les dépositions des sens, de la mémoire,
« de la conscience, se demande ce que valent ces dé-
« positions et jusqu'à quel point elle doit s'y fier;
« de ce même droit, à mesure qu'elle juge ces fa-
« cultés, à mesure qu'elle conçoit, au delà de ce
« qu'elles lui apprennent, des réalités et des rapports
« qui leur échappent, elle se demande ce que valent
« ses propres jugements et ses propres conceptions,
« et jusqu'à quel point est fondée cette confiance en
« elle-même, *base* dernière et *suprême* de tout ce
« qu'elle croit. Ainsi la raison, qui contrôle tout en
« nous, se contrôle elle-même; et ce n'est point là
« une supposition, mais un fait que l'observation
« constate immédiatement en nous, et que les débats
« de la philosophie n'ont fait que traduire sur la
« scène de l'histoire..... Mais de ce que la raison élève
« ce doute sur elle-même, s'ensuit-il que la raison qui
« peut l'élever puisse le résoudre? Nullement..... De
« quoi la raison doute-t-elle? Des principes qui la
« constituent, des principes qui sont pour elle la
« règle même de ce qui est raisonnable et vrai. Quels
« moyens a-t-elle pour résoudre ce doute? elle n'en a
« et n'en peut avoir d'autres que ces principes mêmes;
« elle ne peut donc juger ces principes que par ces
« principes; c'est elle qui se contrôle, et si elle doute
« d'elle au point de sentir le besoin d'être contrôlée,
« elle ne peut s'y fier quand elle exerce ce contrôle;
« cela est si évident que ce serait faire injure au bon
« sens d'insister. Il y a en nous, et il est impossible
« qu'il en soit autrement, une dernière raison de
« croire; en fait, nous doutons de cette dernière rai-
« son; évidemment ce doute est invincible; autrement

« cette raison de croire ne serait pas la dernière. C'est
« ce que disent les Écossais, quand ils soutiennent
« qu'il implique contradiction d'essayer de prouver
« les vérités premières, car si on pouvait les prouver
« elles ne seraient pas des vérités premières ; qu'il est
« insensé de vouloir démontrer les vérités évidentes
« par elles-mêmes, car si elles pouvaient être démon-
« trées elles ne seraient pas évidentes par elles-mêmes.
« C'est ce que répète Kant, lorsqu'il soutient que l'on
« ne peut objectiver le subjectif, c'est-à-dire faire que
« la vérité humaine cesse d'être humaine, puisque la
« raison qui la trouve est humaine. On peut exprimer
« de vingt manières différentes cette impossibilité ; elle
« reste toujours la même et demeure toujours insur-
« montable. »

Il y a dans ce passage, que nous tenions à transcrire textuellement, un mélange de principes incontestables et de fausses applications qu'il faut débrouiller. Toute la confusion vient de la diversité des acceptions, tantôt plus larges, tantôt plus restreintes, dans lesquelles on prend le mot de *raison*. Après que, dans l'analyse des facultés et des organes de l'entendement, on a fait la part des sens, de la mémoire, de la conscience, dont les dépositions admettent un contrôle, de l'aveu de Jouffroy, on trouve que l'esprit humain est gouverné par certaines règles, conçoit et juge les choses d'après certaines idées et certains principes que sa constitution lui impose, et qui ne peuvent venir ni des sens, ni de la mémoire, ni de la conscience ; que, par exemple, il conçoit nécessairement un espace et un temps sans limite, au sein desquels les phénomènes s'accomplissent ; qu'il est invinciblement porté (comme l'organisation de toutes les langues le prouve) à attribuer les qualités destructibles qu'il saisit à une substance indestructible qu'il ne saisit pas ; et ainsi de suite. L'ensemble de ces lois, de ces idées, de ces principes, que les sens ne peuvent donner, voilà ce que beaucoup de philosophes appellent la raison (15) ; mais la raison ainsi conçue est quelque chose de multiple et de complexe, dont les diverses données nous inspirent des doutes en fait et en droit, et peuvent être soumises au contrôle d'un principe supérieur, au même titre que les dépositions des sens, de la mémoire, de la conscience. Pour justifier la prérogative du principe suprême et régulateur, il faut que ce principe ait quelque chose qui le distingue entre tous les autres. Or, 1° si nous examinons à l'aide de quel principe la raison contrôle les dépositions des sens, de la mémoire, de la conscience, sur quel principe s'appuient la critique historique, la critique scientifique, la critique des témoignages judiciaires, et généralement toute espèce de critique, nous trouvons que ce n'est point en invoquant la notion d'un espace infini, d'une substance indestructible, ou tout autre principe du même genre, que la raison procède en pareil cas, mais toujours au contraire en se référant à l'idée de l'ordre et de la raison des choses ; en rejetant ce qui serait une cause de contradiction et d'incohérence, en admettant ou en inclinant à admettre ce qui amène au contraire une coordination régulière. 2° Nous ne concevons point du tout comment une idée telle que celle d'une substance indestructible ou d'un temps sans limite, pourrait se servir de contrôle à elle-même, ou servir de contrôle à l'idée de l'ordre et de la raison des choses ; tandis que nous concevons très-bien comment cette dernière idée pourra nous servir à contrôler les précédentes, en tant que nous verrons si celles-ci mettent de l'ordre ou amènent des incohérences et des conflits dans le système de nos conceptions ; en même temps que l'idée de l'ordre se contrôlera elle-même, puisqu'il y aurait contradiction à supposer que cette idée fût un préjugé de l'esprit humain, ou ne fût vraie, comme le dit Jouffroy, que d'une vérité humaine, et que pourtant nous trouvassions de l'ordre dans la nature à mesure que nous l'étudierions davantage.

Ainsi la raison (quand on prend ce terme dans un certain sens, beaucoup trop large, selon nous) doute d'elle-même et des principes qui la constituent, non sans fondement ; mais elle n'élève point, quoi qu'en dise Jouffroy, de doute sérieux, encore moins de doute insurmontable, sur le principe régulateur et suprême en vertu duquel elle fait la critique de ses principes constitutifs, et de toutes les autres facultés humaines, pas plus qu'elle n'élève de doute sérieux sur les axiomes mathématiques. Seulement, ce qui est bien différent, il est de la nature de ce principe régulateur de ne fournir que des inductions probables, d'une probabilité qui parfois exclut tout doute raisonnable, et nullement des démonstrations rigoureuses, comme celles que l'on déduit des axiomes mathématiques.

Il y a loin de cette organisation hiérarchique au pêle-mêle de la philosophie écossaise, qui se pique de multiplier plutôt que de réduire le nombre des vérités premières, et pour qui l'appel au sens commun (cette manière de procéder si commode) dispenserait de contrôler les dépositions des sens, de la mémoire, de l'imagination (que pourtant Jouffroy soumet au contrôle de la raison), aussi bien que les principes mêmes de la raison, dont on veut que le contrôle ne soit point possible. Il n'y a pas moins de différence, comme la suite le montrera, entre la théorie que nous essayons d'exposer et celle de Kant, qui non-seulement soutient qu'on ne peut conclure valablement des lois de la raison humaine à la vérité absolue, en quoi il serait pleinement dans son droit, mais qui de plus rejette systématiquement tout ce qui n'est que probable et non rigoureusement ou formellement démontré; et qui par là est amené à imputer à la constitution de l'esprit humain, nonobstant les analogies et les inductions les plus pressantes, tout ce que nous sommes portés, avec raison, à regarder comme appartenant à la nature des objets extérieurs de nos perceptions.

CHAPITRE VII.

DES SENS, CONSIDÉRÉS COMME INSTRUMENTS DE CONNAISSANCE. — DES IMAGES ET DES IDÉES.

91. — Deux facultés corrélatives, celle de sentir et celle de se mouvoir, paraissent constituer, par leur union, le caractère fondamental et distinctif de l'animalité. Dès que ces deux facultés commencent à se montrer nettement, nous voyons qu'elles dépendent d'un appareil organique que l'on nomme le système nerveux, dont une branche, en se ramifiant, va chercher à l'enveloppe extérieure de l'animal les impressions venues du dehors, pour les transmettre à de certaines parties centrales, où une organisation bien plus compliquée indique le siége d'une élaboration très-complexe, tandis que l'autre branche, par ses ramifications, transmet des parties centrales aux organes moteurs l'excitation qui doit en provoquer les mouvements. Certaines ramifications de la première branche, en prenant une texture et des dispositions particulières, en s'adaptant à des organes d'une structure toute spéciale, acquièrent aussi des fonctions spéciales, deviennent propres à subir dans leur sensibilité des modifications très distinctes les unes des autres, et distinctes de celles qui affectent généralement l'ensemble de l'appareil. Ces modifications de la sensibilité, modifications spéciales, distinctes, et en quelque sorte hétérogènes, sont ce qu'on nomme proprement des sensations ou des affections *sensorielles*. On observe que les sensations se distinguent d'autant mieux les unes des autres, et donnent lieu à des perceptions d'autant plus nettes, qu'elles proviennent de sens d'une organisation plus parfaite, c'est-à-dire d'une organisation qui nous frappe par plus de complication dans les détails, plus d'unité et d'harmonie dans l'ensemble. Quelle est précisément la part des sens dans l'élaboration de la connaissance humaine? c'est là le point de litige entre les philosophes; mais que les sens fournissent des matériaux indispensables à l'édifice de nos connaissances, c'est un fait hors de toute contestation.

L'homme a cinq sens, ni plus ni moins : les animaux voisins de l'homme ont les mêmes sens et en même nombre, sauf quelques anomalies tenant à des circonstances accidentelles; et il faut descendre très-bas dans la série animale pour arriver à des espèces chez lesquelles les organes des sens, ou certains de ces organes, subissent des modifications profondes, se dégradent et disparaissent. A peine pouvons-nous soupçonner, chez quelques espèces, des organes de sensation essentiellement distincts des nôtres, qui n'appartiendraient pas aux types normaux de l'animalité, ou qui ne se montreraient qu'accidentellement et accessoirement. Ce nombre cinq a-t-il donc quelque vertu secrète, tenant à l'essence des choses? Ou si la nature en l'adoptant a usé pour ainsi dire de son pouvoir discrétionnaire, n'y a-t-il pas lieu de croire qu'avec un sens de plus ou de moins tout le système de nos connaissances serait bouleversé, et non pas seulement étendu ou amoindri; qu'ainsi c'est de notre part une prétention bien chimérique que celle d'avoir l'intelligence, même superficielle ou bornée, de ce que sont les choses, avec des moyens de perception si visiblement contingents et relatifs, appropriés sans doute aux besoins de notre nature animale, mais nullement accommodés aux exigences présomptueuses de notre curiosité? Reprenons à ce point de vue l'analyse de nos sensations, tant de fois faite par les philosophes et par les physiologistes, et où il y a toujours à faire.

92. — Commençons par des remarques qui s'appliquent, non à des organes de sensations spéciales, ou aux sens proprement dits, mais au système général de la sensibilité. L'animal reçoit par toutes les parties de son enveloppe sensible les impressions du chaud et du froid : l'homme, guidé par cette sensation *sui generis*, arrive à connaître, non pas la nature intime, mais la présence d'un agent qui occasionne cette sensation ; qui pénètre tous les corps en leur imprimant des modifications innombrables ; qui joue un rôle capital dans tous les phénomènes physiques ; qui se propage et se disperse suivant des lois que la science a assignées, et dont la découverte a grandement contribué à étendre nos connaissances dans le domaine de la nature. L'homme, supposé insensible à l'action de la chaleur, serait privé d'avertissements indispensables pour la conservation de sa vie animale, cela est évident et ne doit pas nous occuper dans la question présente. Le système de ses connaissances en serait-il profondément altéré? C'est là le point qui doit attirer notre attention.

Avec quelques notions d'astronomie, on se représente volontiers ce que serait pour nous le spectacle du ciel, vu de la lune ou de Saturne, dans un monde

astronomiquement constitué autrement que le nôtre.
On suit même avec quelque curiosité le roman d'une
astronomie imaginaire, et l'on se demande comment,
muni d'instruments d'observation semblables aux
nôtres, mais d'une station différente, un observateur
intelligent aurait pu s'élever graduellement, de l'intuition de mouvements apparents autres que ceux que l'on voit de notre terre, jusqu'à la connaissance des mouvements réels, telle que la science a fini par nous la donner à nous-mêmes, en parcourant des phases dont la trace historique est parfaitement conservée.
Dans le but que nous poursuivons ici, il est non-seulement curieux, mais utile d'indiquer comment on referait notre physique, en l'accommodant à des hypothèses, imaginaires sans doute, mais où il n'entre rien qui implique contradiction ou qui répugne de toute autre manière à la raison.

93. — Feignons donc que les variations de l'état calorifique des corps ne tombent pas plus directement sous nos sens que n'y tombent les variations de leur état électrique ou celles de l'état magnétique d'un barreau d'acier. Il ne faudrait pas une étude bien curieuse de la nature pour remarquer que les liquides sont sujets à éprouver à chaque instant des variations de volume; que ces variations sont particulièrement sensibles lorsqu'on les expose aux rayons solaires ou qu'on les en met à l'abri, lorsqu'on les approche ou qu'on les éloigne d'un corps incandescent. On imaginerait de rendre ces variations plus sensibles en donnant au vase qui contient le liquide la forme d'une boule terminée par un tube effilé; et l'on aurait, non pas encore un thermomètre ou un instrument propre

à mesurer les variations de température, mais un instrument indicateur, propre à accuser l'existence de ces variations, ou ce que les physiciens nomment un *thermoscope*. En plaçant le thermoscope à des distances diverses du corps incandescent, en mettant un écran entre ce corps et le thermoscope, en interposant des milieux de diverse nature, des miroirs ou des lentilles à foyer, en recouvrant la boule de divers enduits, on constaterait que l'action émanée des corps incandescents se transmet dans un temps inappréciable, qu'elle varie d'énergie en raison inverse du carré de la distance, qu'elle est modifiée par l'état de la surface du corps qui la subit, que cette émanation invisible se réfléchit et se réfracte comme la lumière, que certains milieux la transmettent, l'éteignent en partie ou lui refusent tout passage. On remarquerait surtout que des milieux opaques ou imperméables à la lumière sont très-perméables à cette autre émanation dont il s'agit d'étudier les lois; que par conséquent elle peut être rapportée à un principe analogue à la lumière, qui tantôt l'accompagne, tantôt s'en sépare; qui paraît en différer à plusieurs égards, et qui suit dans certains cas des lois différentes. En poursuivant cette idée, on arriverait ou l'on pourrait arriver à une théorie de la chaleur rayonnante, qui vraiment ne différerait pas de celle que nous ont donnée les résultats des travaux les plus récents.

94. — On ne tarderait pas à s'apercevoir que des corps obscurs, exposés pendant un certain temps aux rayons solaires ou aux émanations d'un corps incandescent, agissent aussi sur le thermoscope, jusqu'à ce qu'ils soient graduellement revenus à leur état pri-

mitif; et l'on se confirmerait dans l'idée que le principe de cette émanation doit être, au moins provisoirement, distingué de la lumière, bien que la lumière l'accompagne lorsqu'il est porté à un certain degré d'exaltation. Une induction naturelle, confirmée par des expériences faciles à imaginer, porterait à admettre que tous les corps, même lorsqu'ils n'ont pas été mis en présence de corps incandescents, ou exposés aux rayons solaires, ont une irradiation de même nature, quoique moins intense; que l'irradiation appartient aussi à la matière du thermoscope, mais qu'il n'y a pas d'effet apparent lorsque ce corps perd autant par rayonnement sur les corps environnants, qu'il reçoit par l'irradiation de ces corps. On acquerrait, en un mot, la notion de la *température*, et l'on construirait la théorie de l'*équilibre mobile* des températures, telle qu'elle se trouve enseignée dans nos livres.

Les expériences qu'on a faites pour étudier les lois de la propagation de la chaleur dans les corps solides pourraient se faire pour la plupart de la même manière, et donneraient naissance à la même théorie mathématique.

Enfin l'on remarquerait que les changements dans l'état moléculaire des corps sont liés à leur état thermoscopique; que l'eau, par exemple, se dilate ou que ses molécules s'écartent jusqu'à prendre l'état gazeux; qu'elle se contracte, ou que ses molécules se rapprochent jusqu'à prendre l'état solide; que le thermoscope, plongé dans la neige ou dans l'eau bouillante et soumis à l'irradiation d'un corps incandescent, ne bouge pas tant qu'il y a de la neige à fondre ou de l'eau à vaporiser. Cette dernière observation donnerait l'idée de la construction du thermomètre, ou d'un instrument gradué propre à définir et à mesurer les températures; celle de la construction du calorimètre, ou d'un instrument propre à mesurer dans ses effets cette irradiation singulière, cette effluve qui n'est, comme la lumière, ni tangible, ni pondérable. On remarquerait que la plupart des actions chimiques sont accompagnées de dégagement ou d'absorption de ce principe intangible. On le concevrait comme une cause dont l'effet le plus général est de tendre à écarter les molécules des corps et à contrebalancer l'action d'autres forces qui tendent à les rapprocher les unes des autres.

95. — En un mot (car on sent bien que nous sommes obligé d'omettre ou d'abréger les détails), on aurait du principe de la chaleur et de ses effets les idées que nous en avons nous-mêmes, excepté qu'à ces idées ne s'associerait pas la réminiscence d'une certaine sensation qui ici ne contribue manifestement en rien à la clarté des idées, qui n'aide point l'esprit dans le travail de la construction théorique. Nous connaîtrions la chaleur comme nous connaissons l'électricité, d'une connaissance scientifique et non vulgaire. Il n'y aurait pas de mots usuels dans toutes les langues pour désigner le chaud et le froid; mais il y aurait des termes techniques ou scientifiques qui tendraient même, vu la généralité et l'importance des notions qu'ils expriment, à passer dans la langue usuelle des peuples instruits; et c'est ainsi qu'on peut dire maintenant chez nous, avec la certitude d'être compris de tout le monde, qu'un orateur a *électrisé* son auditoire, ce qui eût été inintelligible au temps de Louis XIV. L'ordre historique des découvertes aurait changé sans doute; le point de

départ et l'ordre de l'exposition didactique ne seraient plus les mêmes ; mais toutes ces circonstances accessoires, quoique d'un grand intérêt lorsqu'on prend l'homme dans sa nature mixte, comme un être à la fois sensible et intelligent (lorsqu'il s'agit, par exemple, d'éducation et de pédagogie), deviennent indifférentes lorsqu'il est uniquement question de ses facultés intellectuelles, des idées que ces facultés élaborent par leur vertu propre, et qui ne changent point dans leur essence, quel que soit, pour ainsi dire, le sol sensible sur lequel elles se sont implantées.

96. — Non-seulement l'aptitude de notre sensibilité à recevoir les impressions du chaud et du froid n'est pas la condition essentielle de la connaissance que nous avons du principe de la chaleur et de ses effets ; non-seulement elle ne contribue pas au perfectionnement scientifique de cette connaissance, mais elle y pourrait nuire si la raison ne se mettait en garde contre les illusions dont elle est la source. Les modifications de la fibre nerveuse auxquelles se lient les sensations de chaud et de froid peuvent être provoquées par le trouble des fonctions organiques aussi bien que par l'action physique de la chaleur. On frissonne dans la fièvre, quoiqu'on soit plongé dans une atmosphère chaude, et ainsi de suite. Sans trouble organique, l'habitude émousse, modifie, dénature les sensations que l'action physique de la chaleur nous fait éprouver. Un bain à la même température nous semble chaud ou froid selon que nous sortons d'une atmosphère plus froide ou plus chaude. Nous trouvons fraîche en été et tiède en hiver une cave dont la température ne varie pas sensiblement avec les saisons. Aussi, dans tous les

livres de physique, après que l'auteur a parlé brièvement de l'impression de la chaleur sur nos organes, se hâte-t-il de montrer qu'il ne faut pas juger d'après cette impression, et d'exposer la construction de l'instrument dont les indications sûres, indépendantes de l'état de nos organes, au moins entre de certaines limites de précision, doivent guider l'observateur, sans qu'il ait nullement égard aux suggestions trompeuses de la sensibilité.

97. — Ce n'est donc pas sans fondement que, dès les premiers âges de la philosophie, des esprits spéculatifs se sont récriés contre les erreurs des sens, ont insisté sur la nécessité de dégager la perception sensible de ce qu'elle a de variable, de relatif, d'inhérent à notre organisation, pour arriver à l'idée ou à la pure intelligence des choses. On a outré cette doctrine; on l'a souvent bien mal attaquée et bien mal défendue; on l'a liée à des systèmes hasardés ou à des visions mystiques avec lesquelles elle n'a pourtant rien de commun. Surtout on s'est généralement mépris sur le mode de démonstration ou de réfutation qu'elle comporte. Au lieu de prendre, pour l'analyser, la connaissance vulgaire, la connaissance restée, pour ainsi dire, à l'état rudimentaire, il fallait prendre de préférence la connaissance scientifique, c'est-à-dire la connaissance organisée, développée, perfectionnée. Les naturalistes savent bien qu'à l'état rudimentaire, tous les types, toutes les trames organiques se confondent ou semblent se confondre, et que, pour en bien saisir les caractères distinctifs, il est préférable de les étudier dans les hauts perfectionnements de l'organisme. Le type de l'animal et celui du végétal, si nettement dis-

tincts dans les espèces supérieures, vont en se confondant à mesure qu'ils se dégradent dans les espèces inférieures. Si donc la science est le perfectionnement organique de la connaissance, il y a de bonnes raisons de présumer que c'est en cherchant jusqu'à quel point, de quelle manière les sens contribuent à l'organisation de la science, que nous pourrons le mieux saisir quelle est essentiellement la part des sens dans l'élaboration de la connaissance, même à l'état élémentaire ou rudimentaire.

98. — Avant de quitter l'exemple qui nous a suggéré ces réflexions générales, nous ne pouvons nous refuser à fixer un moment l'attention du lecteur sur les principes en vertu desquels nous parvenons à trouver, en fait de températures et de quantités de chaleur, les termes fixes de comparaison, que l'organisation de notre nature sensible ne peut nous fournir. Si l'on construit des thermomètres avec des liquides divers, tels que l'eau, l'alcool, le mercure, on trouvera que ces instruments ou ces sens artificiels, imaginés pour nous donner l'indication précise de la température des milieux avec lesquels on les met en contact, ne marchent point dans un parfait accord, et de prime-abord on ne saura quel est celui dont les indications doivent être préférées. Si pourtant l'on remarque que tous ces thermomètres concordent sensiblement tant que les liquides avec lesquels ils sont formés sont tous fort éloignés des températures où ils se congèlent et de celles où ils entrent en ébullition, et que les écarts, pour chaque thermomètre en particulier, sont d'autant plus grands que la température du liquide qu'il renferme approche plus de l'un ou de l'autre de ces points

extrêmes, on comprendra que les écarts sont dus à des causes perturbatrices qui tiennent à la constitution spécifique de chaque liquide, et qui cessent d'avoir une action sensible pour la portion intermédiaire où l'on voit tous les thermomètres concorder sensiblement. Lorsque ensuite on imaginera de remplacer les liquides par des gaz, c'est-à-dire par des fluides où nous avons de grands motifs de croire que la constitution moléculaire est arrivée à un plus haut degré de simplicité et de régularité que dans les liquides, et quand on verra ces thermomètres à gaz être d'accord entre eux à toutes les températures, ainsi qu'avec les thermomètres à liquides, dans la portion de leur échelle où les causes perturbatrices tenant à leur constitution spécifique n'ont plus d'action sensible, on aura la conviction que le thermomètre à gaz est bien l'instrument régulateur qui doit servir à contrôler les autres et à fixer absolument les degrés de l'échelle des températures. C'est un jugement de probabilité tout-à-fait analogue à celui par lequel nous prononçons sur les mouvements relatifs et absolus d'un système de corps (5), et les motifs de choisir entre les témoignages de divers sens artificiels sont exactement de même nature que les motifs de choisir entre les indications des sens et des facultés diverses dont la nature nous a doués (85).

Passons à la mesure des quantités de chaleur qu'un corps dégage ou absorbe en changeant d'état physique, en s'unissant chimiquement à d'autres corps, en variant de température, etc. Ces quantités ne sont ni tangibles ni pondérables : elles échappent aux procédés ordinaires de mesure à l'aide des sens de la vue et du tact, et il faut qu'une conception de la raison supplée au défaut des sens. Si deux quantités de chaleur A et B ont servi à élever la température de deux litres d'eau, l'un de 10 degrés à 50 degrés, l'autre de 10 degrés à 90 degrés, nous ne sommes pas autorisés pour cela à affirmer que B est double de A; car il pourrait bien se faire qu'une masse liquide déjà échauffée de 40 degrés, et par suite déjà modifiée dans sa constitution moléculaire, exigeât plus ou moins de chaleur pour s'échauffer encore de 40 degrés. La conséquence deviendrait bien plus probable si les deux quantités A et B avaient servi, l'une à élever de 10 degrés à 50 degrés la température de deux litres d'eau, l'autre à élever de 10 degrés à 50 degrés la température de quatre litres du même liquide; ou bien encore si la quantité A avait servi à fondre un kilogramme de glace, et la quantité B à en fondre deux kilogrammes : car on concevrait difficilement que la simple juxtaposition de deux masses de glace ou de deux masses d'eau liquide influât sur la quantité de chaleur nécessaire pour fondre chacune des masses solides, ou pour porter chacune des masses liquides, de la température de 10 degrés à celle de 50 degrés. Mais, ce que chaque expérience prise à part indique au moins avec une grande vraisemblance, le concours des deux expériences qui se renforcent l'une l'autre ne permet plus d'en douter raisonnablement : car, vu la disparité des effets produits, on ne concevrait pas qu'ils fussent ainsi en proportion exacte, si les quantités de chaleur qui les produisent n'étaient aussi dans la même proportion. En multipliant les expériences et les concordances de cette nature, on mettra la conséquence que nous venons de tirer hors de toute contestation. C'est ainsi que, par le concours des sens qui observent et de la raison qui interprète, on peut franchir sans présomption les limites de l'observation sensible, et arriver, sans cercle vicieux, au terme fixe de comparaison, à ce *quid inconcussum* dont on a besoin pour asseoir l'édifice de la théorie.

99. — Reprenons maintenant la suite de la discussion que nous avions entamée, et, après avoir montré que l'abolition d'une faculté tenant à la sensibilité générale, comme celle de percevoir les impressions du froid et du chaud, n'apporterait ni retranchement ni modification dans le système de nos idées, examinons quelle est sur ce système l'influence propre à chacun des organes spéciaux des sens, en commençant par celui dont l'organisation est la moins compliquée, et où (de l'avis de tous les physiologistes) la sensibilité générale a reçu les perfectionnements les moins recherchés, c'est-à-dire par l'organe du goût. Certes, l'importance de cet organe pour une des principales fonctions de la vie de l'animal est assez manifeste ; mais autant cette importance est grande, autant (par une sorte de compensation dont la nature offre mille exemples) l'utilité de l'organe est faible, et même nulle, dans l'ordre de la connaissance. La perception des saveurs vient à la suite d'une action chimique que des molécules liquides, ou en dissolution dans un liquide, exercent sur les papilles nerveuses de l'organe du goût ; cet organe est un réactif chimique, doué quelquefois d'une délicatesse exquise, et qui pourra accuser dans un mélange, par la perception de saveurs caractéristiques, la présence de quelques atomes qui

échapperaient aux balances ou aux réactifs de laboratoire. Mais la perception des saveurs ne porte avec elle aucune lumière sur la nature de l'action chimique ou moléculaire : c'est une affection du sujet sentant, laquelle ne donne aucune représentation, ni n'implique aucune connaissance de l'objet senti. Apprendre par le sens du goût que le sel marin a, comme on dit, une saveur franche et que le sulfate de fer a une saveur astringente, c'est apprendre que ces deux sels sont susceptibles d'affecter, chacun à sa manière, l'organe du goût, mais ce n'est rien apprendre quant à la nature du sel marin ou du sulfate de fer. Une douleur de goutte nous apprend de même qu'il y a dans les humeurs ou les tissus de nos organes quelque chose de propre à provoquer une sensation douloureuse, sans que pour cela nous en soyons plus avancés dans la connaissance de la structure des tissus, de la composition des humeurs et de la nature du principe morbide. Le goût ne contribue donc à nos connaissances que d'une manière indirecte et à titre de réactif : c'est-à-dire qu'après que nous avons reconnu que tel corps nous donne telle sensation de saveur bien déterminée, et, comme on dit, caractéristique, la saveur nous sert ensuite à reconnaître la présence du corps dans un mélange où il se trouve confondu, et où nous ne pourrions pas le discerner autrement, soit parce qu'il s'y trouve en quantité trop petite, soit pour toute autre cause. La sensation de saveur, comme tout autre réactif, peut aussi, dans certains cas, nous renseigner, non point sur la nature spécifique du corps, mais sur le genre du corps auquel il appartient, et par conséquent sur les propriétés caractéristiques qu'il partage avec ses congénères. Ainsi, quand un corps nous aura fait éprouver la saveur acide, nous saurons qu'il est capable de s'unir chimiquement aux bases salifiables; que si l'on décompose par un courant électrique le produit de cette union, le même corps, redevenu libre, se portera au pôle électro-positif de la pile voltaïque, etc. Nous saurons toutes ces choses, parce que l'expérience nous aura appris que la propriété de s'unir aux bases salifiables, celle de se transporter au pôle positif de la pile, se trouvent constamment associées à la propriété ou qualité d'exciter en nous la sensation de saveur acide; mais nous n'en connaîtrons pas mieux, pour cela, ni la raison des caractères chimiques par lesquels contrastent les acides et les bases, ni la liaison qu'il peut y avoir entre la constitution chimique des acides et la propriété dont ils jouissent de nous faire éprouver la sensation d'une saveur acide. Lors même que nous saurions précisément en quoi consiste l'action chimique du corps acide sur la pulpe nerveuse, nous n'en resterions pas moins dans une ignorance invincible sur la question de savoir pourquoi telle action chimique engendre telle sensation de saveur plutôt que telle autre; et cette ignorance invincible tient précisément à ce que la sensation de saveur n'a par elle-même aucune vertu représentative et n'apporte avec soi aucune lumière sur les causes qui la produisent. L'organe du goût n'est même, à titre de réactif, que d'une fort médiocre utilité pour le progrès de nos connaissances scientifiques. Assurément aucun chimiste ne s'imaginera que Scheele ou Lavoisier auraient manqué quelques-unes de leurs mémorables découvertes, quand bien même ils auraient été absolument privés du sens du goût. A supposer que le sens du goût fût pour les chimistes un réactif d'un usage aussi habituel que l'est celui du papier de tournesol pour reconnaître la présence des acides, il ne viendrait à personne l'envie de croire que la possibilité d'acquérir le système de nos connaissances actuelles en chimie tient au fait accidentel de la sensibilité de l'organe du goût pour certaines actions chimiques, pas plus qu'elle ne tient au fait très-particulier et très-accidentel de la présence, dans les sucs de certaines plantes, d'une matière colorante fort sensible à l'action des acides. Et puis il s'agit ici des conditions essentielles de la connaissance ou des causes invincibles d'ignorance, et non des circonstances accidentelles qui peuvent faciliter nos recherches, ou les entraver, ou leur imprimer de préférence une certaine direction.

100. — Le sens de l'odorat est bien supérieur à celui du goût dans l'ordre de la complication organique; il est à la fois plus spécial et plus perfectionné, car c'est toujours par une plus grande spécialité de fonctions que le perfectionnement de l'organisation s'annonce. Les nerfs du sentiment y dépouillent la sensibilité tactile, en même temps qu'ils cessent d'être en connexion immédiate avec l'appareil des nerfs du mouvement; et par ce double caractère le sens de l'odorat s'éloigne du sens du goût, pour se rapprocher de ceux de l'ouïe et de la vue. Quoiqu'il soit loin d'égaler en perfection ces deux sens supérieurs, il est manifestement destiné comme eux à donner à l'animal la perception des corps situés à distance; et il acquiert, chez quelques espèces, un tel degré de finesse, qu'il peut, en prêtant son concours aux facultés du tact et de la locomotion, pour-

voir aux besoins de l'animal aussi bien, mieux peut-être, que les sens de la vue et de l'ouïe. Mais, d'autre part, il y a entre les sens de l'odorat et du goût des connexions évidentes ; soit anatomiques, c'est-à-dire tenant à la structure et à la disposition des organes ; soit physiologiques, c'est-à-dire tenant à l'analogie et à la sympathie des fonctions ; à ce point qu'on a pu soupçonner chez certaines espèces, et notamment chez quelques animaux ruminants, l'existence d'un organe approprié à la recherche de leurs aliments, faisant fonction de sens intermédiaire, ou établissant le passage de l'un à l'autre. Tous deux sont en rapport direct avec la nutrition et se développent parallèlement à ce que nous nommons l'instinct, plutôt que parallèlement à l'intelligence de l'animal. Tous deux sont adaptés à la perception d'actions moléculaires, ou d'actions émanées de particules matérielles dans un état de division extrême, chimique ou mécanique. Tous deux enfin, et le sens de l'odorat surtout, doivent, dans l'ordre de la connaissance, être considérés comme des réactifs d'une délicatesse exquise, mais qui n'ont point la propriété de nous renseigner sur la nature des causes productrices de la réaction. Une odeur, comme une saveur, est une affection du sujet sentant, qui ne donne aucune représentation, qui n'implique ni ne détermine par elle-même aucune connaissance de l'objet senti. Condillac a pu dire convenablement, en imaginant sa statue bornée au sens de l'odorat, qu'*elle se sent odeur de rose*, si toutefois notre langage, suggéré par une constitution et des habitudes toutes différentes, est propre à bien rendre les phénomènes obscurs qui se produiraient dans cet état hypothétique.

Ce qu'il y a d'incontestable, c'est que le sens de l'odorat ne donnerait à lui seul aucune notion du monde extérieur, et que, dans la constitution normale de l'homme, il n'ajoute rien à la connaissance théorique ou scientifique du monde extérieur. Il fournit aux physiciens quelques exemples de plus de l'extrême divisibilité de la matière ; il sert quelquefois (comme on l'a dit pour le goût) de réactif aux chimistes ; mais ce sens serait aboli, que les progrès de la science n'en seraient point entravés ; la nature n'en aurait pas doué l'homme, qu'il n'en pourrait résulter de perturbation que dans le jeu de ses fonctions animales, sans que, toutes choses égales d'ailleurs, le système de ses connaissances ou la constitution de son intellect en ressentissent la moindre altération.

101. — Quelque admirable que nous paraisse la structure de l'œil, il y a de bonnes raisons de penser que le sens de l'ouïe est un appareil d'une complication et d'une perfection organique encore plus grande, occupant le plus haut rang dans la série des organes des sens : et, sans rapporter les explications que donnent à ce sujet les anatomistes modernes, et qui ne sont pas de notre ressort, nous ferons remarquer (89) que le sens de la vue est moins parfait chez l'homme que chez des espèces qui s'éloignent beaucoup de l'homme et qui occupent incontestablement un rang inférieur dans la série animale ; tandis que l'appareil de l'audition atteint sa perfection chez l'homme, où il doit être en rapport avec la faculté de produire des voix articulées, de manière à déterminer la formation du langage, condition organique du développement de toutes nos facultés intellectuelles. Néanmoins, comme l'influence du langage sur l'élaboration de la pensée doit être étudiée à part et à la faveur de considérations d'un autre ordre, nous ferons abstraction ici de cette influence indirecte du sens de l'ouïe sur le développement de l'intelligence ; nous supposerons l'homme en possession d'un langage par gestes, ou d'un langage écrit, ou de tout autre instrument analogue à la parole et susceptible des mêmes perfectionnements ; et alors, en procédant toujours par voie de retranchements successifs, nous ferons passer le sens de l'ouïe avant celui de la vue ; attendu qu'il doit résulter de cette suppression, sous les conditions indiquées, des modifications moins profondes dans le système de la connaissance.

En effet, bien que la physique ait deux grandes sections, l'optique et l'acoustique, dont les noms suffisent pour indiquer la dépendance où elles se trouvent de nos deux sens les plus élevés, il s'en faut que les liens de dépendance soient aussi étroits pour l'une que pour l'autre. Le son est causé par des vibrations qu'exécutent les particules des corps, dérangées de leurs positions d'équilibre ; vibrations très-rapides, mais dont pourtant la rapidité n'est pas telle qu'on ne puisse la mesurer sans le secours du sens de l'ouïe, indirectement et par le calcul, à cause des liaisons que la théorie a fait connaître entre la durée des vibrations et d'autres phénomènes susceptibles de mesure ; directement même, à l'aide de certains instruments ingénieux dont on doit l'invention aux physiciens modernes. Privé du sens de l'ouïe, l'homme continuerait d'être averti par la vue et le tact des mouvements vibratoires imprimés aux très-petites particules des corps ; et si ses facultés intellectuelles n'étaient d'ailleurs pas plus dénaturées que ne le sont celles du sourd-muet instruit, il arriverait, par les mêmes actes de l'esprit, à la même conception théorique des causes de ces mouvements vibratoires, aux mêmes formules mathématiques qui en sont la plus haute expression. Au fond, le physicien et le géomètre sont dans le cas du sourd-muet, pour tous les mouvements vibratoires dont la rapidité dépasse ou n'atteint pas certaines limites ; l'oreille est sourde aux mouvements vibratoires trop lents ou trop rapides, aux sons trop graves ou trop aigus ; ce qui n'empêche pas le physicien de les comprendre tous dans la même théorie, le géomètre de les lire tous dans la même formule, sans égard aux limites de cette échelle sensible, susceptible probablement de varier, par des causes organiques, d'un individu à l'autre et d'une espèce à l'autre.

Sans doute, pour les sons auxquels l'oreille est sourde, le physicien se trouve privé, non plus seulement d'un réactif délicat, servant à la manière des odeurs et des saveurs, mais d'un instrument de mesure, qui acquiert souvent une merveilleuse précision chez les personnes dont l'oreille, par l'effet des dispositions naturelles ou de l'habitude acquise, perçoit avec une grande justesse les intervalles musicaux ; et nous accordons volontiers qu'il serait difficile à un sourd-muet, non pas de professer l'acoustique (comme l'aveugle Saunderson professait l'optique), mais d'y briller par le talent de l'expérimentation comme un Chladni ou un Savart. Sans doute aussi, quoiqu'une formule mathématique contienne virtuellement tous les détails d'un phénomène, il y a telle conséquence qui échapperait, si l'expérience sensible n'attirait notre attention, et même tel fait qu'on a bien de la peine à lire dans la formule, après que le résultat de l'expérience nous a forcés d'y réfléchir longuement. Mais, encore une fois, il s'agit ici des conditions essentielles de la connaissance ; et à ce point de vue, tout ce qui se trouve virtuellement compris dans l'énoncé d'une loi, tout ce qui peut en être tiré par les seules forces du raisonnement, est censé nous être donné par la connaissance de la loi même. Il ne s'agit pas du résultat auquel peut atteindre tel ou tel homme, selon la mesure de ses forces individuelles : il s'agit du résultat auquel la raison humaine peut parvenir, et doit parvenir, si aucun obstacle accidentel ne vient arrêter son progrès indéfini.

La sensation d'un son isolé n'est pas plus propre qu'une sensation de saveur ou d'odeur à nous donner l'idée de la cause qui la produit, quoique nous ayons tout lieu de croire que la modification physique de la fibre nerveuse, à laquelle se rattache la sensation du son, consiste dans un mouvement vibratoire, de sorte qu'elle conserve une grande analogie avec le phénomène extérieur qui la détermine. En effet, les vibrations de la fibre nerveuse, comme celles du corps sonore, se succèdent si rapidement, que nous ne pouvons avoir aucune conscience de leur distinction ni de leur succession. Mais, lorsque l'oreille est simultanément frappée de deux ou de plusieurs sons qui ont entre eux un intervalle musical défini (dont l'un est, par exemple, l'octave ou la quinte de l'autre), un rapport simple s'établit entre les divers mouvements vibratoires dont la fibre nerveuse est le siége comme entre les mouvements vibratoires des divers corps sonores ; et la conscience qui n'a pas la faculté de compter ou de distinguer les vibrations une à une, est au contraire très-capable de saisir la régularité des périodes auxquelles sont assujetties les vibrations de la fibre nerveuse. Voilà pourquoi l'oreille n'est plus seulement un réactif, mais aussi un instrument de mesure, lorsqu'il s'agit de comparer entre eux des sons musicaux. Nous nous rendons ainsi compte du plaisir que l'oreille trouve dans les consonnances harmoniques et de son aversion pour les dissonances, tandis que nous n'avons pas la moindre idée des causes physiques de l'attrait ou de la répugnance que nous éprouvons pour une saveur ou pour une odeur. En nous élevant dans l'échelle des sens, nous trouvons que la sensation commence à acquérir une valeur représentative, et à cesser d'être une simple affection, incapable de nous rien apprendre sur la nature des causes productrices.

102. — De même que le sens de l'ouïe contribue de deux manières à l'accroissement de nos connaissances et à la génération de nos idées; d'abord d'une manière directe, par la perception des sons et des divers phénomènes qui sont du ressort de l'acoustique; puis d'une manière indirecte et plus générale, en déterminant la construction de l'instrument du langage, à l'aide duquel nous formons et communiquons nos pensées, de quelque nature qu'elles soient ; de même le sens de la vue doit être étudié sous deux aspects : d'une part, en tant qu'il nous donne directement, par une sensation *sui generis*, la perception de la lumière, des couleurs et de tous les phénomènes dont la théorie constitue la science de l'optique; d'autre part, en tant qu'il contribue indirectement à nous faire connaître

l'universalité des phénomènes du monde physique, en mettant à notre disposition le flambeau qui les éclaire tous; puisque, de l'action des corps sur la lumière, résulte pour nous la manifestation de l'existence de ces corps, de leurs formes, de leurs dimensions, de leurs mouvements, et des modifications qu'ils subissent par leurs actions réciproques. De ces deux fonctions du sens de la vue, l'une directe et spéciale, l'autre indirecte et générale, laquelle constitue la vision proprement dite, celle-ci doit être mise en première ligne : car, bien que la lumière soit en elle-même un très-digne objet d'étude, et quoique l'œil dût encore passer pour un organe très-précieux, quand il ne servirait qu'à nous révéler l'existence et quelques-unes des propriétés d'un agent naturel de cette importance, il est assez clair que ce n'est point là sa destination propre, et que la nature nous a donné, comme aux animaux, des yeux pour voir les objets que la lumière éclaire, et nullement pour nous procurer la satisfaction de pénétrer plus ou moins dans la connaissance de la nature de la lumière et des lois qui régissent les phénomènes d'optique. Or, il faut remarquer que l'acte de la vision ne dépend essentiellement, ni de la nature intime du principe lumineux, ni de son mode spécial d'action sur la fibre nerveuse, ni de l'espèce de sensation qui est immédiatement liée à ce mode d'action. La rétine pourrait devenir insensible aux rayons du spectre solaire qui lui envoient maintenant les diverses sensations de couleurs, et recevoir par des rayons actuellement invisibles (comme nous savons qu'il en existe en deçà et au delà des limites du spectre visible) des sensations dont nous n'avons présentement nulle idée, sans que cela altérât les conditions essentielles de la visibilité des corps, savoir : le rayonnement indéfini en tous sens suivant des lignes droites, la réflexion et le brisement des rayons au passage d'un milieu dans un autre. Toute irradiation assujettie à ces lois géométriques, quoique d'ailleurs physiquement distincte de l'irradiation lumineuse, pourrait, comme la lumière, se prêter au jeu d'un instrument destiné à percevoir les corps à distance, pourrait être l'intermédiaire de ce *toucher à distance,* tout-à-fait indépendant de la sensation *sui generis* qui s'y associe, et qui résulte (sans que nous sachions comment) tant de la nature intime des divers rayons du spectre lumineux, que de la structure spéciale des tissus nerveux de la rétine et du nerf optique.

Les suppositions que nous faisons, pour le besoin de notre analyse, ne sont pas purement gratuites : il y a des anomalies organiques qui suffiraient pour en suggérer l'idée. Les yeux de quelques personnes sont naturellement ou deviennent accidentellement insensibles à certaines couleurs. On cite des cas où la distinction des couleurs paraissait être entièrement abolie, et où les images des corps éclairés continuaient d'être perçues à la manière des figures d'une estampe ou d'une peinture en grisaille. Les sujets chez qui la vision s'opérait dans ces conditions anomales peuvent se comparer à ceux chez qui la distinction des saveurs est abolie, quoiqu'ils perçoivent encore, en prenant leurs aliments, les impressions du chaud et du froid et les autres sensations tactiles. Ce qu'il y a de fondamental dans la fonction et dans la sensation qui l'accompagne subsiste encore, même après la suppression ou l'émoussement de cette sensibilité spéciale et accessoire que la nature emploie, dans cette circonstance comme dans bien d'autres, pour l'excitation du sujet sentant ou la parure de l'objet senti, de manière à atteindre plus complétement ou plus sûrement la fin en vue de laquelle tout l'organisme fonctionne.

Lorsque nous plaçons devant nos yeux des verres colorés, ou lorsque nous éclairons les objets avec une lumière privée artificiellement de quelques-uns des rayons qui entrent dans la composition de la lumière solaire, nous nous plaçons volontairement dans des conditions analogues à celles où se trouvent placés, par infirmité ou par maladie, les sujets dont nous parlions tout à l'heure ; et néanmoins la vision s'opère comme dans les conditions ordinaires, de manière à nous donner les mêmes idées des distances, des formes et des dimensions des corps, et en général de tous les phénomènes du monde physique, excepté seulement ce qui tient à la coloration des corps et des images. Nos théories de mécanique, d'astronomie, de physique générale, de chimie, de physiologie, seraient absolument les mêmes, quand la nature aurait compris dans l'étendue du spectre solaire visible pour nous un rayon de moins ou un rayon de plus, ou quand, sans modifier la sensibilité de notre organe, elle aurait changé la nature du flambeau, en substituant à notre soleil une de ces étoiles qui nous paraissent rouges ou vertes, ou dont la lumière, sans offrir des différences aussi saillantes, se trouve pourtant, par l'analyse qu'on en fait avec le prisme, autrement composée que ne l'est la lumière solaire.

On doit au physicien Brewster une théorie ingénieuse, d'après laquelle les teintes graduées du spectre solaire seraient dues à la superposition de trois spectres, rouge, jaune et bleu, pour chacun desquels la lumière est de même teinte partout, mais d'intensité variable d'un point à l'autre : de sorte que, les points où chaque teinte atteint son *maximum* d'intensité n'étant pas les mêmes, c'est tantôt une couleur et tantôt l'autre qui domine dans le spectre formé par la superposition et le mélange des trois spectres élémentaires. Suivant cette théorie que nous n'avons point à discuter, mais qu'il nous est permis de citer à titre d'exemple hypothétique, il y aurait, non pas une lumière, mais trois lumières distinctes auxquelles l'œil de l'homme serait sensible, trois sortes d'irradiations ou d'effluves, affectées, pour ainsi dire, au service de la vision, parmi d'autres irradiations qui n'y concourent pas, mais qui produisent d'autres effets physiques, chimiques ou physiologiques, parfaitement certains. Et dans cette manière de nous rendre compte des choses, nous comprendrions encore mieux combien est accessoire et accidentel, dans l'acte de la vision, le phénomène de la distinction des couleurs dont l'échelle serait renversée par un simple déplacement des points qui correspondent au *maximum* d'intensité de chacune des teintes élémentaires. Il n'y a de là qu'un pas à la suppression de l'une ou de l'autre de ces trois effluves visibles, ou à la substitution de l'une des effluves actuellement invisibles à l'une des effluves actuellement visibles.

Certes, nous ne tombons pas dans la puérilité de croire qu'on puisse proposer des hypothèses et imaginer des plans propres à remplacer le plan de la nature. Il y a sans doute de bonnes raisons pour que nos sensations et les causes de nos sensations soient ce qu'elles sont, jusque dans leurs moindres détails. Il s'agit seulement de distinguer (ce qui est possible et permis à la raison) les conditions essentielles et fondamentales d'un phénomène d'avec les conditions accessoires et de perfectionnement ; il s'agit aussi de reconnaître qu'ici les conditions essentielles sont des conditions géométriques et non physiques, des conditions de forme et non des conditions d'étoffe ou de matière (1).

103. — Qu'arriverait-il donc si l'œil cessait d'être sensible aux rayons visibles qui lui donnent maintenant la sensation de telle couleur déterminée, ou si les limites du spectre visible venaient à être resserrées davantage? Évidemment, ce qui arrive pour les rayons actuellement invisibles, et dont nous ne laissons pas que de constater l'existence, par suite des actions qu'ils exercent sur l'aiguille aimantée, sur le thermomètre, sur les réactifs chimiques, à l'égard desquels nous parvenons même à constater des lois de réflexion, de réfraction, de polarisation, tout-à-fait identiques ou analogues à celles qui régissent les rayons visibles. Ainsi, il en est au fond des sensations de couleurs comme des sensations de sons, d'odeurs, de saveurs : elles pourraient être abolies, sans qu'il en résultât, de toute nécessité, aucune suppression dans le système de nos connaissances. La lumière, prise en masse, c'est-à-dire tout le système des rayons actuellement visibles, pourrait perdre son action spéciale sur la rétine, et passer ainsi à l'état d'effluve invisible, que nous pourrions encore, non-seulement arriver à la connaissance du monde extérieur et des corps à dis-

tance, mais même découvrir l'existence et les propriétés caractéristiques du principe lumineux rendu invisible, si d'ailleurs la rétine devenait sensible à une autre effluve soumise aux mêmes lois de rayonnement, et qui satisferait par conséquent aux conditions géométriques de la vision ou du toucher à distance. A la vérité, l'œil est pour les rayons actuellement visibles un réactif bien plus sensible, et (ce qui est encore d'une tout autre importance scientifique) un instrument de mesure bien plus précis que ne sauraient l'être le thermomètre, l'aiguille aimantée ou les préparations chimiques; de sorte qu'il y aurait, dans les hypothèses imaginaires où nous nous plaçons pour le besoin de notre analyse, bien plus de difficultés à créer la théorie de cette lumière invisible, qu'à créer la théorie de la chaleur sans la suggestion des sensations du chaud et du froid, les théories chimiques sans le secours des organes du goût et de l'odorat, ou même la théorie des vibrations des corps sans le secours du sens de l'ouïe. Mais, encore une fois, il s'agit pour nous, dans toute cette analyse, des conditions essentielles de la connaissance, de celles dont le défaut est une cause d'ignorance invincible, et non des circonstances accessoires qui facilitent les progrès des connaissances et en développent le germe naturel, de manière à les faire passer à l'état de théories scientifiques. La marche de toute la physique serait singulièrement entravée si nous ne possédions ni une substance solide et transparente, comme le verre, ni un métal liquide aux températures ordinaires, comme le mercure : ce qui ne veut pas dire qu'il faille, dans une critique des sources de la connaissance humaine, assigner un rôle fondamental à ces propriétés spécifiques et très-particulières, qui donnent, dans la pratique industrieuse des expériences, une importance très-grande au verre et au mercure.

Les sensations de couleurs sont d'ailleurs, à tous égards, comparables aux sensations du chaud et du froid, aux sensations de saveurs, d'odeurs et de sons. Elles sont dues souvent à un trouble intérieur du système nerveux, que ne provoque aucune excitation du dehors, ou à des irritations produites par l'électricité, par des lésions mécaniques, en un mot par d'autres causes que celles qui déterminent les mêmes sensations, dans l'état normal et habituel. Nous n'avons nulle idée des rapports qu'il peut y avoir entre la nature spécifique de chaque rayon de lumière et la sensation spéciale de couleur dont il est la cause déterminante ou provocatrice. La sensation de couleur, comme celle de saveur, n'a en elle-même aucune vertu représentative ; et l'une ne nous instruit pas plus sur la constitution spécifique du rayon lumineux, que l'autre ne nous instruit sur la constitution moléculaire de la substance sapide.

On a comparé quelquefois l'échelle des couleurs du spectre solaire à la gamme des tons musicaux, et l'harmonie ou le contraste de certaines couleurs aux consonnances ou aux dissonances musicales ; mais ces comparaisons sont très-inexactes, notamment au point de vue de l'analyse qui nous occupe, en ce qu'elles tendraient à établir un parallélisme entre deux sens dont l'un, celui de l'ouïe, est sous ce rapport très-supérieur à l'autre. En effet, dans le mode même d'ébranlement des ramifications du nerf auditif, qui se mettent à vibrer à l'unisson des vibrations du corps sonore et des milieux ambiants, nous avons trouvé (101) une raison pour que l'oreille perçoive les rapports numériques des tons ou leurs intervalles musicaux. Ce n'est pas que l'oreille puisse nombrer ces vibrations, si rapides qu'elles se succèdent par centaines dans le court intervalle d'une seconde; ce que l'oreille saisit ou nombre à sa manière, à cause de l'exacte correspondance des vibrations du nerf acoustique avec les vibrations du corps sonore, ce sont des rapports très-simples entre ces grands nombres qui échappent à la perception directe, l'un étant, par exemple, double, ou triple, ou quadruple de l'autre. En conséquence, l'oreille n'est pas seulement le siége d'affections agréables ou désagréables; elle est un instrument de perception immédiate des intervalles musicaux, la sensation ayant par elle-même une valeur représentative qui tient encore à un caractère de forme, savoir, au retour périodique des mêmes impressions, et non à la nature de l'impression produite. Aussi la perception de l'intervalle musical reste-t-elle la même, quelle que soit la hauteur absolue des tons comparés, ou leur timbre, ou leurs autres qualités accessoires, qui modifient la sensation dans ce qu'elle a de purement affectif. C'est une propriété tout-à-fait éminente du sens de l'ouïe, que la vertu qu'il a de dégager ainsi, du fond ou de l'*étoffe* de la sensation, un rapport abstrait et mathématique, lequel (comme le langage même l'indique assez, et comme l'histoire de la philosophie le témoigne) est devenu le type de nos plus hautes conceptions sur l'ordre et sur l'harmonie des êtres. Le sens de la vue ne possède point un tel pouvoir à l'endroit de la perception des couleurs. L'association de certaines couleurs peut le flatter ou lui déplaire, comme l'association de certaines voix, de timbres différents, flatte ou déplaît dans un concert; comme l'association de certaines saveurs plaît ou déplaît à l'organe du goût : mais, bien qu'on puisse assigner des raisons physiques à ce qu'on a nommé l'harmonie ou le contraste des couleurs, la sensation de l'harmonie des couleurs n'est pas, comme celle de l'intervalle musical, la perception d'un rapport mathématique qui resterait le même, quand les termes du rapport, c'est-à-dire les couleurs associées, viendraient à changer. En admettant, ce qui est douteux, que l'accident de la couleur soit lié à la rapidité des vibrations de l'éther, il resterait certain que l'un n'est en aucune façon la représentation de l'autre; que, par suite, non-seulement l'œil est incapable de compter les vibrations de l'éther, dont la rapidité est hors de toute proportion avec celle des mouvements vibratoires des corps pondérables, mais de plus qu'il est inhabile à saisir des intervalles harmoniques ou des rapports simples entre ces nombres, sous l'énormité desquels l'imagination succombe.

104. — Il faut maintenant reprendre l'étude du sens de la vue dans sa fonction générale, qui constitue la vision proprement dite, et que nous avons reconnu être fondamentalement indépendante de la distinction spécifique des rayons et des couleurs. Or, on est frappé dès l'abord de cette circonstance, qu'autant nous ignorons les rapports entre les sensations de saveurs, d'odeurs, de couleurs, et les causes qui les déterminent à être ce qu'elles sont spécifiquement, autant la cor-

rélation entre la chose perçue et la constitution de l'organe de perception devient manifeste quand il s'agit de la perception d'une étendue colorée, non pas en tant que colorée, mais en tant qu'étendue. La rétine est un *tableau sentant* : ce mot dispense de tout commentaire. C'est le cas d'appliquer au sens de la vue les remarques que nous appliquions tout à l'heure au sens de l'ouïe. Nous n'apercevons rien qui puisse lier la sensation de tel timbre de son à tel mode d'excursion vibratoire des particules du corps résonnant, pas plus que nous n'apercevons ce qui lierait les sensations de jaune et de vert à l'action de tels rayons du spectre, ou telle saveur à l'action chimique des molécules de telle substance. Aussi de pareilles sensations sont-elles affectives, et non point représentatives. Mais, dans le mode même d'ébranlement des fibres du nerf auditif, nous trouvions une raison, tirée de la correspondance et du synchronisme des vibrations, pour que l'oreille eût la représentation immédiate et par suite la perception directe des rapports numériques ou des intervalles des tons; et, dans le mode même d'épanouissement du tissu nerveux dans la rétine, nous trouvons une raison bien plus immédiate encore, bien plus apparente, pour que l'œil perçoive les relations géométriques, les rapports de situation et de grandeur entre les objets d'où émanent les rayons lumineux ; sauf, bien entendu, les altérations de perspective dont le redressement est l'objet d'une éducation ultérieure du sens de la vue, sur laquelle les psychologues ont assez disserté, et dont nous ne nous occupons pas en ce moment. La vertu représentative résulte, dans un cas comme dans l'autre, de ce que le phénomène de sensation est la traduction ou l'image du phénomène extérieur, non quant au fond ou à l'étoffe, mais quant à la forme, sur laquelle seule porte la représentation.

Si nous avons pu concevoir le retranchement successif des sens du goût, de l'odorat et de l'ouïe, et même l'abolition de la distinction des couleurs, sans que le système de nos connaissances en fût essentiellement modifié, sans que le germe d'aucune de nos théories scientifiques fût par cela même, et de toute nécessité, condamné à la destruction ou à l'avortement, il est manifeste que le retranchement du sens de la vision, en rendant l'acquisition d'une foule de connaissances absolument impossible, arrêterait de fait presque tout développement scientifique. Mais, ce qu'il faut bien remarquer, le système de nos connaissances en serait mutilé, et non désorganisé ou viscéralement altéré. Ce serait comme un arbre dont on a coupé les rameaux, qui a perdu sa parure, mais qui conserve son tronc et ses maîtresses branches. Inversement, si l'on rend le sens de la vision à un aveugle précédemment instruit par le seul secours du tact, dans une société d'aveugles comme lui, ses connaissances s'étendront, se développeront, s'orneront, sans qu'il se trouve dans la nécessité de reconstruire sur un plan nouveau la charpente qui les supporte. Un sens s'ajoutant à l'autre, des idées ne supplantent pas d'autres idées, mais des idées nouvelles s'ajoutent, ou plutôt s'ajustent aux idées anciennement acquises. Bien entendu que nous ne parlons que des idées auxquelles conduit nécessairement la perception sensible, éclairée par la raison, et non de celles qui tireraient leur origine d'inductions douteuses, ou que l'imagination créerait de toutes pièces, en dépassant les bornes de l'observation et de l'induction légitime.

Au lieu de supposer l'abolition brusque et totale de la vision ou du toucher à distance, on peut supposer que la vue se raccourcit progressivement, ou que la portée de ce toucher à distance est de plus en plus réduite. L'effet de cette myopie croissante pourrait bien être d'amener une gêne dans le jeu des fonctions animales, de priver le myope de la jouissance de certains spectacles, de lui interdire même certains genres d'études et de découvertes ; mais cela n'irait pas jusqu'à bouleverser le système de ses idées, et il concevrait les choses absolument comme les autres hommes pour qui le sens de la vue a conservé sa portée naturelle. A l'inverse, lorsque la découverte des divers instruments d'optique est venue étendre la portée naturelle de la vision chez l'homme, la matière de nos études et le fond de nos connaissances se sont accrus sans doute, mais la forme de nos connaissances ou la constitution essentielle de nos idées n'ont pas changé, pas plus qu'elles ne changent par la découverte de tout autre appareil de physique qui multiplie nos moyens d'observation. Il est arrivé seulement, comme il arrive encore à chaque découverte de ce genre, que nos observations, en s'étendant, ont donné lieu de signaler d'autres analogies, de saisir d'autres inductions, et par suite de modifier nos théories scientifiques dans ce qu'elles avaient de prématuré et d'hypothétique.

105. — Les psychologues ont agité la question de savoir si le sens de la vue, sans le concours de celui du tact, donnerait l'idée de l'étendue à deux ou à trois dimensions, ou même si les sensations qu'il procurerait dans cet état d'isolement suffiraient pour que le sujet

sentant conçût l'idée d'un monde extérieur et apprît à s'en distinguer ; question évidemment insoluble par l'expérience, et qu'on pourrait regarder comme étant de pure fantaisie, puisque l'hypothèse à laquelle elle se rapporte répugne non-seulement à l'organisation de notre espèce, mais au plan fondamental de l'animalité. Que serait-ce effectivement qu'un sens destiné à donner la perception des objets situés à distance, et auquel ne s'associerait pas la faculté de se porter vers les uns, de s'éloigner des autres, par conséquent la conscience de l'effort musculaire qui produit le mouvement, et le cortége de sensations tactiles qui accompagnent l'exercice de la puissance locomotrice? Ce serait une dérogation à l'harmonie générale de la nature, une combinaison monstrueuse, dépourvue de toute condition de stabilité. Étant donnés un appareil et une fonction fondamentale, on peut bien concevoir que des perfectionnements accessoires s'y ajoutent successivement ou qu'on les retranche successivement ; mais il serait absurde de supposer le perfectionnement accessoire en retranchant la partie fondamentale. En conséquence, et même en admettant que le raisonnement pût donner une solution non arbitraire de la question qui vient d'être indiquée, il n'y aurait à tirer de la solution quelle qu'elle fût aucune induction légitime, aucun argument pour ou contre les fondements de nos connaissances, puisque toutes les inductions légitimes doivent se tirer de la considération de l'ordre général de la nature (81), et non d'une hypothèse où l'on se mettrait en contradiction avec cet ordre général. Au reste, nous pensons que, s'il plaisait d'imaginer un animal intelligent, privé de locomotion et de sensations tactiles, et cependant pourvu d'un organe de vision, tel que ces yeux à pédoncules flexibles et rétractiles que la nature a donnés à certaines espèces inférieures, avec lequel il pourrait diriger en tous sens ses explorations au gré de sa volonté, et avec conscience de la direction volontaire, il faudrait regarder un pareil être comme habile à acquérir la notion de l'*extériorité* des choses. Il faudrait supposer qu'il parvient peu à peu à démêler dans les changements de perspective ce qui est dû au déplacement des objets perçus sur lesquels sa volonté n'a aucune prise, d'avec ce qui provient du déplacement volontaire de l'organe de perception; de sorte que, s'il n'arrivait pas à une conception nette de l'espace dans ses trois dimensions, il se ferait au moins l'idée d'une étendue à deux dimensions ou d'une sorte de surface arrondie sur laquelle il projetterait toutes les images, sans tenir compte de la distance où elles peuvent être de lui : idée assez semblable à celle qu'un enfant ou qu'un peuple enfant peuvent se faire de la voûte du ciel. Mais nous ne voulons pas insister davantage sur une discussion si inévitablement entachée de vague et d'arbitraire [1].

106. — Il vaut mieux poursuivre notre analyse et aborder enfin l'étude du sens du tact, qui n'est pas, comme les quatre autres, un sens spécial, et qui ne réside point dans un organe distinct, mais que l'on doit regarder comme l'appareil général de la sensibilité, comme l'animal lui-même entrant en communication

---

[1] Voyez le *Traité des sensations* de Condillac ; l'article de Reid, intitulé : *Géométrie des visibles*, t. II de la trad. franç. de ses œuvres, p. 186 et suiv., mais surtout le *Manuel de physiologie* de J. Muller, t. II de la trad. franç. de Jourdan, p. 270 et suiv.

avec le monde extérieur par tous les points de son enveloppe sensible. Ici la sensibilité propre de la fibre nerveuse n'est pas exaltée pour la perception des impressions les plus délicates ; elle est plutôt émoussée, affaiblie par des organes protecteurs. De là des variétés innombrables dans les impressions tactiles, selon les variétés de configuration, de structure et de fonctions des organes de l'animal et des téguments qui les protégent.

On a distingué avec raison le toucher passif, ou la nue sensation du contact, d'avec le toucher actif ou le tact proprement dit. Le sens du tact fait encore par là contraste avec les autres sens. Ce n'est pas qu'il y ait des sensations absolument passives : l'action et la réaction sont inséparables, dans l'ordre des phénomènes physiologiques comme dans tout autre, et le nerf optique ou le nerf olfactif ne peuvent être affectés par la lumière ou par les particules odorantes, sans qu'il y ait une réaction de la fibre nerveuse, qui sert à faire comprendre, quoique bien imparfaitement encore, le phénomène de l'attention et celui de la persistance ou de la reproduction des émotions et des images. De même, toutes les sensations peuvent provoquer et sont en général destinées à provoquer des mouvements qui offrent la manifestation la plus nette de l'activité de l'animal ; mais, tandis que les mouvements qui se produisent à la suite d'une sensation de saveur ou d'odeur ne contribuent pas pour l'ordinaire, ou contribuent peu, soit à renforcer la sensation, soit à la rendre plus nette, les sensations tactiles ont pour effet ordinaire de provoquer des mouvements par suite desquels ces sensations se répètent, s'étendent ou se localisent, jusqu'à ce qu'elles aient atteint le degré de netteté que l'animal recherche en exécutant ces mouvements. Le sens du tact devient ainsi un instrument plus sûr de perception, parce qu'il est plus susceptible de direction volontaire; et il doit cette prérogative, précisément au caractère d'infériorité de la sensibilité tactile, dans l'ordre anatomique et physiologique, qui fait que cette sensibilité n'est pas exclusivement dévolue à des organes d'une perfection toute spéciale. D'ailleurs, tous les animaux sont pourvus d'organes plutôt singuliers que spéciaux, dans lesquels se montrent davantage la finesse et l'activité du toucher, comme les mains de l'homme, la trompe de l'éléphant, les moustaches du chat, les tentacules de l'insecte : et à cet égard il y a de grandes différences entre les espèces les plus voisines, parce que les modifications portent sur des appareils accessoires qui n'ont ni la fixité ni la valeur caractéristique réservées aux traits profonds et fondamentaux de l'organisme, quoiqu'elles aient la plus grande influence sur les mœurs des espèces, et qu'elles se trouvent en relation bien évidente avec le milieu où ces espèces doivent vivre, avec leurs divers instincts de chasse ou de propagation. Ces mêmes modifications accessoires ne sont pas non plus de nature à changer les conditions fondamentales de la connaissance, ni les caractères essentiels de la perception. C'est avec grande raison sans doute que tous les naturalistes, depuis Aristote, ont vu, dans l'admirable structure de la main de l'homme, une des causes de la prééminence de notre espèce, une de celles qui ont efficacement concouru, non-seulement au développement de son industrie, et par suite à sa puissance de fait sur la nature, mais encore au développement de ses facultés intellectuelles et morales dont la supériorité donne à cette puissance de fait la consécration du droit. Tout se lie, tout se coordonne merveilleusement dans l'économie des œuvres de la nature : elle donne à la fois la supériorité intellectuelle et les instruments mécaniques que doit manier l'intelligence. Néanmoins, en reconnaissant cette harmonie providentielle, il faut toujours distinguer le principal de l'accessoire, l'essentiel de l'accidentel. De ce qu'il serait difficile, ou peut-être pratiquement impossible de se faire une réputation d'habileté en physique, en chimie, en anatomie, sans avoir reçu de la nature une certaine adresse manuelle, on ne conclura pas que l'adresse manuelle est ce qui fait essentiellement le grand physicien ou le grand anatomiste ; et personne ne s'est avisé de contester que les idées que se fait du monde extérieur un malheureux privé dès sa naissance de l'usage de ses mains, soient entièrement conformes à celles des autres hommes.

107. — Déjà nous avons reconnu que les sensations de chaud et de froid, qui font partie des impressions tactiles, pourraient être abolies sans que le système de nos connaissances en fût altéré ; que par conséquent elles ne contribuent pas directement et essentiellement à la connaissance : ce qui peut aussi se conclure *a priori* de ce qu'elles n'ont point en soi de vertu représentative. Il en faut dire autant de toutes ces affections de la sensibilité tactile qui restent obscures et confuses chez la plupart des hommes, mais qui acquièrent, dit-on, chez certains aveugles une finesse et une netteté surprenantes. Un homme distingue au toucher le poli du verre de celui du bois, du marbre ou du métal, tous ces corps étant supposés à la même température et à la température de la main. Un autre ira plus loin, et distinguera le poli du chêne de celui du hêtre, le poli du porphyre de celui du marbre statuaire, le poli de l'acier de celui du cuivre ; mais toutes ces sensations n'auront aucune vertu représentative et ne donneront aucune notion des variétés de structure moléculaire auxquelles il faut probablement les rapporter comme à leur cause. Il en sera de ces diverses sensations tactiles comme des sensations de saveurs, d'odeurs, de couleurs : elles pourraient être abolies, et de fait elles sont comme non avenues chez la plupart des hommes, sans que notre connaissance de la nature extérieure en soit le moins du monde amoindrie ; seulement nous n'aurions plus à notre disposition un réactif qui devient précieux, à défaut d'autres, pour indiquer à quels corps nous avons affaire, en supposant que nous ayons acquis d'ailleurs, sur la nature, la constitution et les propriétés de ces corps, des connaissances qu'il serait impossible de tirer des sensations dont il s'agit.

Quelques physiologistes allemands, entre autres Weber et Valentin, ont eu l'ingénieuse idée de mesurer avec précision le degré de finesse des impressions tactiles dans les diverses régions de la peau : pour cela on touche la peau, dans la région explorée, avec un compas dont les branches (garnies de liége à leur pointe, afin d'éviter toute lésion ou toute impression trop vive) sont inégalement écartées ; et l'on note l'écartement des pointes au moment où les impressions qu'elles produisent commencent à se distinguer l'une de l'autre. On a ainsi des nombres qui varient beaucoup d'une région à l'autre, et dont on peut former des tables, pour rendre les comparaisons plus faciles [1]. En suivant la même idée, imaginons qu'on ait circonscrit à la surface de la peau une région où les impressions tactiles acquièrent leur *maximum* de finesse et de netteté ; et cet organe aura une grande analogie avec la rétine, quoique sans doute il soit bien loin d'en pouvoir atteindre la prodigieuse délicatesse. Que l'on substitue aux tampons de liége des tampons de soie, de laine ou d'autres tissus, et l'impression tactile sera modifiée, comme l'est l'impression visuelle par la substitution d'une couleur à l'autre ; mais, la sensation changeant dans ce qui en constitue la matière ou l'étoffe, et dans ce qui n'a nulle influence sur la perception ou la connaissance, la forme essentielle de la sensation, à laquelle la vertu représentative est attachée, restera constante pour chaque organe, et, qui plus est, la même pour l'un et l'autre organe. Au lieu de deux pointes, on en peut concevoir un plus grand nombre agissant simultanément sur autant de points sensibles, étant d'ailleurs diversement espacées et affectant des configurations variables : au moyen de quoi, les sensations tactiles ainsi circonscrites seront capables d'engendrer la représentation d'une étendue superficielle ou à deux dimensions, dans les mêmes circonstances où cette représentation pourrait résulter de l'impression nue des rayons visuels sur la rétine (105). Elles pourront aussi donner lieu à des illusions comparables à celles qui affectent le sens de la vue, et dont on peut prendre une idée par cet exemple si connu,

---

[1] Voyez une de ces tables et les observations qui l'accompagnent, dans le *Manuel de physiologie* de MULLER. T. I, p. 606 de l'édit. franç. de 1845.

de la bille que l'on sent double, quand on la fait rouler entre deux doigts qui s'entrecroisent.

Maintenant, sans plus nous arrêter à ces suppositions arbitraires, rendons la sensibilité tactile à tous les organes par lesquels l'animal agit sur les corps extérieurs et sur le sien propre ; donnons-lui le sentiment intime de l'effort musculaire qui détermine les mouvements des organes ; permettons aux organes de céder aux sollicitations de l'instinct et à l'impulsion de la volonté, en venant s'appliquer dans leurs articulations, se mouler partiellement sur des corps résistants, par des contacts simultanés ou par des contacts successifs auxquels la faculté de réminiscence prête une quasi-simultanéité : et la représentation de l'espace sortira dans toute sa netteté de cette série de sensations complexes, par une raison de pure forme, quelle que soit d'ailleurs la nature *sui generis* des sensations tactiles de chaud ou de froid, de poli ou de rude, et lors même que ces sensations seraient remplacées par d'autres dont nous n'avons nulle idée, lors même que la conscience du mouvement produit résulterait d'une sensation autre que celle qui accompagne en nous la contraction et les efforts de la fibre musculaire. A la vérité, la résistance que les corps opposent au déploiement de la force musculaire ajoute à la représentation de l'espace et à la notion de l'*extériorité*, en suggérant à notre intelligence les idées de solidité, de matérialité, de masse, d'inertie, etc., qui nous servent à imaginer et à expliquer les divers phénomènes du monde physique. Voilà ce que ne pourraient nous donner les sensations visuelles, non plus que celles qui nous arrivent par le goût, l'odorat ou l'ouïe ; mais toutes les sensations tactiles de chaud et de froid, de poli et de rude, etc. ne nous les donneraient pas davantage, si elles n'étaient accompagnées ou suivies du déploiement de la force musculaire, sous l'action de cette branche du système nerveux qui préside aux mouvements volontaires; branche que l'on sait maintenant (par les découvertes de la physiologie moderne) être nettement distincte de la branche destinée à recueillir et à transmettre les diverses impressions sensorielles, aussi bien les sensations tactiles de chaud, de froid, de poli, de rude, que les sensations de couleurs, de sons, d'odeurs, de saveurs. Cette grande découverte physiologique vient merveilleusement en aide à l'analyse philosophique des sensations, en nous forçant de distinguer, dans le fait complexe que les psychologues ont désigné sous le nom de toucher actif, ce qui est vraiment une sensation, d'avec ce qui tient à l'exercice d'une fonction active, dévolue à un appareil organique parfaitement distinct de l'appareil des nerfs sensoriels, quoique en connexion nécessaire avec celui-ci. Or, pour le moment, nous ne nous occupons que des impressions sensorielles et des notions ou représentations qu'elles sont, par elles-mêmes, capables de donner. Nous examinerons plus loin la valeur représentative des notions physiques qui sont, pour notre intelligence, le produit moins immédiat de la conscience que nous avons des fonctions du système nerveux moteur, et du déploiement de notre force musculaire.

108.—Ainsi, en résumé, des cinq sens dont la nature a doué l'homme et les animaux supérieurs, et qui tous ont assurément une grande, quoique inégale importance dans l'ordre des fonctions de la vie animale, il n'y en a réellement que deux qui soient pour l'homme des instruments essentiels de connaissance ; et en tant qu'instruments de connaissance, ces deux sens s'identifient en quelque sorte ; ils sont homogènes ou ils procurent des représentations et des connaissances homogènes, savoir, la représentation de l'espace et la connaissance des rapports de grandeur et de configuration géométrique ; la vertu représentative étant, pour chacun de ces deux sens, attachée à la forme et indépendante du fond de la sensation, *ratione formæ* et non *ratione materiæ*. Les autres sens, ou les fonctions de ces deux sens à l'égard desquels ils doivent être réputés hétérogènes, ne contribuent à l'accroissement de la connaissance que d'une manière indirecte et accessoire, en fournissant des réactifs, c'est-à-dire des moyens de reconnaître la présence d'agents sur la nature et la constitution desquels nous ne savons que ce que des sensations douées de vertu représentative nous ont fait connaître. Le sens fondamental de la connaissance, le toucher actif, n'est pas attaché à un appareil spécial dont la nature se soit plu à doter certaines espèces privilégiées, dont les individus puissent être accidentellement privés, sans cesser d'être privés des moyens de se conserver et de commercer avec le monde extérieur : il est constitué dans son essence, sinon dans ses perfectionnements spécifiques et individuels, par ce qu'il y a de plus fondamental dans le type de l'animalité. La conséquence qu'on en doit naturellement tirer, c'est que d'autres sens, ou un surcroît de perfectionnement des sens que nous possédons, aideraient au progrès de nos connaissances, comme le font la découverte d'un nouveau réactif ou d'un instrument nouveau, et vraisemblablement nous mettraient sur la trace de phénomènes dont nous ne soupçonnons pas actuellement, dont peut-être on ne soupçonnera jamais l'existence ; mais sans changer pour nous les conditions formelles de la représentation et de la connaissance des phénomènes : de manière à modifier nos théories actuelles dans ce qu'elles ont de conjectural, et dans ce qui dépasse l'observation, mais non dans ce qui n'est que la pure coordination des faits observés. Nous n'entendons pas donner ceci pour une démonstration, ni même pour une induction de l'ordre de celles auxquelles la raison ne peut s'empêcher de céder, mais pour une induction très-probable à laquelle on a de bons motifs d'acquiescer ; non pas de ces motifs qui tiennent à la routine ou à l'habitude aveugle, mais de ceux qui ressortent d'une analyse raisonnée des faits observables. Lors donc qu'on nous parlera de certains états nerveux où les conditions organiques de la sensibilité semblent bouleversées ; où certains sens seraient suspendus, tandis que d'autres prendraient une exaltation anormale ; où même des sens inconnus dans l'état normal entreraient, dit-on, en jeu, nous nous abstiendrons sagement de nier les phénomènes dont nous ne pouvons dire autre chose, sinon que leur explication surpasse nos connaissances ; mais nous n'hésiterons pas à rejeter ceux qui impliquent le renversement des conditions essentielles de notre connaissance, lesquelles ne sont autres que les lois fondamentales des êtres animés, et sont elles-mêmes en rapport nécessaire avec les lois du monde au sein duquel les êtres animés vivent et agissent.

109.—Si nous retranchons de la sensation, ou de la réminiscence de la sensation, tout ce qui n'a en soi aucune vertu représentative, tout ce qui ne contribue pas à la connaissance, ou ce qui n'y contribue que par voie indirecte, à titre de réactif, ainsi qu'on l'a expliqué, tout ce qui pourrait ne pas s'y trouver, sans que la connaissance fût nécessairement arrêtée dans sa marche vulgaire ou dans ses progrès scientifiques, il restera l'*idée* ou la pure connaissance de l'objet. Si nous prenons au contraire la sensation complexe, l'idée avec ses accessoires, ou plutôt avec son support sensible, nous aurons ce qu'on peut appeler, par opposition, l'*image* de l'objet.

A ne consulter que l'étymologie, *idée* et *image* seraient des mots équivalents, empruntés, l'un au grec, l'autre au latin ; mais, parce que le premier n'a passé que plus tard dans notre propre langue, et qu'il est même resté longtemps confiné dans le vocabulaire philosophique, l'usage, en variant les acceptions de l'un et de l'autre terme, a toujours rattaché le premier à des fonctions intellectuelles d'un ordre plus élevé.

Suivant l'étymologie, les mots *idée*, *image*, ne devraient non plus s'appliquer qu'aux impressions reçues par le sens de la vue et aux réminiscences de ces impressions. On transporterait, pour ainsi dire, dans le cerveau ou dans l'esprit le tableau qui vient se peindre sur la rétine quand l'œil est ouvert aux rayons lumineux. C'est là sans doute un moyen bien grossier de se rendre compte de la perception des objets visibles et de leur représentation dans l'esprit ; mais il n'y en a pas qui s'offre plus naturellement, et en recourant à cette métaphore, l'homme ne fait qu'obéir à la loi qui l'oblige à fixer par des signes ou par des comparaisons sensibles toutes les notions purement intelligibles.

Si le mot *image* et ses dérivés n'avaient jamais été détournés de cette acception originelle, la faculté d'imaginer serait inséparable de celle de percevoir les couleurs; il n'y aurait pas d'images pour les aveugles-nés; il n'y aurait d'images dans les écrits des poëtes que celles qui s'adressent aux yeux ou qui consistent dans la reproduction des impressions produites par des objets visibles. Les écrivains n'ont point observé cette distinction, et l'usage n'a pas tracé, dans le style familier ou littéraire, de démarcation rigoureuse entre les acceptions des deux termes *idée* et *image*. Généralement on emploie celui-ci pour désigner des perceptions venues plus immédiatement des sens; et l'autre, pour désigner celles qui ont exigé un concours plus actif des forces propres de l'esprit. Les traits d'une personne qui m'est chère, le son de sa voix sont des images présentes à ma pensée, et je conserve l'idée de sa bonté. On s'exprimera convenablement en disant de l'homme faible qui fuit le péril, qu'il est frappé de l'image de la mort; et du chrétien fervent, que l'idée de la mort est l'objet de ses méditations habituelles.

110. — Quant à nous qui avons besoin de nous faire un langage plus précis, nous le pourrons sans difficulté, à la faveur de la distinction établie plus haut, et de l'analyse qui a préparé et motivé cette distinction bien nette. Ainsi, toutes les idées sur les formes et les dimensions des corps seront les mêmes pour un aveugle-né que pour un clairvoyant, quoique le premier imagine certainement les corps d'une autre manière que le second, indépendamment de tous les accidents de lumière, d'ombre et de couleur, dont l'habitude ne nous permet pas de les dépouiller tout à fait en nous les représen-

tant, même lorsque notre attention se concentre sur des qualités ou des propriétés indépendantes de tout accident de lumière. L'aveugle-né et le clairvoyant, en pensant à une démonstration de géométrie, construiront idéalement la même figure, en auront la même idée, mais non pas la même image ; et parce que tous deux pensent à l'aide de cerveaux organisés à peu près de même, ils auront tous les deux besoin d'images, mais non de la même image, pour penser la même idée.

L'idée que le clairvoyant aura des corps sera plus complète que celle qu'en pourrait acquérir l'aveugle-né livré à lui-même, parce que le premier aura l'idée de la propriété inhérente à ces corps de renvoyer des rayons lumineux, distingués des autres rayons par certains caractères intrinsèques, comme seraient celui de posséder tel indice de réfraction, celui d'exercer telle action chimique ; mais la sensation de couleur, en entrant dans la formation de l'image que le clairvoyant se fait des corps, n'entrera pas dans la formation de l'idée, bien qu'elle ait suggéré un des éléments de l'idée.

Le sourd-muet, suffisamment instruit, aura des phénomènes de l'acoustique la même idée que nous ; un homme que son organisation rendrait insensible aux impressions de chaleur et de froid pourrait, comme on l'a expliqué, avoir toutes les idées que nous avons du principe de la chaleur et de ses effets ; mais l'image qu'il s'en ferait, l'image des phénomènes de l'acoustique pour le sourd-muet, n'impliqueraient que des mouvements, des changements de distance et de configurations ; elles seraient dépouillées de ce cortége d'impressions sensibles que réveillent en nous, quelque faiblement que ce soit, les seuls mots de chaleur et de son.

111. — Il y a une analyse qui sépare les objets, et une analyse qui les distingue sans les isoler. Ainsi, dans l'expérience du prisme réfringent, des rayons de couleurs différentes, qui jusque-là s'étaient constamment accompagnés, se trouvent brisés inégalement, et par suite séparés dans le surplus de leur trajet : voilà un exemple de l'analyse qui sépare ou qui isole. Mais supposons, comme l'a pensé ingénieusement Brewster, en construisant l'hypothèse déjà citée (102), que des rayons diversement colorés aient le même indice de réfraction ; il n'y aura aucun moyen de les isoler, de manière à leur faire décrire des trajectoires différentes. Si pourtant de certains milieux ont la propriété d'éteindre les rayons de certaines couleurs, sinon totalement, du moins dans une proportion croissant avec l'épaisseur du milieu traversé, on pourra encore distinguer l'un de l'autre deux rayons qui auraient la même marche, épurer successivement le mélange par rapport à l'un et par rapport à l'autre, en conclure, par une induction légitime, et dont le principe a été exposé ailleurs (46 et suiv.), ce que donnerait l'observation, s'il était possible d'éteindre totalement le rayon qui ne comporte qu'une extinction partielle et graduelle.

C'est une analyse de cette seconde espèce qui peut s'appliquer à la distinction de l'idée pure et du cortége d'impressions sensibles qui l'accompagne nécessairement, par une loi inhérente à la constitution de l'esprit humain, parce que l'esprit humain n'est pas une intelligence pure, mais une intelligence fonctionnant à l'aide d'appareils organiques ; parce que la vie intellectuelle est dans l'homme étroitement unie à une nature animale d'où elle tire ce qui doit la nourrir et la fortifier. Nous pouvons, sinon dégager complétement l'idée, du moins l'épurer successivement, affaiblir graduellement l'impression sensible ou l'image qui y reste unie dans les opérations de la pensée, et reconnaître clairement que, ni les caractères essentiels de l'idée, ni les résultats des opérations de la pensée ne dépendent, soit de l'espèce, soit de l'intensité de l'image ou de l'impression sensible. La nature elle-même, en émoussant graduellement certaines impressions sensibles, par le seul effet de l'habitude, se charge de préparer cette analyse que doit ensuite compléter un jugement de la raison qu'on a exprimé dans cet adage aussi vrai qu'énergique : *Summum principium remotissimum a sensibus.*

112. — A la nécessité de donner un corps à l'idée, par l'emploi d'images sensibles, tient la nécessité des signes d'institution, qui jouent un si grand rôle dans le développement de l'esprit humain, et sur la nature desquels nous aurons lieu de faire par la suite des observations importantes. Dès à présent nous pouvons remarquer que l'impression sensible des sons de la voix articulée ou des caractères de la parole écrite s'émousse d'autant plus par l'habitude, et par conséquent dérobe à l'idée une part d'autant moindre de l'attention, que la langue parlée ou écrite nous devient plus familière, sans que jamais l'idée puisse se passer tout à fait du support de l'impression sensible, même lorsque nous ne nous servons du langage que pour converser avec nous-mêmes et pour le besoin de nos méditations solitaires.

On entend ordinairement par imagination une faculté éminemment active et créatrice, une aptitude à saisir avec vivacité et à exprimer avec énergie, par des images empruntées à la nature sensible, les émotions de l'âme et les inspirations du cœur. Mais, au-dessous de cette faculté poétique, il y en a une autre moins brillante, et qui consiste aussi à pouvoir associer des images sensibles, pour le besoin de la pensée, aux idées souvent les plus arides et les moins faites pour exciter l'enthousiasme et émouvoir les passions du cœur humain. Les hommes possèdent cette faculté à des degrés très-inégaux, selon qu'elle est perfectionnée par l'exercice ou émoussée par l'inaction, et, bien probablement aussi, en conséquence de quelques variétés individuelles d'organisation. Tel se représente facilement et distinctement un polygone régulier de six, de sept, de huit côtés; tel autre ira plus loin; mais personne ne peut se faire l'image d'un polygone de mille côtés, et il faut, pour y penser, l'emploi des signes artificiels; et cependant les propriétés de ce polygone sont aussi bien connues du géomètre, l'idée qu'il s'en fait est aussi claire que celles de l'hexagone et du carré. Nous nous représentons le mouvement d'un corps, pourvu que ce mouvement ne soit ni trop lent, ni trop rapide; mais nous ne nous formons aucune image du mouvement vibratoire d'un fil tendu qui exécute cinq cents oscillations par seconde, quoique nous ayions de ce mouvement une idée ou une connaissance aussi exacte que s'il était rendu cent fois plus lent, et que par là il donnât prise à la faculté d'imagination dont nous parlons. C'est au singulier développement de cette faculté qu'il faut rapporter certaines aptitudes merveilleuses, telles que l'aptitude à faire, de tête et très-rapidement, des calculs fort compliqués. Cette aptitude n'a rien de commun (comme des personnes, même instruites, sont tentées de le croire à la vue de semblables prodiges) avec le génie mathématique qui s'exerce sur les idées, qui découvre entre elles de nouveaux rapports, ni même avec le talent qui rend apte à suivre et à coordonner les découvertes du génie dans la région des idées, bien que d'ailleurs l'aptitude à imaginer puisse aider le génie ou le talent, comme pourrait le faire une mémoire heureuse, sans qu'on fût pour cela autorisé à dire qu'une mémoire heureuse est la cause déterminante du talent ou du génie. Nous ignorons tout à fait les causes organiques d'une mémoire plus heureuse ou d'une plus grande aptitude à retenir et à construire les images des choses ; mais nous les connaîtrions que nous serions probablement encore très-loin de connaître les causes organiques de la supériorité du génie opérant sur les idées, si tant est que cette supériorité soit imputable à des modifications organiques.

La question de savoir si l'animal, si l'enfant en bas âge ont des idées, reviendra pour nous à celle de savoir si quelque connaissance des objets extérieurs et des qualités qui compètent à ces objets se joint, chez l'animal et chez l'enfant, aux images ou aux impressions de la sensibilité ; et comme nous ne doutons pas qu'il n'y ait pour l'animal et pour l'enfant un commencement de connaissance, nous admettrons sans hésitation qu'ils ont des idées, incomparablement moins épurées, moins nettement distinguées de l'impression sensible, que ne le sont celles de l'homme, et surtout incapables chez l'animal de ce perfectionnement indéfini, de ce progrès continuel dont Dieu a réservé à l'homme le glorieux privilége. Et comme, d'un autre côté, nous n'entendons point par idée la capacité de connaître, mais une connaissance effective, il ne sera pas question pour nous d'idées à l'état latent, ni d'idées innées, puisqu'on ne peut pas douter raisonnablement que les premières traces de connaissance et de vie intellectuelle n'apparaissent après un développement déjà avancé des fonctions de la vie animale, et lorsque la sensibilité a déjà été sollicitée par une foule d'impressions diverses, tant générales que locales. Au reste, toutes ces questions sont connexes ; car c'est une loi de la nature vivante, des plus curieuses et des mieux établies maintenant, que les espèces supérieures passent dans leurs développements successifs par des phases, sinon identiques, du moins très-analogues à celles auxquelles s'arrêtent définitivement les espèces de rang inférieur ; et par conséquent, de ce qu'il y a des espèces bornées après leur complet développement aux impressions de la sensibilité la plus obscure, c'est déjà une forte raison de présumer qu'il doit y avoir, même pour les espèces les plus élevées, des phases transitoires dans lesquelles les impressions sensibles sont au même degré obscures et confuses. Mais nous nous contenterons d'indiquer ici ce rapprochement, devant y revenir plus tard, lorsque nous jetterons un coup d'œil sur l'ensemble de la psychologie et sur les connexions des facultés de la vie intellectuelle avec les facultés de la vie animale.

CHAPITRE VIII.

DE LA NOTION QUE NOUS AVONS DES CORPS, ET DES IDÉES DE MATIÈRE ET DE FORCE. — DES DIVERSES CATÉGORIES DE PHÉNOMÈNES PHYSIQUES ET DE LEUR SUBORDINATION.

113. — Les philosophes scolastiques et même, depuis les découvertes faites dans le champ de la physique expérimentale, les métaphysiciens modernes ont beaucoup insisté sur la distinction entre les *qualités premières* des corps et leurs *qualités secondes*; entendant par qualités premières l'étendue, l'impénétrabilité, la mobilité, l'inertie, et par qualités secondes celles qui produisent sur nos sens les impressions de saveurs, d'odeurs, de couleurs, de chaud, de froid, etc. Nous nous proposons de soumettre à une critique nouvelle et plus exacte cette classification consacrée par un si long usage; et d'abord nous remarquerons que, si l'on entendait par qualités premières celles dont nous ne pouvons nullement rendre raison à l'aide d'autres propriétés, et qui en ce sens constituent pour nous autant de faits primitifs ou irréductibles, il n'y aurait rien qui dût figurer parmi les qualités premières des corps à plus juste titre que ce que les philosophes ont coutume de désigner sous le nom de qualités secondes. En effet, nous avons déjà reconnu que les sensations de saveurs, d'odeurs, etc., sont autant de modifications de notre sensibilité, qui n'ont aucune valeur représentative; qui par elles-mêmes ne sau-

raient nous donner la notion des corps et de l'existence du monde extérieur, et qui n'impliquent aucune connaissance des raisons pour lesquelles elles se trouvent déterminées à être de telle espèce plutôt que de telle autre. En conséquence, la propriété qu'ont les corps de produire en nous de telles sensations est nécessairement une propriété inexplicable, et dont nous ne pouvons démontrer la liaison avec d'autres propriétés connues, lors même que l'expérience nous aurait appris qu'elle est constamment associée à d'autres propriétés. Ainsi, de ce qu'un corps nous a fait éprouver la sensation de saveur acide, nous pouvons bien conclure, en vertu d'expériences antérieures (99), qu'il doit avoir aussi la propriété de s'unir chimiquement aux bases salifiables et celle de se transporter au pôle positif de la pile, quand on décompose par un courant voltaïque le produit de cette union ; mais nous n'en restons pas moins dans une ignorance invincible sur la question de savoir pourquoi les composés chimiques, bien caractérisés par cette double propriété, agissent sur l'organe du goût de manière à nous procurer la sensation de saveur acide, plutôt qu'une sensation de saveur amère, âcre ou astringente. Les mêmes composés chimiques ont aussi la propriété de rougir le papier de tournesol ; et quoiqu'on ne puisse pas l'expliquer actuellement, il n'est pas impossible qu'on explique un jour pourquoi le papier de tournesol, attaqué par les acides, renvoie les rayons de lumière les moins réfrangibles, de préférence à ceux qui occupent une autre place dans l'étendue du spectre solaire ; mais ce qu'on n'expliquera jamais, c'est pourquoi les rayons les moins réfrangibles nous font éprouver la sensation de rouge plutôt que celle de bleu ou de jaune; c'est en un mot la liaison entre l'indice de réfraction du rayon et la nature de la sensation qu'il détermine. Non-seulement nous ne connaissons pas actuellement la cause d'une pareille liaison, mais la nature des choses s'oppose à ce que nous puissions la connaître, et il est permis d'affirmer que nous ne la connaîtrons jamais. En ce sens donc, et relativement à nous, les propriétés des corps en vue desquelles on a imaginé la dénomination de qualités secondes, sont justement celles qui méritent le mieux d'être qualifiées de faits primitifs ou irréductibles.

D'un autre côté, si, à défaut d'explications et de preuves, on tient compte des analogies et des inductions, il y a lieu de croire que les diverses qualités spécifiques par lesquelles les corps ou certains corps agissent sur notre organisme, loin d'être dans ces corps autant de qualités fondamentales dont toutes les autres dériveraient, ne se rattachent même pas le plus souvent d'une manière immédiate aux qualités vraiment fondamentales, et en sont au contraire séparées par un grand nombre d'anneaux intermédiaires, dans la chaîne des causes et des effets, des principes et des conséquences. Que l'écorce de quinquina ou la quinine qui s'en extrait aient la propriété de nous causer une sensation de saveur amère, en même temps que la propriété plus singulière et beaucoup plus intéressante pour nous, de couper la fièvre et d'en prévenir les retours périodiques, ce sont là des caractères accidentels, inexplicables ou inexpliqués, mais non pas primitifs, en ce sens qu'on serait tenté d'y voir la raison et le fondement des autres caractères. A peine remarquerions-nous de telles propriétés spécifiques, si nous n'y avions pas un intérêt tout particulier, s'il s'agissait d'un de ces végétaux qui ont des propriétés du même ordre, utiles ou nuisibles à certains animaux, mais non à l'homme. Or, c'est de la nature même d'un être, et non de ses rapports avec d'autres êtres sur lesquels il peut accidentellement agir, que doit se tirer la classification de ses propriétés diverses, selon leur importance intrinsèque et leur subordination réelle ; aussi n'attribuera-t-on pas aux deux propriétés spécifiques que l'on vient de citer, la même valeur intrinsèque qu'au caractère chimique tiré de la propriété dont jouit la quinine, d'entrer en combinaison avec les acides à la manière d'une base salifiable. Laissant donc de côté toutes ces propriétés spécifiques qui tiennent à une mystérieuse action sur notre organisme, et parmi lesquelles il faut ranger celles qui déterminent les diverses affections de notre sensibilité, nous distinguerons parmi les autres propriétés des corps, non pas des qualités premières et des qualités secondes, mais des qualités fondamentales ou primordiales et des qualités dérivées ou secondaires, qui peuvent à leur tour se concevoir comme étant hiérarchiquement distribuées, selon que leur valeur caractéristique va en s'affaiblissant et qu'elles sont un résultat moins immédiat des propriétés fondamentales.

114. — Lors même que nous ne savons nullement expliquer les propriétés des corps, ou les rattacher à d'autres propriétés qui en seraient le principe, nous sommes suffisamment autorisés à les regarder comme ne constituant pas des qualités fondamentales et absolument irréductibles, quand nous voyons qu'elles

manquent de persistance et qu'elles peuvent disparaître ou reparaître, selon les circonstances dans lesquelles le corps est placé et les modifications qu'on lui fait subir. Par la même raison, telle propriété sera réputée tenir de plus près à ce qu'il y a de fondamental et d'essentiel dans la nature du corps, ou s'en éloigner davantage, suivant qu'elle offrira plus de persistance ou d'instabilité. Par exemple, la substance que les chimistes modernes connaissent sous le nom de carbone, et qui s'offre à nous sous deux états si différents, à l'état de diamant et à l'état de charbon produit par la combustion des matières végétales ou animales, jouit sous ces deux états d'une grande fixité; c'est-à-dire qu'il est, sinon absolument infusible et non volatil, du moins très-difficile à volatiliser et surtout à fondre sous l'action de la chaleur la plus intense : voilà une qualité plus persistante et que dès lors on réputera tenir de plus près aux propriétés fondamentales du carbone, que la diaphanéité ou la dureté du diamant, avec lesquelles contrastent d'une façon si étrange l'opacité et la friabilité du charbon. Enfin, ce même caractère de fixité ou d'infusibilité disparaissant dans les composés chimiques dont le carbone est l'un des éléments, ne doit pas avoir la même valeur fondamentale que d'autres propriétés des corps en général, ou du carbone en particulier, qui restent inaltérables à travers toute la série des combinaisons chimiques dans lesquelles les mêmes particules de carbone peuvent être successivement engagées.

La minéralogie nous offrirait les exemples les plus variés de cette gradation des caractères. Ainsi la pierre calcaire ou (pour employer le nom scientifique) le carbonate de chaux nous présentera d'abord des variétés de structure terreuse, compacte, fibreuse, aciculaire, lamellaire, saccharine, oolithique, qui tiennent évidemment à des circonstances de formation tout à fait accessoires, et qui ne peuvent servir à caractériser nettement, ni cette substance à l'exclusion des autres, ni même les échantillons de cette substance où s'observe souvent le passage d'une structure à l'autre. Que si l'on étudie au contraire les formes cristallines du carbonate de chaux, qui sont prodigieusement multipliées et qui caractérisent autant de variétés bien définies de la même espèce minérale, on en démêlera une (celle du spath d'Islande) dont les autres peuvent être considérées comme autant de dérivations ou de modifications secondaires, et que pour cette raison l'on nomme forme fondamentale ou primitive : en sorte que la propriété d'affecter des formes cristallines, réductibles à ce type fondamental, constitue pour l'espèce minéralogique du carbonate de chaux un caractère bien autrement important que ne le sont pour les variétés ou pour les échantillons les caractères tirés de la structure fibreuse, lamellaire, etc. Toutefois ce type cristallin ne constitue lui-même qu'un caractère inférieur en valeur à ceux qui se tirent de la composition chimique de la substance : puisque, outre la foule de variétés cristallines du carbonate de chaux, réductibles au type du spath d'Islande, il y en a une autre, l'arragonite, dont le type cristallin est essentiellement différent, quoique sa composition chimique soit absolument la même. Ainsi dans ce cas comme dans tous les cas analogues de *dimorphisme*, l'élément ou la molécule chimique persiste, quand l'élément ou la molécule cristallographique est détruite et fait place à un autre. De quelque manière que nous concevions cette subordination de caractères, il reste constant que les caractères, en grand nombre, qui se lient à la composition chimique, l'emportent en importance sur les caractères, en grand nombre aussi, qui se lient au type cristallin. Il y a cristallographiquement deux espèces de carbonates de chaux, dont les caractères distinctifs sont fondamentaux par rapport à ceux qui distinguent les variétés à cristallisation régulière ou confuse ; et ces deux espèces se fondent en une seule espèce chimique dont les caractères ont une valeur encore plus fondamentale.

Autre chose est la subordination des caractères, en tant que généraux et particuliers, autre chose est leur subordination, en tant que fondamentaux et secondaires. Sans doute, à persistance égale, nous sommes avec raison portés à regarder comme plus fondamentale la qualité commune à un plus grand nombre de corps, et à plus forte raison celle qui appartiendrait à tous les corps sans exception. Mais, si telle qualité persiste dans telle espèce de corps, et y résiste à toutes les altérations qu'ils peuvent d'ailleurs subir, nous devrons la regarder comme plus fondamentale que celle qui est commune à un plus grand nombre de corps spécifiquement différents, quoiqu'elle ait moins de persistance dans chacun d'eux en particulier. Ainsi, bien que la propriété d'être solide aux températures ordinaires, ou celle d'être liquide, ou celle d'être gazeux aux mêmes températures, soient des propriétés dont chacune est commune à un grand nombre de corps, elle ne peuvent pas être réputées avoir l'importance ou la valeur caractéristique de celles qui n'appartiennent qu'à une espèce ou à quelques espèces de corps, mais qui y sont indestructibles, et qui résistent à toutes les causes sous l'influence desquelles les corps changent d'état, en passant de l'état solide à l'état liquide, et ainsi de suite.

C'est par des considérations et des inductions de ce genre, qu'en zoologie, en botanique, on assigne aux divers caractères des êtres organisés divers degrés d'importance ou de valeur, en tirant tous les éléments de cette classification des renseignements de l'observation, de la comparaison attentive des faits observés et de la force des inductions ou des analogies; tant il est évident qu'en pareille matière nous ne pouvons rien affirmer *a priori* sur les rapports de subordination entre des faits dont la première origine est couverte pour nous d'un voile si épais!

115. — Il n'en est pas de même, au sujet des propriétés ou qualités des corps que l'on appelle inertes, pour lesquels nous nous trouvons en présence d'une croyance naturelle à l'esprit humain, d'un préjugé commun aux philosophes et au vulgaire, et qui consiste à admettre *a priori* l'existence de certaines propriétés ou qualités fondamentales, communes à tous les corps, en constituant l'essence, et devant contenir la raison ou l'explication de toutes les propriétés secondaires : soit que nous puissions ou non donner cette explication dans l'état actuel de nos connaissances. C'est de cette croyance naturelle ou de ce préjugé philosophique qu'il faut tâcher de rendre raison : il faut en discuter la légitimité, en profitant pour cela de tous les renseignements dont nous sommes redevables aux progrès de

l'expérimentation et au perfectionnement des sciences.

En tête de la liste des qualités premières ou fondamentales on a coutume de mettre l'étendue et l'impénétrabilité. Mais d'abord la notion vulgaire de l'impénétrabilité, telle qu'elle nous est procurée par le toucher d'un corps solide et par le sentiment de la résistance qu'il oppose au déploiement de notre force musculaire, cette notion répond à un phénomène très-complexe, dont la plus haute géométrie n'a pu jusqu'ici, tout en prodiguant les hypothèses, donner une explication vraiment satisfaisante : et ce phénomène, c'est celui de la constitution même du corps solide, au moyen d'atomes ou de molécules maintenues à distance les unes des autres. Que si l'on attribue la solidité, non plus aux corps mêmes ou aux agrégats moléculaires, mais aux dernières molécules qui en seraient les éléments constitutifs, on introduit, pour satisfaire à un penchant de l'imagination, une conception hypothétique, que l'expérience ne peut ni renverser, ni confirmer, et qui en réalité ne joue aucun rôle dans l'explication des phénomènes. La prétendue qualité première pourra bien n'être qu'une qualité imaginaire, et à notre égard sera certainement une supposition gratuite.

Remarquons en effet que dans l'hypothèse à laquelle les physiciens modernes sont conduits, celle d'atomes maintenus à distance les uns des autres, et même à des distances qui (bien qu'inappréciables pour nous à cause de leur extrême petitesse) sont pourtant très-grandes par comparaison avec les dimensions des atomes ou des corps élémentaires, rien n'oblige à concevoir ces atomes comme de petits corps durs ou solides, plutôt que comme de petites masses molles, flexibles ou liquides. Dans les corps qui tombent sous nos sens, la solidité et la rigidité, comme la flexibilité, la mollesse ou la liquidité, sont autant de phénomènes très-dérivés et très-complexes, que nous tâchons d'expliquer de notre mieux, à l'aide d'hypothèses sur la loi des forces qui maintiennent les molécules élémentaires à distance, et sur l'étendue de leur sphère d'activité, comparée au nombre de molécules comprises dans cette sphère et aux distances qui les séparent : mais, que ces explications soient ou non satisfaisantes, il est incontestable qu'elles ne préjugent rien, et ne peuvent rien préjuger sur l'état de dureté ou de mollesse, de solidité ou de fluidité de la molécule élémentaire. La préférence que nous donnons à la dureté sur la mollesse, le penchant que nous avons à imaginer l'atome ou la molécule primordiale comme un solide *hypermicroscopique* plutôt que comme une masse fluide du même ordre de petitesse, ne sont donc que des préjugés d'éducation qui tiennent à nos habitudes et aux conditions de notre vie animale. Nous aurions d'autres préjugés et d'autres penchants, si la nature, tout en nous accordant le même degré d'intelligence, avait réalisé pour nous dans l'âge adulte, ce qui fait partie des conditions de la vie fœtale, à savoir l'immersion dans un milieu liquide, sans contact habituel avec des corps qui n'ont point, il est vrai, cette absolue dureté ou cette solidité idéale que nous attribuons sans fondement aux molécules élémentaires, mais qui néanmoins se rapprochent plus de l'état de rigidité ou de solidité parfaite, que de tout autre état idéal.

Mais, dira-t-on, l'impénétrabilité n'est pas la rigidité; et un corps, pour être liquide, n'en est pas moins impénétrable, en ce sens que, si la masse est pénétrée par l'écartement des parties, les parties mêmes ne le sont pas. Sans doute ces atomes qui ne peuvent jamais arriver au contact, peuvent encore moins se pénétrer ; et c'est précisément pour cela que la raison n'a aucun motif d'admettre, en ce qui les concerne, une prétendue qualité essentielle ou fondamentale, laquelle serait au contraire une qualité inutile et oiseuse, qui n'entrerait ni ne pourrait jamais entrer en action. Ou l'impénétrabilité des molécules atomiques n'est autre chose que leur mobilité et leur déplacement effectif par l'action répulsive qu'exercent à distance les autres molécules, et alors il n'en faut pas faire une qualité première, distincte de la mobilité : ou bien c'est une qualité distincte, mais qui ne se manifeste jamais, qui ne joue aucun rôle dans l'explication des phénomènes, et que nous affirmons sans fondement.

116. — Il en faut dire autant de l'étendue, considérée, non pas comme le lieu des corps, mais comme une qualité des corps. Sans doute les corps qui tombent sous nos sens nous donnent l'idée d'une portion d'étendue continue, figurée et limitée ; mais ce n'est là qu'une fausse apparence ou une illusion. De même que les taches blanchâtres et en apparence continues de la voie lactée se résolvent dans un puissant télescope, en un amas de points lumineux distincts, et de dimensions absolument inappréciables, de même des expériences concluantes résolvent le fantôme d'un corps étendu, continu et figuré en un système d'atomes ou de particules infinitésimales, auxquelles, il est vrai, les lois de notre imagination nous obligent d'attribuer une figure et des dimensions, mais sans qu'il y ait à cela aucun fondement rationnel, puisque toutes les explications qu'on a pu donner des phénomènes physiques, chimiques, etc., sont indépendantes des hypothèses qu'on pourrait faire sur les figures et les dimensions, absolues ou relatives, des atomes ou des molécules élémentaires. Ces molécules sont des centres d'où émanent des forces attractives et répulsives, voilà ce que l'expérience et le raisonnement semblent indiquer d'une manière certaine ; mais qu'elles aient la forme de sphères, d'ellipsoïdes, de pyramides, de cubes, ou qu'elles affectent toute autre figure courbe ou polyédrique, c'est ce qu'aucune observation ne peut nous apprendre, ni même nous faire présumer. Il semblait au premier aperçu, et l'on a cru pendant quelque temps que des lois de la cristallographie ressortait une indication de la forme polyédrique des molécules élémentaires ; mais, quand ces lois ont été mieux connues et mieux interprétées, toute conséquence de ce genre s'est trouvée dépourvue de solidité et contraire aux inductions d'une saine physique. Ainsi, pour ne rappeler qu'un fait déjà cité (114), le dimorphisme de certaines substances oblige d'admettre que la forme cristalline n'est pas une propriété invariable et inhérente aux dernières molécules des corps, mais le résultat et la conséquence déjà éloignée d'un mode de groupement qui peut changer, entre des molécules dont la figure (si figure elles ont), reste aussi indéterminée pour nous qu'elle pouvait l'être avant toute étude des phénomènes de la cristallisation. Aussi bien aurait-on pu et dû prévoir cette conséquence à laquelle le progrès de l'étude a conduit ; car il répugne à la raison d'admettre que nous puissions, avec les organes et les facultés dont la nature nous a doués pour connaître les choses à la faveur des relations qu'elles ont avec nous, atteindre en quoi que ce soit à l'essence des choses et à la réalité primitive et absolue (8 et 10); comme on y atteindrait effectivement dans le système atomistique, si l'on pouvait assigner la figure des éléments primordiaux, des atomes indestructibles, dont l'existence expliquerait tous les phénomènes physiques, tandis qu'elle-même ne pourrait être rapportée qu'à un décret immédiat de la volonté créatrice. La raison n'aurait pas moins de peine à admettre qu'un décret primitif et inexplicable eût donné la préférence à telle forme polyédrique sur telle autre ; eût choisi tel nombre de degrés et de minutes plutôt que tel autre, pour l'inclinaison de deux faces ou de deux arêtes ; eût donné aux arêtes des polyèdres, aux rayons des sphères, aux axes des ellipsoïdes, telle fraction de millionièmes de millimètre plutôt que telle autre : comme si, en fait de grandeur et de petitesse, tout n'était pas relatif, et qu'il pût y avoir de raison intrinsèque pour que les atomes et les systèmes d'atomes fussent construits plutôt sur une échelle que sur une autre. Mais nous ne voulons pas insister davantage ici sur cet argument, tout leibnitzien, qui rentre dans les considérations que nous devons développer un peu plus loin, à propos de la critique de l'idée d'espace.

Est-ce à dire qu'il faille substituer à l'hypothèse vulgaire des atomes de dimensions finies, quoique extrêmement petites, et de figures déterminées, quoique inconnues, une autre hypothèse sur la constitution des corps, du genre de celles que Leibnitz lui-même, et d'autres philosophes qu'on appelle *dynamistes*, ont proposées ? Pas le moins du monde, puisque ce serait reproduire sous une autre forme la prétention que nous croyons insoutenable, celle de pénétrer l'essence des choses et d'en assigner les premiers principes. Tout au contraire, nous admettrons que la théorie atomistique est d'un usage nécessaire ; qu'on ne saurait s'en passer dans le langage des sciences, parce que notre imagination a besoin de se reposer sur quelque chose, et que ce quelque chose, en vertu des faits que nous avons analysés en traitant des sensations, ne peut être qu'un atome ou corpuscule étendu et figuré ; mais la raison intervient pour abstraire l'idée, ou ce qui fait l'objet d'une véritable connaissance, d'avec l'image qui lui sert de soutien, et dont l'intervention nécessaire n'est que la conséquence des lois de notre organisation. L'hypothèse atomistique est au nombre de ces hypothèses dont l'emploi, si fréquent dans les sciences, ne doit pas être blâmé, pourvu que l'on ne commette pas la méprise de prendre pour les matériaux de la construction scientifique ce qui n'en est que l'échafaudage extérieur ; et pourvu qu'on reconnaisse bien que ces conceptions hypothétiques ne sont pas introduites à titre d'idées, mais à titre d'images, et à cause de la nécessité où se trouve l'esprit humain d'enter les idées sur des images (112).

117. — Il est temps que cette discussion nous conduise à parler des propriétés des corps qui doivent vraiment passer pour fondamentales ; et d'abord, pour mieux distinguer les faits positifs, les résultats certains de l'observation, d'avec les conceptions hypothétiques qu'on pourrait y mêler, rappelons brièvement les faits dans l'ordre où l'expérience les constate. D'une part, l'observation nous apprend que les corps peuvent changer de

figure, d'aspect et d'état, se désagréger et se disperser, mais non s'anéantir ; de telle sorte que, si l'on recueille soigneusement tous les produits nouveaux qui ont pu se former, toutes les particules intégrantes du corps qui s'est en apparence évanoui, la balance accusera ce fait capital, que le poids total est resté le même, sans augmentation ni déchet ; d'autre part, ce résultat de l'observation cadre bien avec une loi de notre esprit, qui nous porte à concevoir quelque chose d'absolu et de persistant dans tout ce qui se manifeste à nous par des qualités relatives et variables. Enfin, des observations plus délicates et une théorie plus avancée nous montrent cette constance du poids dans les corps, malgré leurs changements d'état, comme liée à une loi plus générale, en vertu de laquelle les parcelles des corps, prises dans leur totalité, opposent la même résistance à l'action des forces motrices, ou exigent la même dépense de force pour prendre la même vitesse, quels que soient l'aspect et le mode d'agrégation des parcelles, et quelle que soit la nature de la force qu'on dépense pour leur imprimer le mouvement. Or, afin d'exprimer qu'il faut dépenser une force double, triple, ou répéter deux fois, trois fois la dépense de la même force, à l'effet d'imprimer au corps A la même vitesse qu'au corps B, on dit que la *masse* de A est double, triple de celle de B ; de sorte qu'on énonce tous les résultats d'expérience dont il vient d'être question, en disant, d'une part, que le poids d'un corps est proportionnel à sa masse ; d'autre part, que la masse d'un corps est quelque chose d'invariable, de fondamental et de persistant, à travers toutes les modifications que le corps est susceptible d'éprouver, et de plus une grandeur mesurable, *sui generis*, à l'égard de laquelle un corps peut être comparé à un autre corps, mais qui, dans le même corps ou dans la collection des parties dont un corps se compose, ne saurait être aucunement augmentée ni diminuée.

Ceci nous indique le sens qu'on doit attribuer, dans le langage de la physique, au terme de *matière*, qui a d'ailleurs ou qui a eu, dans la langue commune et dans la terminologie philosophique, des acceptions très-diverses. Ces objets que nous appelons corps et qui tombent immédiatement sous nos sens, sont sujets à périr dans leur individualité par la dissolution de leurs parties ; ce qui persiste après la destruction ou le changement du corps, en restant invariable dans la collection des parties, c'est ce que nous nommons la matière; c'est le sujet, le *substratum* inconnu et insaisissable dont la masse (qui tombe dans le domaine de notre observation) est pour nous l'attribut constant et caractéristique ; puisque telle est la constitution de notre esprit qu'il se trouve forcé de concevoir un *substratum* ou un soutien insaisissable de toutes les qualités qu'il saisit, et forcé pareillement d'accommoder le discours à la forme nécessaire de ses conceptions. Que si, outre les propriétés telles que la masse, communes à tous les corps pondérables, et indestructibles dans les parties dont ils se composent, il y en a d'autres par lesquelles ces corps ou les éléments de ces corps diffèrent radicalement les uns des autres, de sorte que les qualités auxquelles tiennent ces différences spécifiques doivent être réputées primitives ou irréductibles au même titre que la masse et le poids, l'idée de matière impliquera aussi celle d'un sujet auquel adhèrent ces qualités différentielles ; et il faudra admettre, non-seulement des corps différant les uns des autres, selon les arrangements divers des parties d'une matière homogène, mais des matières diverses ou hétérogènes [1]. Voilà ce que l'expérience est capable de nous enseigner relativement à la composition et à l'essence des corps pondérables ; tout ce que l'imagination peut y ajouter pour la représentation de cette essence, n'est d'aucune valeur aux yeux de la raison. Si nous sommes portés, pour les causes qu'on a dites, à nous représenter les corps qui tombent sous nos sens comme construits avec d'autres corps qui échappent aux sens (corpuscules ou atomes parfaitement impénétrables, rigides, indestructibles, de figures et de dimensions invariables), cette conception reste purement hypothétique : nous ne savons si les masses de ces corpuscules seraient ou non proportionnelles à leurs volumes, dépendraient ou non de leurs figures, ou d'autres qualités dont nous n'avons nulle idée.

118. — Si nous sommes dans une ignorance invincible sur ce qui fait l'essence de la matière tangible et pondérable, à plus forte raison ne saurions-nous avoir aucune connaissance réelle de la nature de ce principe ou de ces principes intangibles, incoërcibles et

---

[1] « Alors, pour la première fois, fut constatée l'hétérogénéité des substances et la nature des forces *qui ne se manifestent pas par le mouvement*, et qui, à côté de l'excellence de la *forme*, telle que l'entendaient Pythagore et Platon, introduisirent aussi le principe de la *composition* et du *mélange*. C'est sur ces différences de la forme et du mélange que repose tout ce que nous savons de la matière ; ce sont les abstractions sous lesquelles nous croyons pouvoir embrasser l'ensemble et le mouvement du monde, par la mesure et par l'analyse. » A. DE HUMBOLDT. *Cosmos*, T II, p. 268.

impondérables auxquels nous rapportons les merveilleux phénomènes de lumière, d'électricité, de chaleur, où l'on doit voir, non de simples accidents des corps pondérables, mais bien, selon toute vraisemblance, les manifestations d'une chose qui pourrait subsister encore, même après l'anéantissement des corps pondérables. Il est dans les lois de notre esprit d'avoir recours, pour les uns comme pour les autres, aux mêmes images. Ainsi, lorsqu'un physicien entreprend d'exposer les lois de la distribution de l'électricité à la surface d'un corps conducteur, ou les lois de la distribution du magnétisme dans un barreau aimanté, il lui est commode d'imaginer un fluide ou plusieurs fluides qui se répandent en couches d'épaisseur ou de densité variables; mais il sait bien que ces fluides n'ont qu'une existence hypothétique; qu'au fond nous n'en avons nulle idée et qu'ils ne sont un objet de connaissance réelle, ni pour le vulgaire, ni pour les savants; qu'ils ne figurent dans la théorie qu'en manière d'échafaudages ou de constructions auxiliaires, pour nous aider à concevoir et à formuler les lois qui régissent des phénomènes dont la cause réelle nous échappe absolument. D'ailleurs, et nonobstant cette identité d'images, tout indique un contraste profond entre les propriétés de la matière pondérable et celles des principes impondérables. Non-seulement ces principes échappent à la balance, comme leur nom l'indique, mais ils semblent ne participer en rien à l'inertie de la matière, puisqu'ils n'offrent au mouvement des corps pondérables aucune résistance appréciable, et que leur accumulation ou leur dispersion ne donne lieu à aucun accroissement observable, ni à aucun déchet dans la masse.

Tandis que la masse d'un corps pondérable est quelque chose d'essentiellement défini et limité, et en même temps quelque chose d'absolument indestructible, il semble qu'on puisse indéfiniment tirer d'un corps de l'électricité ou en ajouter, pourvu qu'on en tire en même temps ou qu'on y ajoute pareille dose d'électricité contraire; il semble qu'on puisse sans contradiction supposer que de l'électricité ou de la chaleur sont détruites ou créées de toutes pièces par l'effet des actions chimiques ou moléculaires; et en un mot, tout ce qui est le fondement réel de l'idée de matière pour ce qui touche aux corps pondérables, ou paraît contraire à l'expérience, ou du moins n'a pas été jusqu'ici constaté par l'expérience, en ce qui concerne les prétendus fluides impondérables.

119. — Revenons à l'idée de *force*, que nous avons vue être en corrélation nécessaire avec les idées de masse et de matière. Dans une foule de circonstances, les corps sont manifestement inertes, c'est-à-dire qu'ils ne se mettent en mouvement que sous l'action d'une force extérieure et apparente; dans d'autres cas il semble que les corps, même privés de tout principe de vie, se déplacent d'eux-mêmes ou sont agités d'un mouvement intérieur; et enfin la faculté du mouvement spontané paraît caractériser les corps vivants. Mais tout cela change avec les circonstances extérieures et la constitution intime du corps; tandis que ce qui persiste dans les éléments des corps ou dans ce que nous nommons la matière, c'est l'*inertie*, à savoir la propriété d'exiger pour se mouvoir la dépense d'une certaine force, proportionnelle à la masse mise en mouvement, quand la vitesse est la même, et

proportionnelle à la vitesse imprimée, quand la masse reste la même. Voilà comment, sans rien préjuger sur l'inertie ou sur l'activité des êtres complexes auxquels nous donnons le nom de corps, on est autorisé à dire que la matière est inerte; et dès lors il n'y a rien de plus naturel et de plus conforme à la subordination observée entre les phénomènes, que de concevoir une force qui, en agissant sur la matière dont un corps est formé, lui imprime l'activité et le mouvement, même dans les cas où nous ne sommes pas frappés de l'action d'une force extérieure et apparente.

L'expérience nous enseigne que l'inertie de la matière consiste, non-seulement à rester dans l'état de repos quand aucune force ou cause de mouvement ne la sollicite, mais à persévérer dans l'état de mouvement et à continuer de se mouvoir d'un mouvement rectiligne et uniforme, quand nulle force ou nul obstacle extérieur ne viennent arrêter son mouvement, ou en changer, soit la vitesse, soit la direction. On dit en conséquence que l'inertie de la matière consiste dans l'indifférence au repos et au mouvement; de sorte que ce qu'on nomme la *mobilité* des corps ne doit pas être regardé comme une qualité spéciale, mais seulement comme une conséquence du principe de l'inertie de la matière.

120 L'idée de force provient originairement du sentiment intime que nous avons de notre puissance comme agents mécaniques, et de l'effort ou de la tension musculaire qui est la condition organique de l'exercice de cette puissance. Nous étendons cette idée, en supposant que quelque chose d'analogue réside dans tous les agents capables de produire les mêmes effets mécaniques, et nous disons : la force de la vapeur, la force d'un cours d'eau, la force du vent. Par un procédé d'abstraction familier aux géomètres, ils mettent de côté toutes les qualités physiques qui distinguent si profondément ces agents divers ; ils ne tiennent compte que de la direction suivant laquelle ces forces tendent à mouvoir les corps qu'elles sollicitent, et de la vitesse qu'elles tendent à leur imprimer ; pour eux deux forces sont égales lorsqu'elles tendent à imprimer à une masse déterminée des vitesses égales, quelles que soient d'ailleurs la nature de l'agent et les conditions physiques de l'action qu'il exerce. On n'a pas besoin de scruter davantage l'origine et le fondement de l'idée de force, pour constater par l'expérience ou pour établir par le raisonnement les principes généraux de la mécanique, et pour en suivre par le calcul les conséquences éloignées. Mais la philosophie naturelle ne s'arrête pas là : en effet, il est bien évident que le ressort d'un gaz ou d'une vapeur, et à plus forte raison la tension d'un muscle sont des phénomènes dérivés et complexes, qui ont besoin d'être expliqués par des faits plus simples, bien loin de pouvoir fournir le type primordial qui servirait à l'explication des autres phénomènes. Il en est des forces comme des corps ; pour les unes comme pour les autres, ce qui affecte immédiatement notre sensibilité, ce qui est l'objet immédiat de nos perceptions, n'est point la chose fondamentale et primitive, mais un produit compliqué qu'il faut tâcher de soumettre à l'analyse pour en saisir, s'il se peut, les principes et le fondement.

121. — L'école cartésienne avait voulu proscrire l'idée de force, en l'assimilant aux qualités occultes de l'ancienne scolastique ; et le fond de sa doctrine consistait à vouloir tout expliquer au moyen de corpuscules, les uns plus grossiers ou de plus grandes dimensions, les autres plus petits ou plus subtils, qui, dans leurs mouvements, se déplaçaient nécessairement les uns les autres, en vertu de leur impénétrabilité : comme si l'impénétrabilité et la mobilité d'une portion circonscrite de l'étendue n'étaient pas aussi des qualités occultes ou inexplicables, et dont nous ne nous faisons une idée, vraie ou fausse, qu'à la faveur d'un phénomène complexe et inexpliqué, celui de la constitution des corps solides qui tombent sous nos sens. A la vérité, si l'on admet, d'une part des molécules solides et impénétrables, d'autre part des forces par lesquelles ces molécules agissent à distance les unes sur les autres, sans l'intermédiaire de liens matériels formés d'autres corpuscules contigus et impénétrables, on fait deux hypothèses au lieu d'une, on confesse deux mystères au lieu d'un, et il ne faut pas accroître sans nécessité le nombre des mystères ou des faits primitifs et irréductibles : mais il est clair et nous avons déjà montré que, l'action à distance une fois admise, l'étendue, la figure et l'impénétrabilité des atomes ou des molécules élémentaires n'entrent plus pour rien dans l'explication des phénomènes, et ne servent plus que de soutien à l'imagination ; de sorte qu'en réalité il n'intervient, dans la physique newtonienne qui est celle de toutes les écoles contemporaines, comme dans la physique cartésienne depuis longtemps passée de mode, qu'un seul principe hypothétique de toutes les explications doctrinales, soit la notion de la force ou de l'action à distance, soit la notion de la communication du mouvement par le contact, en vertu de l'impénétrabilité des molécules contiguës.

122. — Ce n'est que par l'épreuve, c'est-à-dire par l'application effective d'un principe à l'enchaînement rigoureux et mathématique des faits naturels, que l'on peut juger de la valeur du principe. Newton a eu la gloire de soumettre à une telle épreuve, et de la manière la plus décisive, l'idée de force ou d'action à distance. Il faisait, quoi qu'il en ait dit, une hypothèse et même des plus hardies, en imaginant dans toutes les particules de la matière pondérable une force dont la pesanteur des corps terrestres n'est qu'une manifestation particulière, et qui fait que ces particules, séparées les unes des autres, agissent pourtant toutes les unes sur les autres : mais, de cette hypothèse est sortie, grâce au génie de cet homme illustre et de ses successeurs, l'explication la plus complète des plus grands et des plus beaux phénomènes de l'univers. La simplicité de la loi du décroissement de la force par l'accroissement de la distance, la raison géométrique qu'on peut assigner à cette loi, tout concourt à nous la faire regarder comme une loi fondamentale de la nature : et ceci s'applique également à d'autres forces qui jouent un rôle dans l'explication des phénomènes physiques, et qui suivent la même loi que la gravitation newtonienne.

Mais les théories des physiciens modernes n'ont plus le même caractère, lorsqu'il s'agit pour eux d'expliquer, en partant toujours de l'idée d'une action à distance entre des particules disjointes, les phénomènes que les corps nous présentent dans leur structure intime et moléculaire. Alors ils imaginent des forces dont la sphère d'action ne s'étend qu'à des distances insensibles pour nous, et comprend néanmoins un nombre comme infini de molécules : ce sont là (115) les deux nouveaux postulats sans lesquels deviendrait impossible toute tentative d'explication des phénomènes moléculaires au moyen des principes de la mécanique rationnelle, c'est-à-dire au moyen des notions de masse et d'action à distance, combinées avec les théorèmes de la géométrie. Toutefois il s'en faut bien qu'à la faveur même de ces postulats, les essais des géomètres et des physiciens aient abouti à une théorie comparable à celle de la gravitation universelle, expliquant tous les phénomènes observés, et devançant souvent les résultats de l'observation.

123. — Si l'on considère notamment, parmi les phénomènes moléculaires, ceux qui font l'objet de la chimie, on voit que les théories chimiques sont parfaitement indépendantes de toute hypothèse à l'aide de laquelle on voudrait donner, par la mécanique, une explication de ces phénomènes. Les progrès de la mécanique n'ont point contribué à avancer la chimie, et les progrès de la chimie n'ont nullement réagi sur la mécanique. Il ne serait même pas difficile de montrer que les phénomènes chimiques répugnent, par tous leurs caractères, à une explication qui prendrait sa source dans les conceptions de la mécanique rationnelle et de la géométrie. Les attractions ou répulsions entre des molécules à distance ne doivent produire que des effets régis par la loi de continuité : les affinités chimiques ne donnent lieu qu'à des associations ou à des dissociations brusques, et à des combinaisons en proportions définies. D'où viendrait cette distinction tranchée entre

différents états moléculaires, si les actions chimiques, ne variant qu'en raison des distances, n'éprouvaient que des altérations infiniment petites, quand les distances ne varient elles-mêmes qu'infiniment peu? De même, si les atomes élémentaires disjoints ne différaient les uns des autres que par les dimensions et par les figures, ou si les groupes qui constituent les molécules chimiques composées ne différaient que par le nombre et par la configuration des atomes élémentaires, maintenus à distance les uns des autres dans l'intérieur de chaque groupe, on ne voit pas comment il serait possible d'expliquer la distinction essentielle des radicaux et des composés chimiques, et tout le jeu des affinités qui produisent les compositions et les décompositions dont le chimiste s'occupe. La différence des masses ne peut pas plus que la différence des configurations et des distances rendre raison de tous ces phénomènes, puisque la masse est sujette aussi dans ses variations à la loi de continuité, et qu'au surplus la théorie des équivalents chimiques manifeste un contraste des plus remarquables entre la masse que l'on considère en mécanique, laquelle se mesure par le poids et par l'inertie des corps, et ce que l'on pourrait nommer la masse chimique, laquelle est mesurée par la capacité de saturation. Donc, de toute façon, l'on arrive avec M. de Humboldt (117, *note*) à cette conséquence, que les phénomènes chimiques sont inexplicables par les seuls principes de la mécanique ; et que les notions d'affinité ou d'attraction élective, sur lesquelles reposent les explications des chimistes, sont des notions irréductibles à inscrire sur le catalogue des idées premières que la raison admet sans les expliquer, et qu'elle est forcée d'admettre pour l'enchaînement des faits observés.

124. — Ainsi, d'une part, nous avons l'idée d'une certaine subordination entre diverses catégories dans lesquelles se rangent les phénomènes de la nature, et entre les théories scientifiques accommodées à l'explication des faits de chaque catégorie ; d'autre part, nous comprenons que, dans le passage d'une catégorie à l'autre, il peut se présenter des solutions de continuité qui ne tiennent pas seulement à une imperfection actuelle de nos connaissances et de nos méthodes, mais bien à l'intervention nécessaire de nouveaux principes pour le besoin des explications subséquentes, et à l'impossibilité radicale de suivre le fil des déductions d'une catégorie à l'autre, sans le secours de ces nouveaux principes ou postulats, et en quelque sorte sans un changement de clé ou de rubrique. Il n'y aurait rien de plus utile, pour la saine critique de l'entendement humain, qu'une table exacte de ces clés ou de ces rubriques diverses. A commencer par Aristote, les logiciens ont plusieurs fois essayé de dresser l'inventaire des idées fondamentales ou des catégories sous lesquelles toutes nos idées peuvent se ranger ; mais le goût d'une symétrie artificielle ou d'une abstraction trop formaliste ne leur a permis jusqu'ici, ni de tomber d'accord sur la rédaction du catalogue, ni d'en tirer parti pour le progrès de nos sciences et de nos méthodes, pour la connaissance de l'organisation de l'esprit humain ou de ses rapports avec la nature extérieure. Maintenant au contraire, que les sciences ont pris tant de développements inconnus aux anciens, c'est le cas de déterminer *a posteriori* et par l'observation même, quelles sont les idées ou les conceptions primitives et irréductibles auxquelles nous recourons constamment pour l'intelligence et l'explication des phénomènes naturels, et qui dès lors doivent nous être imposées, ou par la nature même des choses, ou par des conditions inhérentes à notre constitution intellectuelle.

Il importe encore moins de bien distinguer les catégories vraiment distinctes, que de se faire une juste idée de leur subordination hiérarchique. Or, déjà par ce qui précède, il semble que la marche de la nature consiste à passer de phénomènes plus généraux, plus simples, plus fondamentaux, plus permanents, à des phénomènes plus particuliers, plus complexes et plus mobiles. Dans l'étude scientifique des lois de la nature se présentent, en première ligne, les propriétés générales de la matière, les lois fondamentales de la mécanique, celles de la gravitation universelle. De ces lois et de quelques autres qui, pour être moins bien connues, n'ont probablement pas moins d'extension et de généralité, dépendent les grands phénomènes cosmiques, et comme la charpente de l'univers ou les traits fondamentaux du plan de la création. Il faut y rapporter la constitution des systèmes astronomiques, la régularité presque géométrique des mouvements et des figures des astres, tous ces beaux phénomènes qui nous frappent également par leur simplicité et par leur grandeur, et qui ont de tout temps excité à un haut degré l'admiration des hommes : aussi bien dans les âges de poétique ignorance, qu'à l'époque où la rigueur des méthodes scientifiques, la sécheresse des calculs et des formules semblent ne plus laisser de place aux émotions de l'âme et à la pompe des images.

D'autres phénomènes viennent se subordonner à

ceux-là, comme les détails et les ornements d'un dessin aux traits généraux qui caractérisent les mouvements et les attitudes, comme les variétés spécifiques et individuelles aux grands caractères qui marquent le type d'un genre ou d'une classe. Ce sont les phénomènes que nous nommons moléculaires, parce que nous n'avons d'autre manière de nous en rendre compte que d'imaginer la matière dans un état d'extrême division qui dépasse de bien loin les limites de la perception sensible, et de comparer ce qui se passe entre les dernières particules aux actions qu'on observe entre les corps dont les dimensions et les formes tombent sous nos sens. Mais, quoi qu'il en soit de cette hypothèse, quelque raison qu'on veuille assigner à ce par quoi les éléments des corps diffèrent intimement et chimiquement, il y a là une cause de distinction spécifique qui, en se joignant aux propriétés générales de la matière, d'où résultent les grands phénomènes cosmiques, donne naissance à des phénomènes d'un autre ordre, plus compliqués, plus particuliers, moins stables ; et, dans cette complication même, la nature procède graduellement : de manière que, plus s'accroît la complication des combinaisons chimiques, moins elles offrent de permanence et de stabilité, plus les phénomènes auxquels elles donnent lieu sont particuliers, mobiles et pour ainsi dire éphémères.

Hâtons-nous cependant de le dire : ces inductions qui ne s'appuient encore que sur la contemplation des phénomènes du monde physique et matériel, abstraction faite des merveilles de l'organisation et de toutes les manifestations de l'activité vitale, seraient insuffisantes pour faire nettement ressortir la subordination hiérarchique sur laquelle notre attention est fixée dans ce moment : car il ne suffit pas de posséder les premiers termes d'une série pour en saisir la loi, et surtout pour être sûr de la loi qu'on croit saisir. Il faut donc passer à l'examen de phénomènes d'un autre ordre, plus variés et plus riches, plus propres à fournir des rapprochements féconds, et voir s'ils peuvent se classer ou s'ils se classent d'eux-mêmes, en conformité du principe de subordination que déjà la comparaison des phénomènes de la nature inorganique nous fait pressentir.

CHAPITRE IX.

DE LA VIE ET DE LA SÉRIE DES PHÉNOMÈNES QUI DÉPENDENT DES ACTIONS VITALES.

125. — En suivant la progression indiquée dans le chapitre précédent, on est amené à considérer les phénomènes les plus simples que nous offre la nature vivante, et qui pourtant dépassent déjà de beaucoup, par le degré de complication, les phénomènes les plus complexes de la physique corpusculaire. Pour l'explication des phénomènes de la nature vivante, il faut tenir compte des propriétés fondamentales de la matière; il faut savoir appliquer la mécanique des solides et celle des fluides; il faut surtout faire intervenir les actions chimiques; et le choix même que la nature a fait d'un petit nombre d'éléments chimiques, jouissant de propriétés singulières, pour fournir presque exclusivement les matériaux du règne organique, indique assez qu'il faut puiser dans la chimie les conditions les plus immédiates du développement des forces organiques; mais d'un autre côté, si le chimiste regarde comme chimérique l'entreprise de ramener à un problème de mécanique ordinaire l'explication des phénomènes qu'il étudie et des lois qu'il constate, le physiologiste regarde comme encore bien plus chimérique la prétention d'expliquer, par le seul concours des lois de la mécanique et de la chimie, un des phénomènes les plus simples de la vie organique, la formation d'une cellule, la production d'un globule du sang, ou, parmi les fonctions plus complexes et qui néanmoins dépendent le plus immédiatement du jeu des actions chimiques, la digestion des aliments, l'assimilation des fluides nourriciers. Encore moins surmonterait-on la répugnance de la raison à admettre que la solution de l'énigme de la génération puisse sortir des formules du géomètre ou du chimiste. A l'apparition des êtres organisés et vivants commence un ordre de phénomènes qui s'accommodent aux grandes lois de l'univers matériel, qui en supposent le concours incessant, mais dont évidemment la conception et l'explication scientifique exigent l'admission expresse ou tacite de forces ou de principes ajoutés à ceux qui suffisent à l'explication de phénomènes plus généraux et plus permanents.

126. — Si l'on entre dans plus de détails, la même progression s'observe encore. Tous les êtres organisés, végétaux ou animaux, ont certaines qualités communes, certaines fonctions analogues : de manière qu'il semble que l'animal ne diffère du végétal, comme l'indiquait Linnée dans son style aphoristique, que par l'insertion d'une vie sur une autre, idée qu'Aristote avait professée, et à laquelle Bichat a donné un développement lumineux, par le contraste qu'il a si bien établi entre la vie organique, commune aux végétaux et aux animaux, toujours agissante, jamais suspendue, commençant et finissant la dernière, toujours obscure et sans conscience d'elle-même, et la vie animale, essentiellement irrégulière ou périodique, apparaissant plus tard et finissant plus tôt, se perfectionnant graduelle-

ment avec le système d'organes qui y est affecté dans les diverses espèces de la série animale ; en un mot (conformément à la loi que nous signalons) imprimant aux phénomènes qui en relèvent plus d'élévation et moins de fixité qu'il n'y en a dans les phénomènes de la vie organique qui lui sert de fondement. Ce n'est pas ici le lieu d'examiner les objections de détail que rencontre la théorie de Bichat ; le fond de ses idées est entré dans la science, est devenu la base de l'enseignement ; et les objections prouvent seulement la difficulté ou l'impossibilité de soumettre à la rigueur de nos distinctions catégoriques les phases par lesquelles passent les phénomènes de la nature dans leur mouvement d'évolution progressive. Il est clair d'ailleurs que, quand bien même on serait parvenu à expliquer par la physique et la chimie tous les phénomènes de l'organisation végétale, et tout ce qui peut être assimilé dans les animaux à la vie organique du végétal, on n'aurait pas l'explication d'un phénomène de la vie animale, d'une sensation, d'un plaisir, d'un appétit. Dans le passage d'un ordre de phénomènes à l'autre se trouverait toujours un hiatus qu'on essaierait vainement de déguiser par les artifices du langage ou de voiler sous l'ambiguïté des termes.

127. — Le contraste que Bichat a si heureusement marqué entre la vie organique et la vie animale, n'a-t-il pas la plus grande ressemblance avec le contraste entre la chair et l'esprit [1], entre la vie animale,

---

[1] « Video aliam legem in membris meis, repugnantem legi mentis meae. » S. Paul. *ad Rom.* VII, 23. Voyez dans Buffon l'article intitulé *Homo duplex*.

commune à l'homme et aux espèces inférieures, quoique
différant dans ses manifestations et par ses degrés de
perfectionnement, et la vie intellectuelle et morale
propre à l'homme seul, et (on peut le dire) donnée à
tous les hommes, quoique sujette aussi à des diversités
infinies dans ses manifestations, selon les aptitudes et
les degrés de culture des individus et des races? Tous
les grands peintres de la nature humaine, tous ceux qui
l'ont étudiée dans un but pratique, et par conséquent
sans préoccupation des systèmes métaphysiques et des
subtilités d'école, n'ont-ils pas vivement exprimé ce
dernier contraste que la conscience du genre humain
proclame, que le sentiment intérieur indique à l'homme
le plus grossier, le moins enclin aux raffinements
ou à l'enthousiasme mystique? Ces deux hommes,
ou plutôt ces deux vies distinctes (quoiqu'elles se pénètrent mutuellement à l'instar des deux vies organique et animale) ne suivent-elles pas des allures différentes; n'ont-elles pas leurs périodes distinctes d'enfance, de jeunesse, de virilité et de déclin? L'une n'est-
elle pas plus élevée dans ses principes et dans ses
tendances, l'autre plus fondamentale et plus fixe dans
ses caractères? Mais, tandis que la distinction de Bichat
a été amenée par les progrès de l'observation scientifique, il semble que la métaphysique, en se raffinant,
n'ait pu se contenter d'une distinction sentie par le
vulgaire, sur laquelle, dès le berceau des civilisations,
ont été fondées les morales et les religions. Dans les
temps modernes surtout, l'importance exclusive que
Descartes (en cela seulement disciple outré d'Aristote)
a attachée à la notion métaphysique de substance, ses
explications fondées sur la distinction de deux sub-

stances dont l'essence consisterait, pour l'une dans l'étendue, pour l'autre dans la pensée, ont habitué à considérer comme un préjugé indigne de logiciens rigoureux la distinction entre l'âme sensitive et l'âme raisonnable, distinction si familière aux Anciens [1], proclamée par les premiers docteurs du christianisme [2], conservée dans la scolastique du moyen âge [3], soutenue

---

[1] « Τὴν δὲ ἀνθρώπου ψυχὴν διαιρεῖσθαι τριχῆ, εἴς τε νοῦν καὶ φρένας καὶ θυμόν· νοῦν μὲν οὖν εἶναι καὶ θυμὸν καὶ ἐν τοῖς ἄλλοις ζώοις· φρένας δὲ μόνον ἐν ἀνθρώπῳ. » Diog. Laert. VIII, 30.

[2] « Pythagoras primum, deinde Plato, animum in duas partes dividunt, alteram rationis participem, alteram expertem ; in participe rationis ponunt tranquillitatem, id est placidam quietamque constantiam : in illa altera motus turbidos, tum iræ, tum cupiditatis, contrarios inimicosque rationi. » Cic., Tusc., IV, 5.

[3] « Voyons où est placé le point de réunion de l'homme extérieur et de l'homme intérieur. Tout ce que nous avons dans l'existence de commun avec la brute appartient à l'homme extérieur. En effet, ce n'est pas seulement le corps qu'il faut appeler l'homme extérieur, c'est aussi cette portion de la vie qui soutient l'organisme. Lorsque les images des objets déposées dans la mémoire reviennent par le souvenir, c'est encore un acte qui appartient à l'homme extérieur ; et les animaux mêmes peuvent recevoir par les sens l'impression des objets du dehors, en garder le souvenir, et entre ces objets rechercher ce qui leur est utile, fuir ce qui leur est déplaisant. Mais noter ces impressions, les retenir non-seulement sous une sensation immédiate, mais en les confiant exprès à la mémoire, et lorsqu'elles commencent à s'effacer par l'oubli, les graver de nouveau par le ressouvenir et la réflexion, de sorte que la mémoire ayant d'abord fourni matière à la pensée, ensuite la pensée affermisse la mémoire, se créer enfin une vue fictive des objets, en recueillant et en rapprochant de çà et de là ce qui était dispersé, et dans cet ensemble discerner le vraisemblable du vrai, non pour les choses spirituelles, mais pour les choses matérielles, cette épreuve et toute autre semblable, quoique faite sur des objets sensibles et par l'entremise des sens, ne se fait pas en dehors de la raison et n'appartient qu'à l'homme. L'œuvre d'une raison plus haute encore, c'est de juger des objets corporels d'après des règles idéales et éternelles. » S. Augustin, Traité de la Trinité ; fragment traduit par M. Villemain, dans le Tableau de l'éloquence chrétienne, au IVe siècle.

[3] « L'âme a trois puissances ou facultés, celle de végéter, celle de sentir, celle de juger. L'âme en exerce une dans les plantes, deux

par Bossuet lui-même [1], tout enclin qu'il était au cartésianisme avec les grands esprits de son siècle ; distinction qui n'est autre que celle de la vie animale et de la vie intellectuelle, lorsqu'on écarte toute hypothèse transcendante sur l'essence des causes, pour s'en tenir à ce que donne l'observation des phénomènes.

128. — Cependant la métaphysique de Descartes n'avait pu se soutenir nulle part, comme principe de l'interprétation scientifique de la nature. L'idée de force, bannie de l'école cartésienne, remise en honneur dans la philosophie de Leibnitz, fournissait à Newton l'explication admirable des plus grands phénomènes de l'univers ; à l'imitation de Newton, les géomètres, les physiciens, les chimistes employaient tous, sous diverses formes, l'idée de force ou d'action à distance ; les physiologistes proclamaient la nécessité d'admettre des forces vitales et organiques pour l'explication des phénomènes que présentent les êtres organisés et vivants ; le bon sens répugnait à ce que l'on ne vît dans les animaux que des machines ou des appareils chimiques ; il ne devait pas moins répugner, par la même raison, à ce que l'on ne vît dans l'homme intelligent et moral qu'une machine, une plante ou un animal de structure plus compliquée, quoiqu'il y

---

dans les animaux ; dans l'homme elle les exerce toutes trois ; elle a le conseil et le jugement avec la végétabilité et la sensibilité ; c'est ce qu'on appelle la rationalité ou la raison. » ABÉLARD, *Dialectique*. Voy. l'ouvrage intitulé *Abélard*, par M. DE RÉMUSAT. T. I, p. 462.

[1] Voyez notamment le *Traité de la connaissance de Dieu et de soi-même*, chap. v, § 13. C'est encore Bossuet qui a dit ailleurs : « On voit le grand ouvrage qui commence, qui se continue, qui s'achève. Dans ses desseins, Dieu toujours avance : il va de la matière à la vie, de la vie à l'intelligence, de l'intelligence à l'âme, et il ne s'arrête que lorsqu'il a créé l'homme, c'est-à-dire l'être qui le connaît. »

ait certainement à étudier dans l'homme des phénomènes mécaniques, chimiques, une vie organique servant de soutien à la vie animale, et une vie animale sur laquelle vient s'enter la vie intellectuelle et morale. L'absurdité est la même à confondre ou à identifier avec un terme quelconque de la progression hiérarchique tous ceux qui le précèdent ou qui le suivent. On ne réussit ni mieux ni plus mal à tirer de la sensation une idée ou une conception rationnelle, qu'à faire éclore du conflit des actions chimiques le germe d'un arbre ou d'un oiseau, et à faire sortir la sensation de couleur d'un mode d'ébranlement du nerf optique. Au lieu du mystère unique de l'union entre la matière et l'esprit (c'est-à-dire, suivant Descartes, entre l'étendue et la pensée), il faut admettre une succession de mystères, toutes nos explications scientifiques supposant l'intervention successive et le concours harmonique de forces dont l'essence est impénétrable, mais dont l'irréductibilité est pour nous la conséquence de l'irréductibilité des phénomènes qui en émanent : de manière qu'il y ait toujours dans le champ des connaissances humaines des espaces éclairés, séparés par des intervalles obscurs, comme l'œil en discerne dans l'étendue du spectre solaire, quand il s'arme pour cela de verres d'un grossissement suffisant.

En définitive (et c'est là le point sur lequel nous voulons insister ici), ces forces mystérieuses et irréductibles nous apparaissent comme étant subordonnées les unes aux autres dans leurs manifestations. La loi hiérarchique est évidente : nous voyons constamment des phénomènes plus particuliers, plus complexes, et qui, dans leur particularité et leur complexité croissantes impliquent l'idée d'un plus haut degré de perfectionnement, s'enter sur des phénomènes plus généraux, plus simples, plus constants, et qui, par leur généralité et leur fixité relatives, nous semblent participer à un plus haut degré à la réalité substantielle. De là, suivant la tournure des intelligences, un penchant à apprécier l'importance d'un ordre de phénomènes par le degré d'élévation et de perfectionnement, ou au contraire par le degré de généralité et de fixité. Ces deux penchants contraires sont ce qu'il y a de vraiment caractéristique dans l'antagonisme des tendances spiritualistes et matérialistes : tendances que l'on peut remarquer chez ceux mêmes qui font profession d'ignorer absolument ce que c'est que l'essence de la matière et l'essence de l'âme, et qui ne subordonnent pas l'étude des lois de la nature à des systèmes ontologiques sur les choses qui passent tous nos moyens de connaître.

129. — Dans l'étude de la nature vivante, une question générale plane sur toutes les autres : faut-il regarder les fonctions vitales comme le résultat et l'effet de l'organisation, ou bien l'organisation est-elle le résultat et l'effet des forces vitales et plastiques? L'esprit humain tourne fatalement dans ce cercle, parce qu'il lui est également impossible de concevoir que l'organisation précède la vie, et que la vie précède l'organisation, sinon dans le temps, du moins en puissance. Il n'y a pas moyen de concevoir la vie comme antérieure à l'organisation ; car où serait le *substratum* des forces vitales et plastiques, tant que l'organisme n'existe pas? D'autre part, il est déraisonnable et contraire à toutes les observations d'admettre que l'organisation produise la vie : car on distingue

nettement les propriétés vitales des tissus d'avec leurs propriétés mécaniques, physiques ou chimiques, lesquelles subsistent après que la vie s'est éteinte, ou l'état du germe simplement organisé, d'avec l'état du germe vivifié par la fécondation. D'ailleurs l'élément organique le plus simple, un globule, une cellule, témoignent déjà d'un plan de structure et d'une coordination de parties dont on ne pourrait rendre raison par un concours de forces physiques, agissant de molécule à molécule, à la manière de celles que nous admettons pour l'explication des formes des corps inorganiques. A supposer même que la formation des éléments dont nous parlons pût être rapportée à un mode de cristallisation *sui generis*, on serait arrêté à chaque pas dans le passage à des formations plus complexes; et l'on ne se trouverait pas plus avancé pour expliquer, par exemple, comment les rudiments des organes se coordonnent et s'associent, en marchant à la rencontre les uns des autres dans la formation de l'embryon par épigénèse, ou comment se régénère le membre amputé de l'écrevisse avec la même forme et les mêmes pièces que le membre primitif. On sent, mieux qu'on ne comprend, qu'en pareil cas la force plastique et l'énergie vitale, loin d'attendre pour agir la formation des organes, loin d'être le résultat et la suite d'une disposition des parties amenés par le concours de forces inorganiques, gouvernent et déterminent au contraire la formation de l'organisme, qui ne cesse pourtant pas de régler et de modifier, à mesure qu'il se développe, les manifestations de l'énergie vitale et plastique. Ainsi, dans l'être organisé et vivant, l'organisation et la vie jouent simultanément le rôle d'effet et de cause, par une réciprocité de relations qui n'a d'analogues, ni dans l'ordre des phénomènes purement physiques, ni dans la série des actes soumis à l'influence d'une détermination volontaire et réfléchie : d'où il suit que nous ne pouvons, ni par les renseignements des sens, ni par ceux de la conscience, nous faire jamais aucune idée, aucune image du principe de ces mystérieux phénomènes. Les fluides vitaux que l'on a quelquefois imaginés, à l'instar des fluides impondérables, admis en physique, n'ont pas même ici l'avantage de déguiser un peu notre ignorance ; et les esprits sévères semblent maintenant s'être accordés pour éviter la superfétation et l'abus de ces créations fantastiques.

150. — L'expression de *forces* vitales ou plastiques, qui prévaut généralement, sans présenter à l'esprit une idée qui puisse être nettement définie, a du moins cela de juste qu'elle exprime bien une des propriétés les plus merveilleuses et les plus certaines du principe inconnu de la vie et de l'organisation, celle de parcourir des phases diverses d'intensité et d'énergie. La force de reproduction des organes détruits, dans les espèces inférieures où une telle reproduction s'observe, s'affaiblit et s'épuise par son action, de la même manière que s'affaiblit et s'épuise, dans les espèces supérieures, la reproduction des simples tissus, par une régénération trop souvent répétée [1]. Quand des animaux, comme le lombric terrestre, donnent, par la simple section, des segments capables de régénérer chacun un animal entier, on remarque que, si l'on

---

[1] Serres. *Principes d'organogénie*, p. 142.

soumet successivement à l'amputation les segments régénérés, les êtres successivement produits vont en se simplifiant et en s'abaissant dans l'échelle de l'organisation animale. D'autres espèces présentent le phénomène bien plus singulier encore, d'une fécondation qui suffit pour plusieurs générations successives : mais pourtant la vertu prolifique finit par s'épuiser, et elle n'est pas transmise sans déchet d'une génération à la suivante; et par une cause analogue, s'il arrive rarement que les croisements des espèces soient féconds, il arrive beaucoup plus rarement que les produits soient féconds eux-mêmes, et plus rarement encore que la fécondité passe aux produits des produits. Si la disposition des germes à la reproduction des variétés individuelles se montre dans la série des générations successives, même après des interruptions ou des intervalles, la répétition des intervalles tend à l'affaiblir et finalement à l'éteindre. Ce que nous disons de la force prolifique ou régénératrice, s'applique à toutes les forces vitales ou à toutes les manifestations diverses de la même force, qui produisent le développement, la réparation et la conservation de l'organisme. On voit la vie organique et la force plastique douées chez l'embryon, chez le fœtus, et ensuite chez le petit pendant toute la durée de la croissance, d'une énergie qui va en s'affaiblissant à mesure que les linéaments de l'organisation sont mieux arrêtés et s'approchent davantage de leur forme définitive. La force reproductrice arrive à son tour à sa plus grande énergie, pour parcourir des phases analogues de décroissement; et enfin la force conservatrice des organes, celle qui lutte contre l'action incessante des forces générales de la nature, celle qui entraîne passagèrement dans sa sphère d'action les éléments matériels que l'organisme s'assimile et que plus tard il abandonne ; cette force, comme chacun le sait, s'use et dépérit par son action même, jusqu'à ce que les dernières traces en aient disparu.

151. — Les phénomènes de la nature vivante diffèrent essentiellement des phénomènes du monde inorganique, par les liens de solidarité qui unissent harmoniquement toutes les actions vitales, toutes les parties de l'organisme et toutes les phases de ses développements. Suivant l'expression de Kant, la cause du mode d'existence de chaque partie d'un corps vivant est contenue dans le tout, tandis que, pour les masses mortes ou inertes, chaque partie la porte en elle-même. Il est bien vrai que, selon notre manière de concevoir les phénomènes physiques et les forces qui les produisent, la raison du mouvement de chaque particule réside dans les actions qu'exercent sur elle les autres particules matérielles, et c'est ainsi que nous interprétons le principe de l'inertie de la matière ; mais nous n'en admettons pas moins (et en cela nos hypothèses reçoivent la confirmation de l'expérience et du calcul) une parfaite indépendance entre les actions qui s'exercent d'une molécule à l'autre ; il y a autant d'actions distinctes et indépendantes que de combinaisons binaires entre les particules ; les effets des actions ou des forces s'ajoutent, se neutralisent, se composent ou se combinent entre eux selon des lois mathématiques ; mais les forces mêmes ne changent ni de sens, ni d'énergie, par suite du conflit ou du concert qui s'établit entre elles. Au contraire, dans l'organisme, l'action de chaque organe élémentaire ou rudiment d'organe est visiblement dirigée vers l'accomplissement d'une certaine fonction, laquelle ne peut être conçue qu'au moyen des relations de l'organe élémentaire avec tout l'ensemble de l'organisme; et pareillement la structure de chaque partie n'est pas, comme dans la masse gazeuse ou liquide, ou même comme dans le cristal, indépendante du mode de structure des parties adjacentes, mais bien en rapport manifeste avec la structure du tout. Ce qui se dit de la coordination dans l'espace, doit se dire, avec plus de raison encore, de la coordination dans le temps. L'organisation de l'embryon et du fœtus est appropriée, non-seulement aux fonctions qu'il remplit actuellement, mais encore à celles qu'il doit remplir après des évolutions ultérieures. L'instinct qui pousse l'oiseau à ramasser les matériaux de son nid est en rapport avec les fonctions qu'il remplira plus tard en propageant son espèce; l'instinct de l'animal économe est en rapport avec la situation où il doit se trouver quand viendra le temps de l'hibernation, et ainsi de suite.

De là un contraste saillant de caractères et de méthodes, lorsque l'on passe, des sciences qui ont pour objet les propriétés des corps inorganiques, à celles qui traitent de la nature vivante. C'est par la décomposition ou l'analyse des phénomènes complexes, que l'on arrive en physique à trouver l'ordre et l'unité; et plus la réduction analytique est avancée, mieux on voit les phénomènes s'enchaîner suivant un ordre systématique et régulier. Au contraire, la nature vivante tend par la complication de l'organisme au perfectionnement de l'harmonie et de l'unité, ou de l'individualité, en même temps qu'à la fixité des déterminations ou de la caractéristique. Ainsi, dans l'ordre des phénomènes chimiques, nous trouvons que les combinaisons se distinguent les unes des autres par des caractères d'autant plus tranchés, ou par des propriétés d'autant plus énergiques et contrastantes, qu'elles sont moins complexes : tandis que les êtres les plus élevés dans l'échelle de l'organisation sont pour nous les plus faciles à étudier et à classer, en ce que les appareils organiques y sont plus distincts et les fonctions mieux déterminées, en même temps que le lien d'unité qui les coordonne se prononce plus nettement. On ne débuterait pas dans l'enseignement de la botanique par l'étude des algues et des lichens, ou dans l'enseignement de la zoologie par l'étude des éponges et des polypes. On sent au contraire la convenance d'étudier d'abord un type dans lequel l'organisation, soit animale, soit végétale, ait atteint son plus haut degré de complication aussi bien que de perfectionnement, pour rapporter ensuite à ce type les organisations inférieures, en tenant compte des dégradations successives; en signalant à chaque pas la simplification des appareils, la décentralisation des fonctions et l'oblitération des caractères distinctifs, jusqu'à ce que l'on soit arrivé aux fonctions les plus rudimentaires, aux êtres que l'on est fondé à regarder comme les premières ébauches de la puissance créatrice (97).

A la vérité, s'il s'agit, non plus de décrire et de classer les êtres, les organes et les fonctions, mais de saisir des analogies, des transitions, et de combler par l'induction philosophique des solutions de continuité, sans lesquelles il n'y aurait pas de système de classification applicable à la série des organismes, des développements et des métamorphoses, la marche sera nécessairement inverse. Il faudra, par exemple, pour mettre en relief les analogies des végétaux et des animaux, s'attaquer d'abord aux types inférieurs de l'une et de l'autre série, chez lesquels les caractères différentiels des deux séries sont encore flottants et indécis. Plus généralement, il conviendra de remonter à l'organisation embryonnaire, d'en observer les traits encore mal définis et les transformations fugaces : car, à ce point de départ, les ressemblances et les analogies devront l'emporter sur les différences ; comme les différences caractéristiques l'emporteront plus tard sur les ressemblances et les analogies primordiales, après que les êtres auront parcouru toutes les phases de leur évolution, et que les types se seront constitués d'une manière définitive et conforme aux conditions finales d'harmonie. Il en résulte que la science proprement dite, c'est-à-dire la connaissance méthodique des faits précis, arrêtés, rigoureusement constatés et susceptibles de coordination théorique, s'appuiera principalement sur l'étude des êtres arrivés au *summum* de développement et de complication organique : tandis que la philosophie de la nature, fondée sur la perception de transitions et de modifications continues, sur l'appréciation d'analogies et de similitudes qui ne comportent pas de mesure ni de détermination rigoureuse, devra principalement s'attacher à l'observation des organismes simplifiés et abaissés à l'état rudimentaire. En un mot, dans les sciences physiques, en chimie par exemple, le surcroît de complication tend à combler les distances, à manifester les analogies, à effacer les solutions de continuité, à favoriser l'induction philosophique en affaiblissant par cela même l'importance des caractères différentiels qui servent de base à la détermination et à la classification scientifiques ; le contraire arrive dans les sciences naturelles par le surcroît de complication de l'organisme : fait capital, qui marque bien le passage d'un ordre de phénomènes à un autre, et dont la raison profonde se trouve dans l'essence même de l'organisation, qui n'est qu'une tendance à l'unité par la coordination des parties.

152. — Ce concours harmonique des forces, des organes et des fonctions dans l'être vivant ne doit point se confondre avec l'harmonie générale de la nature. Quoique nous admirions, dans l'économie des phénomènes cosmiques, un ordre et un plan qui nous portent à y reconnaître l'œuvre d'une intelligence ordonnatrice, la science proprement dite, qui n'a point à sonder le mystère des causes premières, n'est nullement obligée d'attribuer aux forces de la nature, qui agissent comme causes secondes, pour la production de ces phénomènes généraux, aucun lien de solidarité entre elles, pas plus qu'il n'y en a entre les forces naturelles que l'homme met en jeu dans une machine ou une usine, bien qu'il ait par son intelligence ajusté les pièces et combiné les forces de manière à les faire concourir à un certain but. La force inhérente à chaque partie du système n'en suit pas moins sa loi, comme si les autres parties du système n'existaient pas ; et nous concevons, par exemple, que les planètes continueraient de graviter vers le soleil et de tourner régulièrement autour de cet astre, quand il cesserait d'être pour elles un foyer de lumière et de chaleur, absolument comme elles le font dans l'ordre actuel des choses, où la régularité de leurs

mouvements paraît si bien adaptée au mode d'influence des rayons solaires. De même, quoiqu'il y ait une harmonie manifeste entre l'organisation de l'animal herbivore et celle des végétaux destinés à lui servir de pâture, il ne peut venir en pensée que les forces qui concourent activement à la germination et au développement de la plante, influent, d'une manière pareillement active, et en tant que causes plastiques ou efficientes, sur l'organisation de l'animal, ou réciproquement. Mais, quand nous considérons l'animal en lui-même, comme être individuel et distinct, il nous est impossible au contraire de ne pas reconnaître un lien de solidarité entre les forces plastiques qui déterminent ici la formation du cœur, et là celle du poumon ou du cerveau ; entre les actions vitales qui élaborent les tissus, les humeurs, et celles qui doivent ultérieurement irriter les tissus, employer dans l'économie animale les humeurs sécrétées ; entre les actes qui préparent l'accomplissement d'une fonction et ceux par lesquels la fonction s'accomplit. Il s'agit alors, non plus d'un concert imputable à une coordination providentielle ou à une combinaison fortuite, mais d'une influence immédiate, active, déterminante, portant sur les causes secondes, et exercée par les forces à l'énergie desquelles nous rapportons immédiatement la production des phénomènes dont nous sommes témoins. Ce lien étroit de solidarité, ou ce *consensus* merveilleux entre les forces et les actions vitales est ce qui les fait qualifier de forces plastiques ou électives, lorsqu'il s'agit des phénomènes de la vie organique, et d'actions instinctives lorsque l'on considère plus particulièrement les fonctions de relation ou en général toutes celles qui appartiennent à la vie animale. Mais comme la lumière de la conscience n'éclaire que nos déterminations volontaires et réfléchies, tandis que les sens et l'imagination ne nous représentent que des effets mécaniques, nous nous trouvons dans l'impossibilité absolue de nous faire une notion et une représentation, même imparfaite, de la nature et des opérations d'un principe actif dont nous ne savons autre chose sinon qu'il agit fatalement, sans conscience et sans liberté, en se révélant par des œuvres si supérieures à tout ce que le mécanisme peut produire, et même à ce que l'intelligence de l'homme peut obtenir par des combinaisons réfléchies[1].

---

[1] « La force organisante qui, obéissant à une loi éternelle, produit et anime les membres nécessaires à l'existence du tout, ne réside dans aucun organe ; elle se révèle par la nutrition, même chez les monstres acéphales, jusqu'au moment de la naissance ; elle modifie le système nerveux déjà existant, aussi bien que tous les autres organes, chez la larve d'insecte qui se métamorphose, de sorte que plusieurs ganglions du cordon nerveux disparaissent, et que d'autres se confondent ensemble ; elle fait, pendant la métamorphose de la grenouille, que la moelle épinière se raccourcit à mesure que la queue perd son organisation et que les nerfs des extrémités se développent. L'activité agissant avec harmonie et sans conscience, se déploie aussi dans les phénomènes de l'instinct. Cuvier a très-bien dit que l'instinct est une sorte de rêve ou de vision qui poursuit toujours les animaux, et que ceux-ci semblent avoir dans leur sensorium des images ou sensations innées et constantes qui les déterminent à agir comme les sensations ordinaires et accidentelles déterminent communément. Mais ce qui excite ce rêve, cette vision, ne peut être que la force organisatrice agissant d'après des lois rationnelles. Cette force existe dans le germe antérieurement à tous les organes, de manière qu'elle paraît n'être enchaînée non plus à aucun organe chez l'adulte. La conscience, au contraire, qui ne donne lieu à aucun produit organique, et ne forme que des idées, est un résultat tardif du développement lui-même, et elle est liée à un organe dont son intégrité dépend, tandis que le premier mobile de toute organisation harmonique continue d'agir jusque chez le monstre privé d'encéphale. La conscience manque aux végétaux, avec le système nerveux, et cependant il y a chez eux une force d'organisation agissant d'après le prototype de chaque espèce

135. — C'est en assimilant indûment au principe, quel qu'il soit, de l'harmonie générale de la nature, le principe de l'unité harmonique de l'organisme et des fonctions dans l'être vivant, c'est-à-dire le principe même de la vie, que, dès la plus haute antiquité, les philosophes ont comparé le monde, dans son immensité, à un être vivant (μέγα ζῶον), tandis que les médecins et les physiologistes se sont plu à appeler l'homme un petit monde (μικρόκοσμος), dénomination qu'ils auraient aussi bien pu appliquer à tout animal autre que l'homme. Mais une telle assimilation ne va à rien moins qu'à méconnaître la distinction profonde entre le mécanisme et l'organisme, entre la nature inanimée et la nature vivante. Le monde n'est pas un animal gigantesque, mais une grande machine dont chaque élément obéit à sa loi propre et à la force dont il est individuellement doué, de telle sorte que la raison de leur concours harmonique doit être cherchée ailleurs que dans l'essence même de ces forces et dans leur vertu productrice ; et de même l'animal n'est pas seulement un petit monde, c'est-à-dire une petite machine incluse dans une grande, mais un être qui porte en lui son principe d'unité et d'activité harmonique, n'attendant pour se déployer que des stimulants extérieurs et une disposition favorable des milieux ambiants.

---

de plante. On ne peut donc pas regarder la force organisatrice comme analogue à la conscience, et son activité aveugle, nécessaire, ne saurait être comparée à aucune formation d'idées. Nos idées du tout organique ne sont que de simples images dont nous avons la conscience, au lieu que la force organique, la cause première de l'être organique, est une force créatrice, qui imprime des changements harmoniques à la matière. » J. MULLER. *Manuel de physiologie*, prolégomènes. Traduction française de Jourdan.

Néanmoins il faut bien reconnaître que le lien d'unité et de solidarité organique se montre, suivant les cas, plus ou moins resserré ou détendu. A cet égard, la plante n'est pas comparable à l'animal, ni l'animal des classes inférieures à l'animal que la nature a doué d'une organisation plus compliquée et plus parfaite. Chez les animaux même les plus parfaits, il y a des organes ou des systèmes d'organes dont la sympathie est plus vive, et d'autres qui remplissent avec plus d'indépendance individuelle leur rôle dans l'ensemble de l'organisme. Chez les animaux composés et chez les monstres doubles, des organismes se pénètrent de manière à dérouter les idées que les cas ordinaires et normaux nous suggèrent sur l'indépendance des êtres organisés et sur la solidarité de leurs parties constituantes.

134. — En définitive, le contraste entre les phénomènes purement matériels et ceux que les êtres vivants nous présentent tient à ce que notre manière de concevoir les forces physiques, c'est de les supposer inhérentes à des particules matérielles comme à leur *substratum* permanent et indestructible, tandis que le propre des forces vitales et plastiques, auxquelles la raison dit qu'il faut rapporter l'unité harmonique de l'être organisé, conformément au type de chaque espèce, et avec l'aptitude à des variétés héréditairement transmissibles, c'est de ne pouvoir être conçues comme adhérant, d'une manière fixe et immuable, à aucun *substratum* matériel, simple ou composé. Ainsi apparaissent, dès le seuil de la physiologie, toutes les difficultés et tous les mystères dont les philosophes se préoccupent surtout à propos des phénomènes qui ont pour théâtre la conscience humaine et qui donnent lieu à des actes

volontaires et réfléchis. Ce n'est pas seulement pour les phénomènes de cet ordre, le plus élevé de tous, mais pour toutes les fonctions de la vie que l'unité harmonique et l'énergie formatrice, toujours étroitement liées à des dispositions organiques et à des excitations physiques, ne peuvent cependant, à la manière des forces physiques, être réputées adhérentes à un *substratum* matériel, simple ou composé, à une molécule ou à un système de molécules : d'où résultent nécessairement une incohérence dans le système de nos conceptions, et une interruption dans leur enchaînement théorique, lorsque nous passons, de la description ou de l'explication des phénomènes de l'ordre physique, à la description ou à l'explication des phénomènes qui se produisent au sein de la nature vivante.

De là l'impossibilité de concevoir, dans l'histoire de la nature, la première apparition des êtres vivants, et la formation d'un organisme qui ne dériverait pas d'un organisme préexistant, comme nous concevons, par exemple, sans aucune difficulté, la formation des cristaux et la première manifestation des phénomènes chimiques, à la suite de la concentration graduelle d'une matière nébuleuse disséminée dans les espaces célestes. Du moment, en effet, que les forces auxquelles nous attribuons la puissance de produire les phénomènes physiques, sont censées inhérentes aux dernières particules de la matière, comme à leur *substratum*, nous n'avons nulle peine à admettre qu'elles y résident d'une manière permanente (que les circonstances leur permettent ou non de produire des effets sensibles), et il n'est point nécessaire de recourir à une intervention de la puissance créatrice pour douer les particules matérielles de ce genre de forces ou de propriétés, au moment même où les forces entrent en jeu. En d'autres termes, l'origine ou le commencement des phénomènes chimiques n'a rien pour nous de mystérieux, quoique l'essence des forces chimiques, comme l'essence de toute chose, se dérobe nécessairement à nos investigations. Au contraire, un voile mystérieux recouvre et doit nécessairement recouvrir, non-seulement l'origine de la vie et de l'organisation en général, mais les origines de chaque espèce vivante et les causes de la diversité des espèces selon les temps et les lieux. D'un côté, l'observation met hors de doute que ces espèces n'ont pas toujours existé ; d'autre part, les données de l'observation ne répugnent pas moins à ce que nous admettions un développement spontané, une formation de toutes pièces, produisant des animaux et des plantes par d'autres voies que celles de la génération ordinaire. Aussi voit-on que les savants les moins enclins à recourir aux explications surnaturelles, et qui ne s'aviseraient pas d'employer le mot de *création* pour désigner la formation des minéraux et des roches, des couches et des filons, des dépôts de houille et des colonnes de basaltes, parce que, dans la production de tous ces objets (et lors même que les circonstances actuelles ne permettraient pas qu'ils se produisent maintenant), nous n'avons aucune peine à reconnaître l'action des forces physiques, actuellement encore inhérentes à la matière, emploient au contraire les mots de *création animale* ou *végétale* pour désigner l'ensemble des espèces propres à une contrée ou à une période géologique : n'entendant point par là faire appel à une intervention surnaturelle, mais seulement marquer qu'il nous est également impossible d'admettre la perpétuité et de concevoir le commencement naturel de l'ordre de phénomènes que nous offre l'ensemble des êtres vivants. Il ne s'agit pas ici d'un problème de métaphysique, comme de savoir si le monde est ou n'est pas éternel, si la matière est créée ou incréée, si l'ordre du monde dépend de la Providence ou du hasard : il s'agit d'une question vraiment physique ou naturelle, portant sur des faits compris dans les limites du monde que nous touchons et des périodes de temps dont nous pouvons avoir et dont nous avons en effet des monuments subsistants. Il y a là une véritable lacune dans le système de nos connaissances : lacune que la raison éprouve le besoin de combler et qu'elle ne peut pas combler, précisément parce qu'il nous est impossible de concilier nos idées sur la matière et sur le mode d'action des forces vitales en donnant à celles-ci un *substratum* matériel, et en les rattachant ainsi aux forces qui produisent les phénomènes les plus généraux du monde sensible.

135. — Maintenant, quelle valeur faut-il attribuer à l'idée de *substratum* ou de *substance*, qui amène l'incohérence signalée ? Cette idée abstraite et générale, la première des catégories du Stagyrite, la pierre angulaire de tant de systèmes, le fondement de tout ce qu'on appelle *ontologie*, n'a pas, quoi qu'on en ait dit, de privilége qui la soustraie à un examen critique. Elle aussi demande à être jugée par ses œuvres, c'est-à-dire par l'ordre et la liaison qu'elle met dans le système de nos connaissances, ou par le trouble qu'elle y sème et les conflits qu'elle suscite. Cette idée de substance provient

originairement de la conscience que nous avons de notre identité comme *personnes*, malgré les changements continuels que l'âge, l'expérience de la vie et les accidents de toute sorte apportent dans nos idées, dans nos sentiments, dans nos jugements, et dans les jugements que les autres portent de nous. Cette idée tient donc naturellement à la constitution de l'esprit humain, et la structure des langues en fournirait au besoin la preuve. Mais, lorsque nous employons cette idée qui n'a rien de sensible, à relier entre eux les phénomènes sensibles, la raison pourrait douter de la légitimité de cette application faite hors de nous, si l'expérience ne nous enseignait pas qu'il y a, en effet, dans les corps quelque chose qui persiste, malgré tous les changements de forme, d'état moléculaire, de composition chimique et d'organisation (117). Ces renseignements de l'expérience suffisent pour établir que l'idée de substance, dans l'application que nous en faisons aux corps et à la matière pondérable, n'est pas simplement une abstraction logique, une fiction de notre esprit, et qu'elle a, au contraire, sa raison et son fondement dans l'essence des corps ; quoique nous soyions condamnés à ignorer toujours en quoi cette essence consiste, et quoique ces corpuscules étendus et figurés, qu'il nous plaît d'imaginer, ou plutôt que nous éprouvons le besoin d'imaginer pour servir de *substratum* aux phénomènes matériels et aux forces qui les produisent, ne soient qu'une pure hypothèse, contredite même par toutes les indications de la raison (116).

Lorsque nous étendons par analogie cette idée de substance ou de *substratum* matériel aux agents qu'on appelle impondérables, l'expérience nous fait jusqu'à présent défaut. Nous observons des phénomènes, nous en démêlons les lois, et rien ne nous assure qu'une systématisation de ces phénomènes et de leurs lois, dans laquelle se trouverait impliquée l'idée de substance, soit autre chose qu'une systématisation artificielle.

L'expérience aurait pu nous laisser toujours, à l'égard des corps pondérables, dans l'ignorance où elle nous laisse quant à présent en ce qui concerne les agents impondérables. A vrai dire, nous ignorions, pour les uns comme pour les autres, le vrai fondement de l'idée de substance, tant que la physique est restée dans les langes, et que nous n'avions aucun moyen de constater qu'il ne se fait (nonobstant quelques apparences grossières et trompeuses) aucune déperdition réelle de substance, c'est-à-dire de masse et de poids, dans les transformations innombrables que la matière subit sous nos yeux. Ceci n'empêchait pas d'observer la suite et l'enchaînement des phénomènes à l'égard des corps pondérables [1], comme nous le faisons encore pour les phénomènes attribués aux agents impondérables, et l'on a eu grand tort de dire qu'ôtée l'idée de substance, le spectacle de la nature n'est plus qu'une fantasmagorie ; car, à ce compte, les parties de la physique où l'on traite de la lumière, de l'électricité, de la chaleur, n'offriraient encore à l'esprit rien de lié, rien de réel, et devraient passer pour des fantasmagories savantes ; tandis que la fantasmagorie (φαντασία) ne se trouve au

---

[1] « Si corpora mera essent phænomena, non ideo fallerentur sensus. Neque enim sensus pronuntiant aliquid de rebus metaphysicis Sensuum veracitas in eo consistit, ut phænomena consentiant inter se, neque decipiamur eventibus, si rationes experimentis inædificatas probe sequamur. » LEIBNITZ. édit. Dutens, T. II. p. 519.

contraire que dans cette portion artificielle de nos théories où l'imagination, dépassant les limites de l'expérience, crée des fictions que la raison accepte provisoirement, mais seulement à titre d'échafaudages artificiels et de signes auxiliaires (116).

Si les procédés rigoureux d'expérimentation, dus au génie des modernes, avaient contredit l'application de la notion de substance, même aux corps pondérables ; s'il avait été bien constaté que, dans certaines circonstances, il y a des destructions de masse et de poids, comme il y a des destructions de force vive, on aurait défini les circonstances de cette destruction : et les corps pondérables n'auraient pas cessé pour cela de nous présenter le spectacle de phénomènes bien ordonnés, *phænomena bene ordinata*, selon l'expression de Leibnitz. Seulement on aurait eu un argument de plus et un argument péremptoire pour condamner l'hypothèse de ces atomes figurés et étendus, que déjà notre raison a tant de motifs de rejeter, et dont pourtant notre imagination ne peut pas se départir.

136. — La difficulté que, dans cette supposition, nous éprouverions à concevoir les forces physiques, sans adhérence à un *substratum* matériel, c'est-à-dire en définitive, sans adhérence à un corpuscule ou à un système de corpuscules figurés et étendus, est précisément celle que nous éprouvons à concevoir les forces vitales et plastiques ; puisque, dans le passage des phénomènes du monde inorganique à ceux de la nature vivante, la matière et la forme semblent changer de rôle : la persistance (dans une certaine mesure) de la forme ou du type tenant lieu de la persistance de la masse et du poids ; et la variabilité ou même (dans une

certaine mesure aussi) l'indifférence des matériaux succédant à la variabilité ou à l'indifférence des formes. C'est pour échapper à cette difficulté, qu'on a imaginé, aux diverses époques de la science, des hypothèses aujourd'hui jugées et définitivement condamnées, telles que celles de la génération spontanée, de l'emboîtement des germes, etc., au sujet desquelles nous n'avons pas à entrer dans des explications de détail, qui sont du ressort de l'anatomiste et du physiologiste, plutôt que du logicien et du métaphysicien. Il faut confesser cette difficulté, et même reconnaître qu'elle est insurmontable, puisqu'elle tient à une contradiction entre certaines lois de la nature et certains penchants de l'esprit humain : mais il ne faut pas non plus l'exagérer. La physique ordinaire (on vient de le montrer) n'est pas elle-même exempte de difficultés et de contradictions analogues. Et si la notion métaphysique de substance devient en certains cas une source de contradictions insolubles, la raison n'aura-t-elle pas le droit de condamner les applications forcées qu'on en voudrait faire à tel ordre de phénomènes, tout en reconnaissant qu'elle a sa racine dans l'esprit humain et qu'elle préside à l'organisation du langage humain? Nous allons voir tout à l'heure d'autres exemples de contradictions tenant à la même cause, et dont nous estimons qu'il faut tirer la même conséquence, si hardie qu'elle puisse paraître à certains esprits; si obscure ou si oiseuse qu'elle soit pour d'autres.

CHAPITRE X.

DES IDÉES D'ESPACE ET DE TEMPS.

137. — Nous croyons avoir démontré, aux chapitres VII et VIII, que les sens ne concourent directement à la connaissance du monde extérieur, qu'en tant qu'ils nous donnent la représentation de l'étendue ; et nous avons vu que cette vertu représentative est liée à la forme de la sensation, attendu que c'est uniquement par la forme qu'il y a homogénéité entre l'impression des sens et les causes extérieures de l'impression produite. Mais nous ne concevons pas seulement l'étendue en tant que propriété des agrégats matériels ou des corps qui tombent sous nos sens : nous la concevons aussi comme le lieu des corps, comme l'*espace* où les corps se meuvent et où s'opèrent tous les phénomènes du monde extérieur. Cette idée est telle, ou nous semble telle, qu'elle aurait encore un objet, quand même les corps cesseraient d'exister ; quand même les phénomènes dont l'espace est le théâtre cesseraient de se produire. De même nos sensations ont la propriété de durer ; le souvenir de nos sensations persiste ou dure encore après que les organes des sens ont cessé de subir l'impression des objets extérieurs. Les phénomènes du monde extérieur, dont les sensations nous procurent la connaissance, ont eux-mêmes une durée : et de la notion de la durée des phénomènes nous passons à l'idée du *temps* dans lequel les phénomènes se rangent et s'accomplissent. Cette idée est telle ou nous semble telle, qu'elle aurait encore un objet, quand même les phénomènes du monde extérieur se déroberaient à notre connaissance ou cesseraient de se produire; et que cet objet ne serait pas détruit par notre propre destruction, par la suppression de cette série d'affections et de phénomènes internes qui durent et qui se succèdent en nous.

Les deux idées fondamentales de l'espace et du temps ne sont donc pas seulement des éléments de la connaissance du monde extérieur : elles outrepassent cette connaissance; et c'est sous ce rapport que nous les envisageons ici. Elles se manifestent à l'intelligence avec un caractère de nécessité dans leur objet que n'ont pas les autres idées par le moyen desquelles nous concevons le monde extérieur. Sur les idées de l'espace et du temps, conçues avec ce caractère de nécessité qui s'impose à l'esprit humain, reposent des sciences susceptibles d'une construction *a priori*, qui n'empruntent rien à l'expérience; qui sont indépendantes de la considération des phénomènes du monde extérieur; dans l'étude desquelles les images empruntées au monde extérieur n'interviennent que pour aider le travail de l'esprit (110), sans laisser de traces dans le corps de la doctrine.

Ce caractère de nécessité est-il apparent ou réel? tient-il à la nature des choses ou à celle de l'esprit humain? Les idées de l'espace et du temps ne sont-elles que des manières de voir de l'esprit, des lois de sa constitution? ont-elles au contraire une valeur représentative, objective; et dans ce cas que représentent-elles? Il n'y a pas de système philosophique dont la réponse à ces questions ne soit en quelque sorte la clé ; pas de question philosophique d'un grand intérêt qui n'aboutisse par quelque point aux questions que soulèvent ces idées fondamentales. Que ces questions puissent être résolues ou qu'elles surpassent les forces de la raison ; que les discussions des philosophes les aient éclairées ou obscurcies ; ce n'est pas encore ce que nous voulons examiner : ce qui nous semble devoir passer pour un résultat clair, acquis à la discussion, c'est la parfaite analogie, la symétrie rigoureuse que toutes ces questions présentent, en ce qui concerne l'espace et en ce qui concerne le temps ; de manière que la solution donnée ou acceptée pour l'une des idées fondamentales, soit par cela même donnée ou acceptée pour l'autre, dans toutes les écoles et dans tous les systèmes.

138. — Ainsi, quand Newton et Clarke admettent dans toute sa plénitude la valeur représentative de l'idée du temps, ils sont conduits à l'admettre pour l'idée de l'espace. Ni l'espace, ni le temps ne pouvant, selon eux, être conçus comme des substances, ils en font les attributs d'une substance ; et parce que les idées de l'espace et du temps revêtent les caractères de nécessité et d'infinité, ils en font les attributs de l'Être nécessaire et infini. Le temps est l'éternité de Dieu, l'espace est son immensité ; et le rigoureux spiritualisme, la foi religieuse de ces grands hommes ont beau protester contre l'intention de donner de l'étendue et des parties à la substance divine : la force de l'analogie les entraîne.

Ainsi, quand Leibnitz soumet à l'épreuve critique,

tirée de son principe de la raison suffisante, les deux idées de l'espace et du temps, le résultat de l'épreuve est le même pour l'une et pour l'autre. Ni l'espace ni le temps ne peuvent avoir une existence absolue, pas plus à titre d'attributs de la substance divine qu'à titre de substances créées. Car, toutes les parties de l'espace étant parfaitement similaires, il n'y aurait pas de raison pour que le monde, supposé fini, occupât telle portion de l'espace infini plutôt que toute autre; et si le monde est infini, on pourrait toujours concevoir le système entier du monde se déplaçant dans l'espace absolu, tandis que les parties du système conserveraient leurs positions relatives, en sorte qu'il n'y aurait toujours pas de raison pour que chaque élément du système occupât tel lieu absolu plutôt que tout autre (116). De même, toutes les parties du temps étant parfaitement similaires, il n'y aurait pas de raison pour que la durée du monde, si cette durée est finie, correspondît à telle portion du temps absolu plutôt qu'à toute autre; et si le monde n'a ni commencement ni fin, on pourrait toujours concevoir un déplacement de toute la série des phénomènes dans le temps absolu, qui ne troublerait pas leurs époques relatives : de sorte qu'il n'y aurait pas de raison pour que chaque phénomène se produisît à tel instant plutôt qu'à tout autre. Donc, ni l'espace ni le temps ne peuvent avoir d'existence absolue : l'espace n'est que l'ordre des phénomènes coexistants; le temps n'est que l'ordre des phénomènes successifs : supprimez les phénomènes, et l'idée de l'espace comme celle du temps n'a plus d'objet.

Ainsi, pour troisième et dernier exemple, lorsque Kant, prenant le contre-pied de la théorie de Newton, refuse toute valeur objective à l'idée de l'espace, il en fait autant pour l'idée du temps. L'espace et le temps ne sont plus que des formes de la sensibilité humaine, des conditions subjectives de l'intuition des phénomènes. Ni l'idée de l'espace, ni l'idée du temps ne correspondent à l'ordre des choses, en tant que coexistantes ou en tant que successives ; elles correspondent à l'ordre suivant lequel les représentations des choses doivent s'arranger pour devenir des objets de notre intuition.

Il faut lire la correspondance célèbre entre Leibnitz et Clarke, qui peut passer pour un modèle de dialectique, et l'on suivra dans ses détails l'analogie dont nous ne faisons qu'esquisser les traits principaux. Encore une fois, il ne s'agit pas de prendre un parti dans ces systèmes métaphysiques ; il ne s'agit pas même de savoir si la prétention d'avoir en de pareilles matières un système ou un parti est ou non chimérique ; il s'agit de constater une analogie, une corrélation qui doit tenir à la nature des choses et non à nos systèmes, puisqu'elle se montre dans les systèmes les plus opposés.

139. L'analogie dont il s'agit est d'autant plus remarquable qu'elle ne se soutient pas en ce qui touche à l'origine psychologique des idées d'espace et de temps et à la nature des images sensibles à l'aide desquelles nous les concevons. Ce contraste prouve bien que nous avons la puissance de nous élever au-dessus des lois de notre propre nature et des conditions organiques de la pensée, pour saisir des rapports qui subsistent entre les objets mêmes de la pensée, et qui tiennent à leur nature intrinsèque (**88**). Psychologiquement (et par suite d'une propriété inhérente à la construction de nos

sens, ainsi qu'on l'a expliqué), l'étendue est pour nous l'objet d'une intuition immédiate, d'une représentation directe; il faut l'artifice des allusions et des signes pour que la durée devienne l'objet de notre intuition. Nous imaginons l'étendue avec le concours des images sensibles qui s'y associent naturellement (110); et nous ne pouvons imaginer la durée, qu'en attribuant à l'étendue une vertu représentative de la durée. Nous *alignons*, pour ainsi dire, les phénomènes successifs, afin d'avoir une image, et par suite une idée de leur ordre de situation dans le temps. Ce travail de l'esprit se manifeste dans les formes du langage : *antea* et *postea*, qui se réfèrent à l'ordre dans le temps, dérivent d'*ante* et de *post* qui se rapportent plus immédiatement à l'ordre dans l'espace; et c'est généralement ainsi que, pour la perception des idées dont la sensibilité ne nous fournit pas les images immédiates, nous sommes obligés d'y associer des images qui n'ont la vertu représentative qu'indirectement et, pour ainsi dire, de seconde main, à la faveur des analogies que la raison saisit entre des choses d'ailleurs hétérogènes; ce qui est le fondement de l'institution des signes et le principe de la perfectibilité humaine.

Les animaux, même les plus rapprochés de l'homme, ne nous paraissent avoir qu'une perception très-obscure des rapports de temps, de durée, et de tout ce qui s'y rattache. En effet, l'on peut dire que les sens ont été donnés à l'homme et aux animaux pour les conduire

---

[1] « Quamobrem præsens tempus primum locum occupavit; est enim commune omnibus animalibus. Præteritum autem iis tantum quæ memoria prædita sunt. Futurum vero paucioribus, quippe quibus datum est prudentiæ officium. » Scalig. *De caus. ling. lat.*, c. 113

dans l'espace ; la raison, au contraire, a surtout pour destination pratique de diriger l'homme dans le temps, de coordonner ses actes en vue des faits accomplis et des circonstances à venir. Cette destinée supérieure et ces facultés plus élevées ayant été refusées aux animaux, la perception nette du temps leur devenait superflue. Mais, par cela même que la faculté de percevoir le temps restait et devait rester à l'état rudimentaire, jusque chez les animaux les plus voisins de l'homme, elle ne pouvait, pour l'homme lui-même, atteindre à la clarté représentative propre à l'intuition de l'espace ; car, en tout ce qui tient au développement des puissances vitales, nous observons que la nature sème la variété sans perdre de vue un plan commun à la série des êtres : développant chez une espèce ce qu'elle n'a mis qu'en germe chez l'autre ou chez toutes les autres, plutôt que de créer de toutes pièces ce qui n'existerait point ailleurs, pas même en germe.

Quant à la perception de l'espace, les innombrables espèces animales l'ont évidemment aux degrés les plus divers, selon le rang qu'elles occupent dans l'échelle de l'animalité : et toujours nous remarquons, autant que l'induction nous permet d'en juger, que le degré de cette perception est parfaitement assorti au genre de mouvements que l'animal doit exécuter en conséquence de ses perceptions ; ou plutôt, comme on l'a expliqué (107), c'est l'acte même du mouvement qui donne originairement à l'animal une perception de l'espace, assortie aux fonctions qu'il doit remplir. L'animal a de l'espace une perception plus ou moins obscure et imparfaite, mais non pas fausse : sa perception étant, dans une mesure convenable, conforme à la réalité extérieure, et de plus accommodée à la nature des actes qu'il doit effectivement accomplir dans l'espace, d'après sa perception.

140. — La mesure de l'étendue ou des grandeurs géométriques s'opère par superposition, c'est-à-dire par le procédé de mesure le plus direct, le plus sensible, et en quelque sorte le plus grossier. La mesure de la durée est indirecte et repose essentiellement sur un principe rationnel. Nous jugeons que le même phénomène doit se produire dans le même temps, lorsque toutes les circonstances restent les mêmes à chaque reproduction du phénomène (48) : de sorte que, si la nature reproduit ou si nous pouvons reproduire artificiellement le même phénomène dans des circonstances parfaitement semblables, nous nous croirons avec raison en possession d'un étalon du temps ou d'une unité chronométrique, et nous nous en servirons pour mesurer la durée de tous les autres phénomènes. C'est ainsi que l'on pourra mesurer le temps ou la durée avec une clepsydre, en prenant pour unité de durée le temps que met à s'écouler le liquide ou la poussière fine dont on a rempli la clepsydre, et en se fondant sur le principe, certain *a priori*, que la durée de l'écoulement doit être la même, quand il n'y a de changement ni dans la masse liquide, ni dans le vase, ni dans l'orifice, ni dans les autres circonstances physiques du phénomène : quoique d'ailleurs nous ne connaissions d'une manière pleinement satisfaisante, ni par la théorie, ni même par l'expérience, les lois qui règlent la durée et les phases de l'écoulement. Le phénomène dont on prend la durée pour étalon du temps est ordinairement un mouvement périodique et autant que possible uniforme,

afin que les parties aliquotes de la période correspondent à des portions égales de la durée : mais c'est un tort de regarder (ainsi qu'on le fait souvent) le phénomène du mouvement comme la condition essentielle de la mesure du temps. L'unité de temps pourrait être le temps que met un corps (de matière, de forme et de dimensions bien définies) à passer de telle température à telle autre, dans un milieu dont la température et toutes les conditions physiques seraient de même exactement définies. Un phénomène physiologique, ou même un phénomène psychologique pourrait, par sa durée, fournir un étalon du temps, s'il était susceptible de se reproduire indéfiniment, dans des circonstances parfaitement identiques, sans que la répétition modifiât les conditions du phénomène.

On objectera peut-être que, si la raison pose *a priori* cette maxime générale, que la durée du même phénomène doit être la même, dans des circonstances parfaitement identiques, nous n'avons aucun moyen, dans les cas particuliers, de constater avec une certitude parfaite cette rigoureuse identité. Mais c'est encore ici qu'intervient un jugement de la raison, fondé sur des probabilités qui peuvent aller jusqu'à l'exclusion du doute. Lorsque les premiers astronomes ont comparé le mouvement diurne du soleil à celui des étoiles, ils ont pu à la rigueur mettre en question si c'était la durée du jour solaire qui restait constante et celle du jour sidéral qui variait, ou inversement; mais une foule d'inductions ont dû bientôt les amener à prendre pour terme constant la durée du jour sidéral, et lorsque ensuite on a vu toute la théorie des mouvements astronomiques s'enchaîner suivant des lois régulières, dans l'hypothèse de cette durée constante, tandis que l'hypothèse de la constance du jour solaire y porterait le trouble et le désordre, il n'a pas pu rester de doute sur l'hypothèse fondamentale de l'invariabilité du jour sidéral ; et bien avant même que les lois de la mécanique eussent donné la raison immédiate de l'invariabilité du mouvement de rotation de la terre dont la période coïncide avec celle du jour sidéral, on a dû régler tous les chronomètres sur le mouvement des étoiles, comme on règle tous les thermomètres sur le thermomètre à air (98), et par un motif analogue.

Ainsi, de toute manière, la mesure du temps requiert l'intervention de principes rationnels ; elle tient à la notion de la raison et de l'ordre des choses ; tandis que la mesure directe de l'étendue tombe immédiatement sous les sens : circonstance digne d'attention et qui cadre bien avec la remarque déjà faite, que la connaissance du temps ne peut être que confuse et rudimentaire là où la faculté de percevoir l'ordre et la raison des choses n'existe pas ou n'existe qu'en germe.

141. — En tant qu'elles fournissent les matériaux d'une science, et d'une science qui peut se construire indépendamment de l'expérience (28), les idées d'espace et de temps offrent encore une grande disparité. L'espace a trois dimensions et le temps n'en a qu'une. Il faut trois grandeurs (ou, comme disent les géomètres, trois *coordonnées*) pour fixer la position d'un point susceptible de se déplacer d'une manière quelconque dans l'espace ; il n'en faut plus que deux si le point est assujetti à rester sur une surface, par exemple sur un plan ou sur une sphère ; il n'en faut plus qu'une si le point est pris sur une ligne déterminée. Ainsi, les

étapes d'une route sont fixées, quand on assigne les distances à un point pris sur la route, tel que le point de départ ou l'*origine* du bornage de la route. Un point est fixé à la surface des mers, quand on en donne la longitude et la latitude ; mais, s'il s'élève au-dessus, ou s'abaisse au-dessous de la surface, il faudra assigner une troisième coordonnée, à savoir la hauteur au-dessus du niveau des mers, ou la profondeur au-dessous de ce même niveau. Au contraire, pour fixer l'époque d'un phénomène ou sa position dans le temps, il suffit, comme pour fixer le lieu d'un point sur une ligne, d'assigner une seule grandeur, à savoir le temps écoulé ou qui doit s'écouler, entre un instant pris pour ère ou pour origine du temps, et l'instant du phénomène. De là l'infinie variété des rapports de grandeur, de configuration, de situation et d'ordre, qui sont l'objet de la géométrie ; tandis que l'idée du temps, vu son extrême simplicité, ne saurait fournir l'étoffe d'une théorie qui mérite le nom de science, tant qu'elle n'est pas associée aux conceptions abstraites de la géométrie, ou à d'autres notions suggérées par l'étude expérimentale du monde physique.

142. — Après avoir indiqué les contrastes, revenons aux analogies (138), et voyons si nos procédés de critique philosophique n'ont absolument aucune prise sur ces questions abstruses que les métaphysiciens ont soulevées à propos des grandes et fondamentales idées de l'espace et du temps. Ces idées ne seraient-elles en effet, comme Kant le veut, que des lois de l'esprit humain, des formes où doivent en quelque sorte venir se mouler les idées plus particulières dont la sensibilité fournit les matériaux à l'entendement, des règles à la faveur desquelles devient possible l'expérience qui nous instruit de l'existence des objets extérieurs ? Donner, hors de l'esprit humain, une valeur objective aux idées de temps et d'espace, est-ce céder à une illusion du même genre que celle qui nous fait transporter aux arbres du rivage le mouvement du navire qui nous emporte, et au système des astres le mouvement de la terre d'où nous les observons (7) ?

Mais, par quel prodigieux hasard, s'il en était ainsi, les phénomènes dont la connaissance nous arrive s'enchaîneraient-ils suivant des lois simples, qui impliquent l'existence objective du temps et de l'espace ? La loi newtonienne, par exemple, qui rend si bien raison des phénomènes astronomiques, implique l'existence, hors de l'esprit humain, du temps, de l'espace et des relations géométriques. Comment admettre que les phénomènes astronomiques, si manifestement indépendants des lois ou des formes de l'intelligence humaine, viendraient se coordonner, d'une manière simple et régulière, en un système qui ne signifierait pourtant rien hors de l'esprit, parce que la clé de voûte de ce système serait un fait intellectuel, humain, mal à propos transporté dans le monde où s'accomplissent les phénomènes astronomiques ? Ce qui se dirait des phénomènes astronomiques pourrait se dire de tous ceux que la science a ramenés à des lois régulières, simples, et qui paraissent tenir de très-près, en raison de cette simplicité même, aux lois primordiales qui nous sont cachées.

Au surplus, nous n'en sommes pas réduits à insister sur de telles inductions, quelque pressantes qu'elles soient. Nous pouvons pénétrer et nous avons effectivement pénétré plus avant dans la nature de l'acte qui nous donne la connaissance de l'espace. L'analyse de nos facultés intellectuelles nous a fait, pour ainsi dire, toucher du doigt la corrélation sur laquelle la nature se fonde et les procédés qu'elle emploie pour donner, non-seulement à l'homme, mais aux autres espèces animales, la représentation et la perception de l'espace, selon la mesure de leurs besoins. La hardie négation de Kant se trouve réfutée d'avance par cette analyse même qui nous montre avec évidence la raison de la valeur représentative des impressions sensibles, en ce qui touche à la configuration et aux rapports géométriques des objets d'où ces impressions émanent. Il n'en résulte pas sans doute de démonstration catégorique et l'on sait que le système du grand logicien allemand, c'est de réputer sans valeur tout ce qui n'est pas établi par une démonstration logique : mais la raison se refuse à le suivre dans cette voie qui aboutit nécessairement, comme tout le monde l'a remarqué, à l'idéalisme pur ou au scepticisme le plus absolu.

143. — Que si l'on veut aller plus loin et suivre les ontologistes dans leurs controverses sur la nature de l'espace et du temps, on se heurte sans doute contre des contradictions insolubles. Il y a des difficultés également insurmontables à regarder l'espace et le temps comme des substances ou comme les attributs d'une substance, et il faut pourtant bien, dans la hiérarchie ontologique, que les objets de notre connaissance viennent se ranger parmi les substances ou parmi les attributs des substances. Mais de pareilles contradictions ne déposent pas nécessairement contre la valeur objective des idées d'espace et de temps : elles s'expliquent

aussi bien et mieux encore, si l'on admet que la philosophie ontologique part d'un principe arbitraire quand elle entreprend de classer en substances et en attributs tous les objets de la connaissance ; et cela vient à l'appui des remarques déjà faites (155 et 156), comme de celles que nous ferons ultérieurement. Il n'y a rien de plus clair dans l'esprit humain que les conceptions de l'espace et du temps et tout ce qui s'y rattache : il n'y a rien de plus obscur que la notion de substance et tout ce qu'on en a voulu déduire. En bonne critique, il ne faut pas juger de ce qui est clair par ce qui est obscur ; il faut au contraire que les idées claires par elles-mêmes projettent leur lumière sur les régions obscures du champ de la connaissance, et nous aident à en chasser les fantômes.

Les idées d'espace et de temps sont tellement claires par elles-mêmes, qu'elles échappent nécessairement à toute définition. Lorsque Leibnitz définit l'espace : l'ordre des choses coexistantes, et le temps : l'ordre des existences successives, il est trop clair que ses définitions présupposent l'idée des objets définis, et qu'elles ne nous apprendraient rien sur leur nature, si nous n'en avions l'idée antérieurement à la définition. Mais pourtant ces définitions ont un sens philosophique en ce qu'elles indiquent que l'idée d'ordre, par son degré de généralité, domine les idées du temps et de l'espace, non point seulement dans l'échelle des abstractions logiques, mais bien plutôt dans celle des conceptions rationnelles : de sorte que, dans la théorie de l'ordre en général, se trouve la raison d'un grand nombre de propriétés et de rapports que les géomètres ont d'abord spécialement étudiés sous les formes (comparativement moins abstraites et plus sensibles) de l'espace et du temps.

144. — Leibnitz, en recourant à ces définitions, a entendu exprimer une pensée plus importante encore : à savoir que, si les idées d'espace et de temps ne sont pas des illusions fantastiques, des formes de notre entendement; si elles ont au contraire une réalité externe ou objective, cette réalité externe ne doit pas être prise dans un sens absolu, mais dans un sens phénoménal et relatif, pour employer une terminologie qui n'est pas précisément celle de Leibnitz, mais que nous croyons devoir préférer et dont nous avons tâché de fixer, dès le début de nos recherches (8 *et suiv.*), le sens et la valeur. C'est à ces termes que nous ramenons le fond du débat entre Leibnitz et Clarke, bien qu'eux-mêmes n'y aient pas mis cette sécheresse logique, parce qu'ils étaient surtout préoccupés, dans leur controverse, des questions de théologie naturelle qu'ils y rattachaient.

Leibnitz a étayé sa thèse d'arguments *a priori*, tirés du principe de la raison suffisante (138), et dont, pour notre part, nous admettons la force probante; mais y aurait-il en outre des inductions légitimes, capables de corroborer ces arguments *a priori* ? Il y en a en effet, et de plusieurs sortes. D'abord, les deux principes fondamentaux de la dynamique, le principe de l'inertie de la matière (119) et celui de la proportionnalité des forces aux vitesses, sont l'un et l'autre des résultats de l'expérience et ne sauraient être donnés que par l'expérience, tant qu'on fait profession de ne rien affirmer sur la valeur absolue ou relative des idées d'espace et de temps; mais l'un et l'autre aussi sont des consé-

310

quences nécessaires de la théorie leibnitzienne qui n'attribue aux idées de temps et d'espace qu'une valeur phénoménale et relative [1]. Or, si une loi de la nature a

---

[1] Concevons un système qui comprenne tous les corps susceptibles d'exercer les uns sur les autres des actions appréciables : et, si la matière n'est pas indifférente au repos comme au mouvement, il y aura une différence essentielle et observable, entre l'état du système lorsque les corps sont absolument fixes, et l'état du même système, lorsque les particules qui le composent sont animées d'un mouvement commun de translation, en vertu duquel elles décrivent avec la même vitesse des droites parallèles, sans que rien soit changé dans leurs positions relatives, et, par conséquent, dans les actions qu'elles exercent les unes sur les autres. L'expérience prouve le contraire : mais c'est aussi ce qu'on peut nier avant toute expérience, dès qu'on admet avec Leibnitz que l'idée de l'espace n'est qu'une idée de relation, et que la raison ne peut concevoir que des mouvements et des repos relatifs.

Les mêmes considérations s'appliquent au principe de la proportionnalité des forces aux vitesses. Imaginons, pour plus de simplicité, que les particules matérielles A, B, C,.... supposées d'égale masse, soient soumises à l'action de forces égales F, qui leur font décrire avec des vitesses égales des droites parallèles ; et qu'en outre une force F' agisse dans la même direction sur la seule particule A : il faudra que l'effet de cette force F' soit d'imprimer à A une vitesse relative, absolument indépendante du mouvement commun du système, produit par l'action des forces F sur toutes les particules A, B, C,.... dont il se compose. Donc, si l'on considère isolément la particule A, soumise aux forces F, F', il faudra que les effets de ces deux forces s'ajoutent purement et simplement, chaque force produisant son effet comme si l'autre n'existait pas, et la vitesse totale étant la somme des vitesses que chaque force aurait imprimées à la particule A, en agissant seule. En conséquence, une force double, c'est-à-dire la réunion de deux forces capables d'imprimer séparément des vitesses égales, imprimera une vitesse double ; une force triple imprimera une vitesse triple ; en un mot, les vitesses croîtront proportionnellement aux forces qui les produisent.

Les géomètres et les physiciens de l'école contemporaine, en admettant le principe de la proportionnalité des forces aux vitesses comme l'une des bases de la science du mouvement, l'ont généralement admis comme une donnée de l'expérience ou comme un fait d'observation. Quelques-uns ont cru n'y voir qu'une définition, d'autres un théorème ordinaire de mathématiques, susceptible d'être démontré comme tout autre théorème : mais alors ils sont tombés dans des paralogismes où l'on a refusé de les suivre. Le principe en question, tout comme le

besoin de preuve empirique, tant qu'on ne préjuge rien sur la valeur d'un principe philosophique, et si, d'autre part, elle est une conséquence nécessaire de ce même principe, inversement l'expérience qui constate la loi pourra être censée donner *a posteriori* la confirmation du principe, ou du moins vaudra comme une induction puissante en faveur du principe.

Nous pourrions reproduire encore la remarque déjà faite (**116**), au sujet de l'hypothèse des atomes figurés et étendus, à savoir que, si les idées d'espace et de temps avaient un objet réel, d'une réalité absolue, il serait donné à notre intelligence d'atteindre par ses seules forces à ce qui est primitif et absolu ; ce qui peut paraître, par bien des motifs, très-peu probable, quoique cela ne soit pas, ni ne puisse être démontré impossible. Mais nous préférons insister sur des considérations d'un autre ordre, auxquelles nous avons plus habituellement recours dans ce genre de recherches.

---

principe d'inertie avec lequel, en réalité, il ne fait qu'un, ne peut être effectivement qu'une donnée empirique, tant que l'objet de l'idée d'espace est regardé comme quelque chose d'absolu ; tant que la distinction entre les mouvements absolus et les mouvements relatifs est regardée comme quelque chose d'absolu, et non pas comme une distinction qui n'est elle-même que relative. Si, au contraire, avec Leibnitz, on n'admet pas qu'il puisse y avoir rien d'absolu dans les idées d'espace et de mouvement, le principe de la proportionnalité des forces aux vitesses ne requiert plus l'intervention de l'expérience. Ce n'est pas non plus un théorème mathématique ou une définition purement logique : c'est un axiome philosophique. Voyez Laplace, *Exposition du système du monde*, liv. III, chap. 2 ; Poisson, *Traité de mécanique*, 2ᵉ édit., T. I, n° 116. On peut consulter aussi le discours préliminaire et la première partie du *Traité de Dynamique* de d'Alembert : il est curieux de voir comment d'Alembert, qui se croyait bien éloigné de philosopher à la manière de Leibnitz, emploie, pour établir ce qu'il appelle la nécessité des lois du mouvement, des raisonnements qui ne sont qu'une application continuelle du principe fondamental de la doctrine leibnitzienne.

Admettons que l'esprit ait un penchant (comme il l'a sans aucun doute) à attribuer une réalité absolue à ce que nous concevons sous les noms d'espace et de temps, et que ce penchant soit trompeur : il y aura très-probablement des incohérences dans le système de nos idées, tenant à un défaut d'harmonie entre la nature des objets de la pensée et la manière de les penser ; et réciproquement, s'il se manifeste des incohérences, des oppositions dans le système de nos idées, par suite de l'attribution d'une réalité absolue aux idées d'espace et de temps, il en faudra conclure, avec une probabilité du même ordre, que ces idées n'ont pas objectivement la valeur absolue que l'esprit humain voudrait leur accorder, par une condition de son organisation comme sujet pensant.

145. — Or, de telles oppositions, de tels conflits existent à propos des idées d'espace et de temps, et donnent lieu à ce que Kant a décrit sous le nom d'*antinomies de la raison pure*, dans la partie la plus remarquable, suivant nous, de son œuvre de critique [1]. Il répugne de concevoir le monde comme limité dans l'espace, et comme ayant un commencement et une fin dans le temps ; il ne répugne pas moins de concevoir le monde comme n'ayant ni limites, ni commencement, ni fin : première antinomie. Il répugne de concevoir une limite à la divisibilité de la matière ; et il ne répugne pas moins de concevoir la matière comme divisible à l'infini : seconde antinomie. La *thèse* et l'*antithèse* se prouvent également bien et se détruisent l'une l'autre. Kant met sur la même ligne deux autres an-

---

[1] *Critique de la raison pure*. — *Dialectique transcendantale*, liv. II, chap. I.

tinomies, dont nous n'avons pas besoin de parler ici.

Ces antinomies ou (pour parler un langage moins technique) ces contradictions sont réelles ; il n'est pas nécessaire, pour en être frappé, de recourir à des arguments pourvus des formes scolastiques, il suffit de parcourir les livres des philosophes, d'entrer un peu dans leurs débats interminables. Mais, à nos yeux, ce ne sont pas des contradictions de la raison, ce sont des contradictions de l'esprit humain, chose bien différente ; car, si la raison ne peut se contredire elle-même sans perdre son unité et son autorité régulatrice, on peut bien comprendre que, dans l'organisation complexe de l'esprit humain, des rouages soient capables de se contrarier, et que l'entendement, dans sa manière d'élaborer et de relier les matériaux fournis par les sensations, ait ses illusions comme il y en a dans les sensations, ou dans certains jugements spontanés qui s'associent constamment aux sensations et que la raison désavoue (85).

C'est là le seul motif plausible que puisse faire valoir Kant pour refuser aux idées d'espace et de temps toute valeur objective, et pour ne les considérer que comme des formes de la sensibilité ; mais en cela il va trop loin : car il suffit d'admettre avec Leibnitz que l'espace et le temps sont des phénomènes, qui n'ont objectivement qu'une réalité relative et non absolue, pour faire évanouir des contradictions où le point de départ des deux thèses contraires est l'attribution d'une valeur objective absolue à l'idée de l'espace et à celle du temps.

L'esprit humain est organisé pour percevoir, dans l'espace et dans la durée, des rapports qui existent effectivement hors de lui et indépendamment de lui. Il pénètre ainsi dans la réalité, mais dans une réalité relative, phénoménale, dont la connaissance suffit aux besoins et au rôle de l'homme dans le monde. Lorsqu'il est tenté de l'outrepasser et d'ériger cette réalité relative en réalité absolue, il cède sans doute à un penchant de sa nature, mais ce penchant le trompe, et la raison l'en avertit, en lui montrant des abîmes sans fond et des contradictions sans issue.

146. — Les deux antinomies kantiennes ne sont pas les seules contre lesquelles se heurte l'esprit humain, dès qu'il a la prétention d'atteindre à l'essence des choses ou à la réalité absolue, dans la double conception de l'espace et du temps. Le *plein* des cartésiens est insoutenable dans l'état de la physique, et les actions à distance, à travers le vide, tel que les newtoniens le conçoivent, sont absolument incompréhensibles. C'est une hypothèse que la force des habitudes scientifiques nous a rendue familière, mais qui n'en devrait pas moins choquer notre raison, autant qu'elle choquait celle des Leibnitz, des Bernoulli et des Huygens, s'il fallait considérer le vide ou l'espace comme quelque chose de primitif et d'absolu qui subsiste indépendamment des phénomènes du monde matériel, et non pas plutôt comme une relation entre des phénomènes dont le fondement et le principe essentiel échappe absolument à nos moyens de perception et de connaissance.

Mais, qu'est-ce qu'une pareille contradiction dans la conception que l'homme peut avoir du monde physique, auprès des contradictions dans la conception que l'homme a de lui-même, de l'action des organes sur l'esprit et de l'esprit sur les organes, et en général de tous les phénomènes de la vie organique, animale, intellectuelle, dont les uns lui sont propres, tandis qu'il est pour les autres en communauté de nature avec une si prodigieuse variété d'êtres inférieurs? Il répugne de concevoir l'intelligence et la pensée, la force vitale et plastique diffuses dans une substance étendue, grande ou petite, dans un système de particules à distance comme dans un tout continu; il répugne de les concevoir inhérentes à une particule ou à une agrégation de particules déterminées, ou d'imaginer qu'elles se transportent d'une particule à l'autre, d'un groupe matériel à un autre groupe, au fur et à mesure du renouvellement des matériaux de l'organisme. Il répugne même d'assigner au principe de la vie et de la pensée un lieu dans l'espace; de fixer (comme dirait un géomètre) les coordonnées d'un point de l'espace où l'esprit aurait son siége, et d'où il agirait sur les organes, après avoir ressenti et perçu les modifications de l'organisme. De toutes parts il y a contradiction pour la raison, si l'étendue est conçue comme quelque chose d'absolu, si l'espace est quelque chose de nécessaire, de primitif et d'immuable. Mais, au lieu de contradictions dans le système de nos connaissances, il n'y a plus que des faits qui surpassent nos connaissances, si les corps, si l'espace ne sont que des phénomènes dont il nous est bien donné de percevoir la réalité externe, mais non le fondement absolu et l'essence première.

Il y a dans la nature de l'homme des besoins qui n'auraient pas satisfaction, des facultés qui sembleraient vaines et trompeuses, si tout finissait pour lui avec la vie animale. D'un autre côté, il répugne de placer dans l'espace et dans le temps l'accomplissement des destinées supérieures de l'homme, en dehors de la sphère des phénomènes organiques et des faits sensibles. Nous ne prétendons point que la raison livrée à elle-même soit habile à sonder ces mystères : nous disons seulement qu'en présence de tels mystères et pour la conciliation de croyances instinctives ou acquises qui semblent se combattre, la raison trouve de nouveaux motifs d'admettre que les formes de l'espace et du temps, toujours conçues comme inhérentes aux phénomènes et non à la constitution de l'esprit humain, n'ont pourtant elles-mêmes qu'une valeur phénoménale.

Nous nous gardons d'avancer que la probabilité philosophique de cette solution soit une probabilité de même ordre que celle qui rend légitime, aux yeux de la raison, la croyance de sens commun à l'existence objective des corps, à celle du monde extérieur, tel qu'il se montre à nous dans l'espace et dans le temps. Que ceux pour qui de telles inductions sont sans valeur abandonnent le champ de la spéculation philosophique, ils en ont pleinement le droit : pour ceux à qui une telle désertion répugnerait, il faut accepter les inductions comme elles s'offrent ; autant que possible, sans se faire illusion à soi-même, et surtout sans vouloir faire illusion à d'autres.

CHAPITRE XI.

DES DIVERSES SORTES D'ABSTRACTIONS ET D'ENTITÉS. — DES IDÉES MATHÉMATIQUES. — DES IDÉES DE GENRE ET D'ESPÈCE.

147. — Déjà nous avons indiqué d'une manière générale comment la connaissance ou l'idée se dégage de l'impression sensible : il y a dans ce travail de l'esprit sur les matériaux qui lui sont fournis par la sensibilité, une série d'analyses et de synthèses, de décompositions et de recompositions, comparables à ce qui se passe dans l'élaboration des matériaux que l'animal emprunte au monde extérieur pour y puiser les principes et en former les matériaux immédiatement appropriés au développement et à la réparation de ses organes. La comparaison est d'autant plus admissible que, dans un cas comme dans l'autre, il ne s'agit pas simplement d'isoler des parties juxtaposées, ou d'agréger des parties isolées : il faut concevoir au contraire que, dans un cas comme dans l'autre, par l'élaboration des matériaux primitifs, faite sous l'influence d'un principe vital, les produits des combinaisons acquièrent des propriétés qui n'appartiennent ni en totalité ni en partie aux éléments isolés ; tandis qu'inversement la dissociation des éléments permet la libre manifestation de propriétés que l'état de combinaison neutralisait ou rendait latentes.

La décomposition ou l'analyse à laquelle la force de

l'intelligence soumet les matériaux de la sensibilité, se nomme *abstraction* ; et bien que toutes les idées que nous avons des choses, même de celles qui tombent immédiatement sous nos sens, puissent être abstraites ou séparées de l'impression sensible qui les accompagne (109 *et suiv.*), on donne particulièrement le nom d'*idées abstraites* à celles que nous procure une abstraction ou une décomposition ultérieure à laquelle nous soumettons les idées des objets sensibles. D'une autre part, l'acte de composition ou de synthèse par lequel la pensée coordonne les matériaux fournis par la sensibilité, en y introduisant un principe d'unité et de liaison systématique, aboutit à la conception d'*entités*, que l'on qualifie souvent aussi d'idées abstraites, par opposition aux images des objets sensibles ; mais qu'il faut pourtant distinguer des idées obtenues par voie de décomposition ou d'abstraction proprement dite. La formation des idées abstraites et des entités n'est pas réservée aux philosophes et aux savants : le travail qui les produit, commence dès que l'esprit humain entre en action, et se manifeste dans l'organisation des langues, quel que soit le degré de culture des peuples qui les parlent. Notre but, dans ce chapitre, doit être de discerner, à l'aide des règles de critique dont nous tenons à montrer partout l'application, la part qui revient à la constitution des objets pensés et la part qui revient aux lois régulatrices de la pensée, dans la formation des idées abstraites proprement dites, et dans la conception de ces types purement intelligibles, que nous ne craignons pas de nommer entités, quoiqu'à une certaine époque les philosophes aient abusé du mot et de la chose, et quoiqu'à une autre époque la chose et le mot soient tombés dans un injuste décri.

148. — Remarquons d'abord qu'on se ferait de l'abstraction une notion fausse, ou tout au moins très incomplète, si l'on n'y voyait qu'un procédé de l'esprit qui isole les propriétés d'un objet pour les étudier à part et arriver ainsi plus aisément à la connaissance de l'objet. Ceci est l'abstraction, telle qu'on l'entend dans la logique vulgaire ; et en ce sens les idées abstraites, les sciences abstraites seraient des produits purement artificiels de l'entendement, ce qui n'est vrai que de certaines idées et de certaines sciences abstraites. Mais il y a une autre abstraction (celle-là même qui nous a donné, pures de toute image sensible, les idées de l'étendue et de la durée, de l'espace et du temps), abstraction en vertu de laquelle nous distinguons par la pensée des éléments indépendants les uns des autres, quoique la sensation les confonde. Il y a des idées abstraites qui correspondent à des faits généraux, à des lois supérieures auxquelles sont subordonnées toutes les propriétés particulières par lesquelles les objets extérieurs nous deviennent sensibles : et les sciences qui ont pour objet de telles idées, qui embrassent le système de telles lois et de tels rapports, ne doivent point passer pour des sciences de création artificielle, conventionnelle et arbitraire.

Pour prendre un exemple propre à faire sentir la distinction que nous voulons établir, considérons un corps solide, en mouvement dans l'espace. On peut prendre à volonté un point de la masse et considérer le mouvement du corps comme le résultat de la combinaison de deux autres mouvements ; l'un par lequel tous les points de la masse se mouvraient d'un mouvement commun, le même que celui du point en question ; l'autre par lequel le corps solide tournerait d'une certaine manière autour de ce même point auquel on attribuerait alors une fixité idéale. La décomposition du mouvement réel du corps en ces deux mouvements fictifs, l'un de translation, commun à tous les points de la masse, l'autre de rotation, relatif à l'un des points de cette masse, s'effectuera d'une infinité de manières différentes, suivant qu'on aura choisi arbitrairement tel ou tel point de la masse pour centre du mouvement relatif. Cette décomposition idéale du mouvement réel du corps en deux autres pourra encore donner lieu à des décompositions ultérieures qui seront ou qui pourront être, comme la décomposition primitive, accommodées à notre manière de concevoir le phénomène, qui fourniront des images propres à en faciliter la description et l'étude, mais qui, en général, seront arbitraires et non fondées sur la nature même du phénomène.

Supposons maintenant qu'il s'agisse du mouvement d'un corps solide, soumis à la seule force de la pesanteur, et n'éprouvant pas de résistance de la part du milieu dans lequel il se meut : il y a pour ce corps un point connu sous la dénomination de *centre de gravité,* et qui jouit de cette propriété, que, si on le prend pour centre du mouvement de rotation imaginé tout à l'heure, les deux mouvements de translation et de rotation, devenus indépendants l'un de l'autre, s'accomplissent chacun séparément comme si l'autre n'existait pas. En conséquence, l'abstraction qui distingue ou qui isole ces deux mouvements cesse alors d'être une abstraction artificielle ou purement logique : elle a son fondement, sa raison dans la nature du phénomène, et nous en donne la conception ou la représentation véritable.

149. — Quand, dans la vue d'étudier plus facilement les conditions d'équilibre et de mouvement des corps solides et fluides, nous imaginons des solides doués d'une rigidité parfaite, des fluides dépourvus de toute viscosité, de toute adhérence entre leurs parties, nous faisons abstraction de quelques-unes des qualités naturelles que ces corps possèdent; nous construisons en idée, pour simplifier les problèmes que nous nous proposons de résoudre et pour les accommoder à nos procédés de calcul, des corps dont le type ne se trouve pas réalisé dans la nature, et n'est peut-être pas réalisable. A la vérité, et par une heureuse circonstance, les corps solides et les fluides, tels que la nature nous les offre, ne s'éloignent pas tant des conditions fictives de rigidité et de fluidité absolues, qu'on ne puisse considérer les résultats théoriques, obtenus à la faveur de ces conditions fictives, comme représentant déjà avec assez d'approximation les lois de certains phénomènes naturels. C'est en cela que consiste l'utilité de l'hypothèse ou de la conception abstraite, substituée artificiellement aux types naturels des corps solides et des fluides.

Lorsqu'on étudie les lois d'après lesquelles les richesses se produisent, se distribuent et se consomment, on voit que ces lois pourraient s'établir théoriquement d'une manière assez simple, si l'on faisait abstraction de certaines circonstances accessoires qui les compliquent, et dont les effets ne sauraient être que vaguement appréciés, par suite de cette complication. En conséquence, on admettra que les richesses ou les valeurs commerçables peuvent circuler sans la moindre gêne, passer immédiatement d'une main à l'autre, se réaliser, se négocier, s'échanger contre d'autres valeurs ou contre des espèces, au gré du propriétaire, au cours du jour et du marché ; on admettra le parfait nivellement des prix sous l'influence de la libre concurrence : suppositions dont aucune n'est vraie en toute rigueur, mais qui approchent d'autant plus d'être vraies, qu'on les applique à des denrées sur lesquelles s'exerce de préférence la spéculation commerciale, à des pays et à des temps où l'organisation commerciale a fait plus de progrès.

De pareilles abstractions, par lesquelles l'esprit sépare des faits naturellement associés et dépendant les uns des autres (abstraction dont on pourrait se passer, si l'esprit humain était capable d'embrasser à la fois toutes les causes qui influent sur la production d'un phénomène, et de tenir compte de tous les effets qui résultent de leur association et de leurs réactions mutuelles), sont ce que nous proposons d'appeler des *abstractions artificielles*, ou, si l'on veut, des *abstractions logiques*.

150. Il y a d'autres abstractions déterminées par la nature des choses, par la manière d'être des objets de la connaissance, et nullement par la constitution de l'esprit ou à cause du point de vue d'où l'esprit les envisage. Telles sont assurément les abstractions sur lesquelles porte le système des mathématiques pures : les idées de nombre, de distance, d'angle, de ligne, de surface, de volume. Il est dans la nature des choses que certains phénomènes résultent de la configuration des corps, et ne dépendent pas des qualités physiques de la matière dont les corps sont formés (1). Lors donc

que notre esprit fait abstraction des qualités physiques de la matière, pour étudier à part les propriétés géométriques ou de configuration, il ne fait que se conformer à l'ordre suivant lequel, dans la nature, certains rapports s'établissent, certains phénomènes se développent à côté, mais indépendamment des autres. A bien plus forte raison, si les progrès que nous faisons dans l'interprétation philosophique de la nature tendaient de plus en plus à nous donner les moyens d'expliquer par des rapports géométriques tous les phénomènes de l'ordre physique dont on a pu étudier soigneusement les lois ; si la physique tendait à se résoudre dans la géométrie, il serait conforme à la nature des choses et non pas seulement à la nature de l'esprit humain, d'isoler par la pensée un système de faits non-seulement généraux, mais fondamentaux : un système de rapports qui domine les autres ou qui en contient la raison objective, à tel point qu'on a pu voir dans la géométrie la pensée de Dieu et appeler Dieu l'éternel géomètre. De telles abstractions, indépendantes de la pensée humaine, supérieures aux phénomènes de la pensée humaine, ne doivent point être confondues avec ces abstractions artificielles que l'esprit imagine pour sa commodité, et nous proposons de les appeler *abstractions rationnelles*.

151. — Les motifs qui nous portent à attribuer une valeur objective aux abstractions géométriques, sont de même nature que ceux qui nous font croire à l'existence du monde extérieur, ou qui nous font attribuer une valeur objective aux idées fondamentales de l'espace et du temps. Si la notion de la ligne droite ou de la distance n'était qu'une fiction de l'esprit, une

idée de création artificielle, par quel hasard se ferait-il que les forces de la nature, la force de la gravitation, par exemple, varieraient avec les distances suivant des lois simples, seraient (comme disent les géomètres) *fonctions* des distances, de telle sorte que la variation de la distance est nécessairement conçue comme la cause ou la raison de la variation de la force? D'où viendrait cet harmonieux accord entre les lois générales de la nature, dont nous ne sommes que les témoins intelligents, et une idée déterminée par la constitution de notre entendement, qui n'aurait de valeur que comme invention humaine et comme produit de notre activité personnelle?

152. Mais, si la croyance à l'existence du monde extérieur est et a dû être, pour l'accomplissement de la destinée de l'homme, une croyance naturelle; si la nature s'est chargée de combattre les pyrrhoniens sur ce terrain (86), elle n'a nullement pris ni dû prendre le soin de combattre un pyrrhonisme purement spéculatif, qui consiste à ne voir dans toutes les idées abstraites que des jeux de l'esprit ou des créations arbitraires de l'entendement. Ceci intéresse la philosophie, mais n'intéresse pas la vie pratique, ni même la science proprement dite. On n'en saura ni mieux, ni plus mal, la géométrie ou la physique, soit que l'on considère les conceptions géométriques comme une fiction de l'esprit, sans réalité objective, qui trouve cependant une application utile dans l'analyse des phénomènes physiques; soit que l'on considère au contraire les vérités mathématiques comme ayant une valeur objective hors de l'esprit qui les conçoit, comme contenant la raison des apparences physiques assorties

aux modes de notre sensibilité. La science est indifférente à cette transposition d'ordre, et il n'y a rien qui puisse servir à démontrer logiquement que l'ordre *ab* doit être admis, à l'exclusion de l'ordre *ba*. Mais ce qui n'a pas d'influence directe sur les applications techniques et sur le progrès de la science positive, est précisément ce qui a le plus d'importance pour l'ordre philosophique à introduire entre les objets de nos connaissances, et pour éclairer du flambeau de la raison les connexions et les rapports entre les faits scientifiques, positivement constatés ; et l'on ne se rendra point compte du vrai caractère des sciences mathématiques, ni du rôle qu'elles jouent dans le système des connaissances humaines, tant qu'on n'aura pas apprécié l'importance de ces questions d'ordre, et qu'on ne les aura pas résolues d'après les inductions, les analogies, les probabilités philosophiques.

Plus nous avancerons dans notre examen, plus nous trouverons de motifs d'attacher une grande importance à la distinction doctrinale entre l'abstraction logique et l'abstraction rationnelle. Car, si toutes les abstractions sont des créations artificielles de l'esprit, il sera tout simple que l'esprit arrange à sa guise et selon les convenances de sa nature, le produit de ses propres facultés. Que s'il y a au contraire des idées abstraites dont le type soit hors de l'esprit humain, comme l'esprit ne peut opérer sur les idées abstraites, quelle qu'en soit l'origine, qu'en y attachant des signes sensibles (**112**), il pourra se trouver entre la nature des signes qu'il est tenu d'employer et la nature des idées rappelées par ces signes, certaines discordances capables de contrarier, soit la juste perception par la pensée, soit la juste expression par le langage, des liens et des rapports qu'il faudrait saisir entre les types de pareilles idées.

153. — De ce que les idées fondamentales des mathématiques ne sont pas des produits artificiels de l'entendement, il ne s'ensuit point que toutes les parties de la doctrine mathématique soient affranchies de conceptions artificielles qui tiennent moins à la nature des choses qu'à l'organisation de nos méthodes. Ainsi, l'application que nous faisons des nombres à la mesure ou à l'expression des grandeurs continues, est sans nul doute un artifice de notre esprit, et ne tient pas essentiellement à la nature de ces grandeurs. On a pu dire en ce sens que les nombres n'existent pas dans la nature : et toutefois, quand notre pensée se porte sur l'idée abstraite de nombre, nous sentons bien que cette idée n'est pas une fiction arbitraire ou une création artificielle de l'esprit, pour la commodité de nos recherches, comme le serait l'idée de corps parfaitement rigides ou fluides. Lorsque nous étudions les propriétés des nombres, nous croyons, et avec fondement (36), étudier certains rapports généraux entre les choses, certaines lois ou conditions générales des phénomènes : ce qui n'implique pas nécessairement que toutes les propriétés des nombres jouent un rôle dans l'explication des phénomènes, ni à plus forte raison que toutes les circonstances des phénomènes ont leur raison suprême dans les propriétés des nombres, conformément à cette doctrine mystérieuse qui s'est transmise de Pythagore à Kepler, qui a pris naissance dans la haute antiquité, pour ne disparaître qu'à l'avénement de la science moderne.

En général il arrive qu'après que la nature des choses a fourni le type d'une abstraction, l'idée abstraite ainsi formée suggère à son tour des abstractions ultérieures, des généralisations systématiques qui ne sont plus que des fictions de l'esprit (16). De là vient que les idées qu'on appelle neuves, parce qu'elles projettent sur les objets de notre connaissance un jour nouveau, ont leur temps de fécondité et leur temps de stérilité et d'épuisement. Si ces idées neuves sont fécondes, c'est que, loin d'être créées de toutes pièces par le génie qui s'en empare, elles ne sont pour l'ordinaire que l'heureuse expression d'un rapport découvert entre les choses; et si leur fécondité n'est pas illimitée, comme le nombre des combinaisons artificielles dans lesquelles l'esprit peut les faire entrer, c'est que la nature ne s'assujettit point aux règles logiques qui président à la coordination systématique de nos idées. De là vient encore que le défaut général des systèmes est d'être, comme on dit, trop exclusifs, ou de n'embrasser qu'une partie des vrais rapports des choses, et de s'en écarter tout à fait dans leurs conséquences extrêmes ou dans leur prolongement excessif.

154. Non-seulement l'application des idées fondamentales des mathématiques à l'interprétation scientifique de la nature nous montre qu'elles ne sont pas des créations artificielles de l'esprit, mais il est à remarquer que plusieurs de ces idées, malgré leur haut degré de généralité et d'abstraction, ne sont que des formes particulières, et en quelque sorte des espèces concrètes d'idées encore plus abstraites et plus générales, auxquelles nous pourrions nous élever par d'autres voies que celles de l'abstraction mathématique,

et par la contemplation d'autres phénomènes que ceux auxquels le calcul et la géométrie s'appliquent. Les idées de combinaison, d'ordre, de symétrie, d'égalité, d'inclusion, d'exclusion, etc., ne revêtent pas seulement des formes géométriques ou algébriques; et certaines propriétés des figures ou des nombres, qui tiennent à telle espèce d'ordre, à tel mode de combinaison ou de symétrie, ont leur cause ou raison d'être dans une sphère d'abstractions supérieures à la géométrie et au calcul (143). Par exemple, l'idée d'inclusion, ou celle du rapport du contenant au contenu, se retrouve en logique où elle sert de fondement à la théorie du syllogisme; quoique le mode selon lequel l'idée générale contient l'idée particulière, soit bien différent du mode suivant lequel une quantité ou un espace contiennent une autre quantité ou un autre espace. L'idée de force ou de puissance active est bien plus générale que l'idée de force motrice ou mécanique; et un jour viendra peut-être où, conformément encore aux indications de Leibnitz, on tentera l'ébauche de cette dynamique supérieure dont les règles, jusqu'ici confusément entrevues, contiendraient dans leur généralité celles de la dynamique des géomètres et des mécaniciens, ou du moins celles d'entre ces dernières qui ne tiennent pas à des conditions exclusivement propres aux phénomènes mécaniques, en tant qu'elles se rattachent aux propriétés spéciales et aux caractères exclusifs des idées d'espace, de temps et de mouvement. Ces adages reçus également en physique, en médecine, en morale, en politique : « Toute action entraîne une réaction; — on ne s'appuie que sur ce qui résiste, » et d'autres semblables, sont autant de manières d'exprimer certaines règles de cette dynamique que nous qualifions de supérieure, parce qu'elle gouverne aussi bien le monde moral que le monde physique, et sert à rendre raison des phénomènes les plus délicats de l'organisme, comme des mouvements des corps inertes [1].

155. — Pour prouver que les idées qui sont la base de l'édifice des mathématiques pures ont leurs types dans la nature des choses et ne sont pas des fictions de notre esprit, nous avons tiré nos inductions des corrélations qui s'observent entre les vérités abstraites des mathématiques et les lois des phénomènes naturels: les unes contenant l'explication ou la raison des autres. Mais on pourrait écarter ces inductions, considérer le système des mathématiques en lui-même, indépendamment de toute application à l'interprétation

---

[1] C'est à propos d'une maxime de même genre : *Vis unita fortior*, que Bacon, dans un mémoire adressé, en 1603, au roi Jacques I*er*, sur un projet d'union de l'Angleterre et de l'Écosse, s'exprime comme il suit : « Lorsque Héraclite, surnommé l'Obscur, publia un certain livre qui n'existe plus aujourd'hui, les uns y virent une dissertation sur la nature, les autres un traité de politique. Je ne m'en étonne pas : car entre les règles de la nature et celles d'une bonne politique il y a beaucoup d'accord et de ressemblance, les premières n'étant que l'ordre suivi dans le gouvernement du monde, les secondes l'ordre suivi dans le gouvernement des États. Aussi les rois de Perse étaient-ils profondément initiés dans une science fort respectée alors, mais qui est aujourd'hui bien dégénérée, et dont le nom ne se prend guère qu'en mauvaise part. En effet, la *magie* des Perses, cette science occulte de leurs rois, était l'application à la politique des observations faites sur le monde ; on y donnait les lois fondamentales de la nature pour modèle au gouvernement de l'État. » On ne devra donc pas se scandaliser lorsqu'on verra, dans un des derniers chapitres de cet ouvrage, la *magie* figurer sur le tableau encyclopédique de Bacon. Il dit encore ailleurs (*de Augm. scient.* III, c. 3) : « Magia apud Persos pro sapientia sublimi et scientia consensuum rerum universalium accipiebatur. » Voyez l'édition que M. Bouillet a donnée des *Œuvres philosophiques* de Bacon, T. I, p. 522.

scientifique de la nature, pénétrer dans l'économie de ce système, et trouver encore des motifs suffisants de rejeter l'opinion, trop présomptueuse ou trop timide, selon laquelle l'esprit humain n'opérerait que sur les produits de sa propre fantaisie, et, comme l'a dit Vico, démontrerait les vérités géométriques parce qu'il les fait. Si cette opinion était fondée, rien ne devrait être plus aisé que de diviser le domaine des mathématiques pures en compartiments réguliers et nettement définis, ou en d'autres termes, de soumettre le système des sciences mathématiques à une classification du genre de celles qui nous plaisent par leur régularité et leur symétrie, quand il s'agit d'idées que l'esprit humain crée de toutes pièces et peut arranger d'après ses convenances (152), sans être gêné par l'obligation de reproduire un type extérieur. Mais au contraire (et cette circonstance est bien digne de remarque), les mathématiques, sciences exactes par excellence, sont du nombre de celles où il y a le plus de vague et d'indécision dans la classification des parties, où la plupart des termes qui expriment les principales divisions se prennent, tantôt dans un sens plus large, tantôt dans un sens plus rétréci, selon le contexte du discours et les vues propres à chaque auteur, sans qu'on soit parvenu à en fixer nettement et rigoureusement l'acception dans une langue commune. Ceci accuse une complication et un enchevêtrement de rapports, rebelle à nos procédés logiques de définition, de division et de classification ; et rien ne montre mieux que l'objet des mathématiques existe hors de l'esprit humain, et indépendamment des lois qui gouvernent notre intelligence.

156. — Il appartient à la philosophie générale de fixer le rang des mathématiques dans le système général de nos connaissances et d'apprécier la valeur des notions premières qui servent de fondement à cette vaste construction scientifique. Que si l'on entre dans les détails d'économie et de structure intérieures, on voit surgir des questions analogues, auxquelles les mêmes moyens de critique sont applicables, et qui, d'un intérêt spécial pour les géomètres que leurs études préparent à les bien entendre, composent en grande partie ce qu'on peut appeler la philosophie des mathématiques. Il va sans dire que ces questions de détail ne sauraient entrer dans notre cadre : nous en avons traité dans d'autres ouvrages[1] auxquels on trouvera tout simple que nous renvoyions le lecteur curieux de ces sortes de spéculations, en nous bornant ici aux indications les plus succinctes.

Au premier rang des questions philosophiques, en mathématiques comme ailleurs, se placent celles qui portent sur la valeur représentative des idées, et où il s'agit de distinguer, selon l'expression de Bertrand de Genève, ce qui appartient aux choses mêmes (l'abstraction rationnelle), d'avec ce qui n'appartient qu'à la manière dont nous pouvons et voulons les envisager (l'abstraction artificielle ou purement logique). L'Algèbre n'est-elle qu'une langue conventionnelle, ou bien est-ce une science dont les développements, liés sans doute à l'emploi d'une notation primitivement

---

[1] 1° *De l'origine et des limites de la Correspondance entre l'algèbre et la géométrie* (en particulier, le chap. XVI et dernier).
2° *Traité élémentaire de la Théorie des fonctions et du calcul infinitésimal* (en particulier, le chap. IV du livre I*).

arbitraire et conventionnelle, embrassent pourtant un ensemble de faits généraux et de relations abstraites ou purement intelligibles, que l'esprit humain découvre, démêle avec plus ou moins d'adresse et de bonheur, mais qu'il crée si peu, qu'il lui faut beaucoup de tâtonnements et de vérifications avant qu'il n'ait pris, pour ainsi dire, confiance dans ses découvertes ? Tout le calcul des valeurs négatives, imaginaires, infinitésimales, n'est-il que le résultat de règles admises par conventions arbitraires ; ou toutes ces prétendues conventions ne sont-elles que l'expression nécessaire de rapports que l'esprit est certainement obligé (attendu leur nature idéale et purement intelligible) de représenter par des signes de forme arbitraire, mais qu'il n'invente point au gré de son caprice, ou par la seule nécessité de sa propre nature, et qu'il se borne à saisir, tels que la nature des choses les lui offre, en vertu de la faculté de généraliser et d'abstraire qui lui a été départie ? Voilà ce qui partage les géomètres en sectes ; voilà le fond de la philosophie des mathématiques comme de toute philosophie. Tout cela, remarquons-le bien, ne touche point à la partie positive et vraiment scientifique de la doctrine. Tous les géomètres appliqueront aux symboles des valeurs négatives, imaginaires, infinitésimales, les mêmes règles de calcul, obtiendront les mêmes formules, quelque opinion philosophique qu'ils se soient faite sur l'origine et sur l'interprétation de ces symboles : mais, ce qui n'intéresse pas la doctrine au point de vue des règles positives et des applications pratiques, est précisément ce qui contient la raison de l'enchaînement et des rapports des diverses parties de la doctrine.

Démontrer logiquement que certaines idées ne sont point de pures fictions de l'esprit, n'est pas plus possible qu'il ne l'est de démontrer logiquement l'existence des corps (151); et cette double impossibilité n'arrête pas plus les progrès des mathématiques positives que ceux de la physique positive. Mais il y a cette différence, que la foi à l'existence des corps fait partie de notre constitution naturelle : tandis qu'il faut se familiariser, par la culture des sciences, avec le sens et la valeur des hautes abstractions qu'on y rencontre. C'est ce qu'exprime ce mot connu, attribué à d'Alembert : *Allez en avant, et la foi vous viendra;* non pas une foi aveugle, machinale, produit irréfléchi de l'habitude, mais un acquiescement de l'esprit, fondé sur la perception simultanée d'un ensemble de rapports qui ne peuvent que successivement frapper l'attention du disciple, et d'où résulte un faisceau d'inductions auxquelles la raison doit se rendre, en l'absence d'une démonstration logique que la nature des choses rend impossible.

157. — Nous allons passer à cette autre catégorie d'idées abstraites auxquelles l'esprit s'élève par voie de synthèse, afin de relier dans une unité systématique les apparences variables des choses qui sont l'objet immédiat de ses intuitions. Ce sont là les idées ou les conceptions auxquelles nous attribuons le nom d'*entités* : et afin de ne pas trop effaroucher quelques lecteurs par un mot qui rappelle autant la barbarie scolastique, il sera à propos de choisir d'abord les exemples les plus palpables, et de montrer comment l'entité intervient pour la conception des phénomènes qui tombent le plus immédiatement sous les sens.

Si nous imprimons un ébranlement à un point de la surface d'une masse liquide, nous donnons naissance à une *onde* dont nous suivons des yeux la propagation en tout sens, à partir du centre d'ébranlement. Cette onde a une vitesse de propagation qui lui est propre, et qu'il ne faut pas confondre avec les vitesses de chacune des particules fluides qui successivement s'élèvent et s'abaissent un peu, au-dessus et au-dessous du plan de niveau qui les contient dans l'état de repos. Ces mouvements de va-et-vient imprimés aux particules matérielles restent très-petits et à peine mesurables; tandis que l'onde chemine toujours dans le même sens, jusqu'à de grandes distances, avec une vitesse que nous apprécions parfaitement sans instruments, et que nous pouvons mesurer de la manière la plus exacte en nous aidant d'instruments convenables. Si plusieurs points de la surface, éloignés les uns des autres, deviennent en même temps des centres de mouvements ondulatoires, nous verrons plusieurs systèmes d'ondes se rencontrer, se croiser sans se confondre. Tout cela nous autorise bien à concevoir l'idée de l'onde, comme celle d'un objet d'observation et d'étude, qui a sa manière d'être, ses lois, ses caractères ou attributs, tel que celui d'une vitesse de propagation mesurable. Cependant l'onde n'est vraiment qu'une entité: la réalité matérielle ou substantielle appartient aux molécules qui deviennent successivement le siége de mouvements oscillatoires. La conception systématique du mode de succession et de liaison de ces mouvements, voilà l'idée de l'onde : mais cette idée n'a pas une origine arbitraire; elle nous est immédiatement suggérée par la perception sensible; elle entre comme élément dans l'explication rationnelle de tous les phénomènes qui résultent de la propagation des mouvements ondulatoires ; c'est une entité qu'on peut nommer naturelle ou rationnelle, par opposition aux entités artificielles ou logiques.

158. — Je suppose qu'un naturaliste ou un ingénieur prenne pour objet de ses études le *Rhône*; qu'il nous donne l'histoire de ce fleuve, de ses déviations, de ses crues, des modifications brusques ou lentes apportées au régime de ses eaux, des propriétés qui les distinguent, des espèces animales qui les peuplent : ne devra-t-il pas craindre qu'on ne plaigne tant de travail mal à propos dépensé pour ce qui n'est après tout qu'une entité, un signe, *flatus vocis*? C'est l'histoire de chaque goutte d'eau qu'il faudrait nous donner; c'est la goutte d'eau qu'il faudrait suivre dans l'atmosphère, dans la mer et dans les divers courants où le hasard de sa destinée la porte tour à tour ; parce que la goutte d'eau est l'objet doué de réalité substantielle; parce que le Rhône, si on le considère comme une collection de gouttes d'eau, est un objet qui change sans cesse ; tandis que c'est un objet sans réalité, si, pour sauver l'unité historique, on le regarde comme un objet qui persiste, après que toutes les gouttes d'eau ont été remplacées par d'autres [1].

---

[1] L'exemple que nous prenons a fourni aux anciens une de leurs comparaisons familières. « C'est une question, dit Aristote (*Politique*, liv. III, ch. 4), de savoir si l'État persiste à être le même, tant qu'il conserve le même nombre d'habitants, malgré la mort des uns et la naissance des autres, comme les fleuves et les fontaines dont l'eau s'écoule sans cesse pour faire place à l'eau qui succède. » — « Ainsi, dit encore un métaphysicien du moyen âge, Jean de Salisbury, les espèces des choses demeurent les mêmes dans les individus passagers,

Dans le cas que nous citons, l'objection serait ridicule et probablement ne viendrait à l'idée de personne : on lira avec intérêt et instruction la monographie du Rhône, comme on lirait avec curiosité et intérêt scientifique celle de ce vent singulier qui parcourt les mêmes contrées, et qui est connu sous le nom de *Mistral*. On ne prendra pas les poëtes au sérieux quand ils personnifient les fleuves et les vents; mais, nonobstant les subtilités de la dialectique, on ne prendra pas non plus les vents ou les fleuves pour des abstractions qui n'auraient de support que celui que leur prête un signe, un son fugitif. Les vents et les fleuves sont des objets de connaissance vulgaire comme de théories scientifiques ; et de tels objets ne peuvent être, ni des images poétiques, ni de simples signes logiques.

Effectivement, un fleuve comme le Rhône, un courant marin comme le *Gulph-Stream*, un vent caractérisé dans son allure comme le Mistral, appartiennent à la catégorie des entités dont la notion résulte, soit de la perception d'une forme permanente malgré les changements de matière, ou d'une forme dont les variations sont indépendantes du changement de matière ; soit de la perception d'un lien systématique qui persiste, quels que soient les objets individuels accidentellement entraînés à faire partie du système ; ou d'un lien qui se modifie par des causes indépendantes

---

comme dans les eaux qui coulent, le courant en mouvement demeure un fleuve, car on dit que c'est le même fleuve, d'où ce mot de Sénèque : *Nous descendons et ne descendons pas deux fois le même fleuve.* » Plutarque cite la même comparaison, en l'attribuant à Héraclite : « Ποταμῷ γὰρ οὐκ ἔστιν ἐμβῆναι δὶς τῷ αὐτῷ, καθ' Ἡράκλ. » *De ει ap.* Delph. 18.

de celles qui imposent des modifications aux objets individuels (20). Ce sont là des entités, mais des entités rationnelles, qui ne tiennent pas à notre manière de concevoir et d'imaginer les choses, et qui ont au contraire leur fondement dans la nature des choses, au même titre que l'idée de substance qui n'est elle-même qu'une entité (135).

159. — A côté de ces entités, il y en a de manifestement artificielles. Ainsi, par exemple, on s'occupe en géographie physique, non-seulement des fleuves, mais de ce qu'on a nommé les *bassins* des fleuves; et quelques auteurs modernes ont poussé jusqu'à la minutie la distribution systématique des terres en bassins de divers ordres, d'après la distribution des cours d'eau qui les arrosent. Or, si parmi ces bassins il y en a de très-nettement dessinés par la configuration du terrain et par tous leurs caractères physiques, d'autres, en plus grand nombre, ne sont que des conceptions artificielles des géographes, et des lignes de démarcation arbitraires entre des territoires que rien ne divise naturellement.

Il se peut, comme on l'a soutenu dans certaines écoles médicales, que les nosographes aient abusé des entités; qu'en systématisant, sous le nom de *fièvre* ou sous tout autre, certains phénomènes morbides, ils aient fait une systématisation artificielle et dangereuse par ses conséquences, si elle les a conduits à perdre de vue l'altération des organes où est le siège du mal, pour attaquer la fièvre à la manière d'un ennemi qu'il faut étreindre et terrasser. Mais, supposons qu'il y ait au contraire une affection morbide, telle que le choléra ou la variole, bien caractérisée dans ses symptômes, dans son allure, dans ses périodes d'invasion, de progrès et de décroissance, soit que l'on en considère l'action sur les individus ou sur les masses : on n'abusera pas plus de l'abstraction en érigeant en entités de telles affections morbides, en faisant la monographie du choléra ou de la variole, qu'en faisant la monographie d'un vent ou d'un fleuve. Car, dans l'hypothèse, il y aura pour le choléra une marche et une allure générales, qui ne seront pas modifiées ou qui ne subiront que des modifications d'un ordre secondaire, selon les dispositions des populations ou des individus accidentellement soumis à son invasion : comme la marche et l'allure du Mistral ne dépendent pas sensiblement des circonstances accidentelles qui ont amené telle ou telle molécule d'air dans la région où ce vent domine.

En général, la critique philosophique des sciences, où des entités paraissent sans cesse sous des noms vulgaires ou techniques, la critique même de la connaissance vulgaire ou élémentaire, telle qu'elle est exprimée par les formes de la langue commune, consisteront à faire, autant que possible, le départ entre les entités artificielles qui ne sont que des signes logiques, et les entités fondées sur la nature et la raison des choses, les véritables *êtres de raison*, pour employer une expression vulgaire, mais d'un sens vrai et profond, quand on l'entend bien. A mesure que les progrès de l'observation et les développements des théories scientifiques suggéreront à l'esprit la conception d'entités d'un ordre de plus en plus élevé, la comparaison des faits observés et les inductions qui en ressortent devront fournir à la raison les motifs des jugements par lesquels elle prononcera, tantôt que ces entités sont de pures fictions logiques, tantôt qu'elles ont un fondement dans la nature et qu'elles désignent bien les causes purement intelligibles des phénomènes qui tombent sous nos sens.

160. — Il y a une catégorie d'entités ou d'idées abstraites qui mérite une attention particulière, et dont en effet les logiciens de l'antiquité et du moyen âge se sont particulièrement occupés : c'est la catégorie des *universaux* (comme disaient les scolastiques), ou celle qui comprend les idées de classes, de genres, d'espèces, hiérarchiquement ordonnées suivant leur degré de généralité; l'espèce étant subordonnée au genre comme l'individu à l'espèce, et ainsi de suite. Or, la distinction entre l'abstraction artificielle ou logique et l'abstraction naturelle ou rationnelle n'est nulle part plus évidente que dans cette catégorie d'idées abstraites.

La classification proprement dite est une opération de l'esprit qui, pour la commodité des recherches ou de la nomenclature, pour le secours de la mémoire, pour les besoins de l'enseignement, ou dans tout autre but relatif à l'homme, groupe artificiellement des objets auxquels il trouve quelque caractère commun, et donne au groupe artificiel ainsi formé une étiquette ou un nom générique. D'après le même procédé, ces groupes artificiels peuvent se distribuer en groupes subalternes, ou se grouper à leur tour pour former des collections et en quelque sorte des unités d'ordre supérieur. Telle est la classification au point de vue de la logique pure; et l'on peut citer comme exemples de classifications artificielles, celles des bibliographes que chacun modifiera d'après ses convenances, en faisant le catalogue de sa propre bibliothèque.

Mais, d'un autre côté, la nature nous offre, dans les innombrables espèces d'êtres vivants, et même dans les objets inanimés, des types spécifiques qui assurément n'ont rien d'artificiel ni d'arbitraire, que l'esprit humain n'a pas inventés pour sa commodité, et dont il saisit très-bien l'existence idéale, même lorsqu'il éprouve de l'embarras à les définir; de même que nous croyons, sur le témoignage des sens, à l'existence d'un objet physique avant de l'avoir vu d'assez près pour en distinguer nettement les contours, et surtout avant d'avoir pu nous rendre compte de sa structure. Ces types spécifiques sont le principal objet de la connaissance scientifique de la nature, par la raison que dans ces espèces ou dans ces groupes naturels, les caractères constants qui sont le fondement de l'association spécifique ou générique, dominent et dépassent de beaucoup en importance les caractères accidentels ou particuliers qui distinguent les uns des autres les individus ou les espèces inférieures. Enfin, comme il y a des degrés dans cette domination et dans cette supériorité des caractères les uns par rapport aux autres, il doit arriver et il arrive que des genres nous apparaissent comme plus naturels que d'autres, et que les classifications auxquelles nous sommes dans tous les cas obligés d'avoir recours pour le besoin de nos études, offrent le plus souvent un mélange d'abstractions naturelles et d'abstractions artificielles, sans qu'il soit facile ni même possible de marquer nettement le passage des unes aux autres. Un exemple physique, où le mot de *groupe* sera pris dans son acception matérielle, préparera peut-être mieux à l'intelligence de ces rapports abstraits entre les groupes que la pensée conçoit sous les noms de genre et d'espèces.

161. — On sait que les astronomes ont groupé les étoiles par constellations, soit d'après de vieilles traditions mythologiques, soit par imitation, ou dans un but de commodité pratique, bien ou mal entendue, pour la portion de la sphère étoilée, inconnue à l'antiquité classique. Voilà des groupes manifestement artificiels, où les objets individuels se trouvent associés, non selon leurs vrais rapports de grandeurs, de distances ou de propriétés physiques, mais parce qu'ils se trouvent fortuitement à notre égard sur les prolongements de rayons visuels peu inclinés les uns sur les autres. Supposons maintenant qu'on observe au télescope, comme l'a fait Herschell, certains espaces très-petits de la sphère céleste, espaces bien isolés et bien distincts, où des étoiles du même ordre de grandeur (ou plutôt de petitesse) apparente se trouvent accumulées par myriades : on n'hésitera pas à admettre que ces étoiles forment autant de groupes naturels ou de systèmes particuliers; quoique nous n'ayons que peu ou point de renseignements sur la nature et l'origine de leurs rapports systématiques. On ne sera pas tenté d'attribuer cette accumulation apparente à une illusion d'optique et à un hasard singulier qui aurait ainsi rapproché les rayons visuels qui vont de notre œil à toutes ces étoiles; tandis qu'en réalité les étoiles d'un même groupe seraient distribuées dans les espaces célestes, à des distances comparables à celles qui séparent les étoiles appartenant à des groupes différents. Tout cela est géométriquement possible, mais n'est pas physique-

ment admissible. Une fois convaincus qu'il s'agit d'un groupement réel des étoiles dans les espaces célestes, et non pas seulement d'un groupement apparent sur la sphère céleste, nous repousserons encore l'idée que ce rapprochement soit dû à un hasard d'une autre sorte, et nous croirons que des liens de solidarité quelconques existent entre les étoiles d'un même groupe ; que, par exemple, les étoiles du groupe A ne se trouveraient pas ainsi condensées, si les causes qui ont déterminé pour chacune le lieu qu'elle occupe ne dépendaient pas les unes des autres, plus qu'elles ne dépendent des causes qui ont opéré la distribution des étoiles dans le groupe B ou dans les autres groupes.

Après que l'étude télescopique du ciel aura donné cette notion d'*amas d'étoiles*, et d'amas non fortuits ou de *constellations naturelles*, on pourra reconnaître (comme l'a fait encore Herschell) que les étoiles les plus brillantes, qui nous offrent l'apparence d'une dissémination irrégulière sur la sphère céleste, forment très-probablement avec notre soleil un de ces groupes ou l'une de ces constellations naturelles : celle dont la richesse et l'immensité suffisent, et au delà, à l'imagination des poëtes, mais qui s'absorbe à son tour dans une autre immensité que révèle l'étude scientifique du monde.

Remarquons maintenant (et ceci est un point bien essentiel) que l'esprit conçoit sans peine une infinité de nuances entre la dissémination complétement irrégulière et fortuite, celle qui ne permettrait d'établir que des groupes purement artificiels ; et l'accumulation en groupes bien tranchés, parfaitement isolés, très-distants les uns des autres : laquelle, ne pouvant être considérée comme fortuite, et accusant au contraire l'existence d'un lien de solidarité entre les causes sous l'influence desquelles chaque individu a pris sa place, nous donne l'idée de systèmes parfaitement naturels. Il y a des nuances sans nombre entre ces états extrêmes, parce que les liens de solidarité peuvent aller en se resserrant ou en se relâchant graduellement, et parce que la part d'influence des causes accidentelles et fortuites peut se combiner en proportions variables avec la part d'influence des causes constantes et solidaires. Si donc nous sommes forcés, par la nature de nos méthodes, d'établir partout des circonscriptions et des groupes, nous pourrons diriger ce travail de manière à nous rapprocher le plus possible des conditions d'une distribution naturelle ; mais il y aura des groupes moins naturels que d'autres ; et l'expression des rapports naturels se trouvera inévitablement compliquée de liens artificiels, introduits pour satisfaire aux exigences de la méthode.

162. — Il n'est pas nécessaire que les objets individuels soient en grand nombre, pour que des groupes naturels se dessinent. Il a suffi de la découverte de quelques nouvelles planètes pour suggérer l'idée de la distribution des planètes en trois groupes ou étages : un groupe ou étage moyen, parfaitement marqué, comprenant les planètes télescopiques que rapprochent à la fois leurs caractères physiques, la petitesse de leurs masses et la presque égalité des grands axes de leurs orbites (45) ; un étage inférieur formé de notre Terre et des trois planètes qui, pour les dimensions et la vitesse de rotation diurne sont comparables à la Terre ; enfin un étage supérieur comprenant maintenant quatre

planètes, dont l'une, la plus éloignée, est encore trop peu connue, mais dont les trois autres se ressemblent beaucoup par la grosseur de leur masse, la rapidité de leur rotation et leur cortége de satellites. De même, dès que le nombre des radicaux chimiques s'est accru, on a vu se dessiner parmi eux des groupes très-naturels, quoique peu nombreux en individus, tels que le groupe qui comprend les radicaux de la potasse et de la soude, ou tels encore que celui qui comprend le chlore et ses analogues; tandis que d'autres radicaux restent isolés ou ne peuvent être rapprochés les uns des autres que par des caractères arbitrairement choisis, selon le système artificiel de classification.

163. — Les types génériques et les classifications des naturalistes donnent lieu à des remarques parfaitement analogues. Un genre est naturel, lorsque les espèces du genre ont tant de ressemblances entre elles, et par comparaison diffèrent tellement des espèces qui appartiennent aux genres les plus voisins, que ce rapprochement d'une part, cet éloignement de l'autre ne peuvent avec vraisemblance être mis sur le compte du jeu fortuit de causes qui auraient fait varier irrégulièrement, d'une espèce à l'autre, les types d'organisation. Il faut qu'il y ait eu un lien de solidarité entre les causes, quelles qu'elles soient, qui ont constitué les espèces du genre; ou plutôt on conçoit que ces causes se décomposent en deux groupes : un groupe de causes dominantes, les mêmes pour toutes les espèces du genre, et qui déterminent le type générique; et un groupe de causes subordonnées aux précédentes, mais variables d'une espèce à l'autre, lesquelles déterminent les différences spécifiques.

Si le genre est considéré à son tour comme espèce d'un genre supérieur, auquel, pour fixer les idées, nous donnerons le nom de classe, on pourra dire de la classe et du genre tout ce qui vient d'être dit du genre et de l'espèce [1]. Alors la classe et le genre seront pareillement naturels, s'il résulte de la comparaison des espèces, qu'on doit concevoir l'ensemble des causes qui ont déterminé la constitution de chaque espèce, comme se décomposant en trois groupes hiérarchiquement ordonnés : d'abord un groupe de causes auxquelles toutes les autres se subordonnent, et qui, étant constantes pour chaque genre, et par conséquent pour toutes les espèces de chaque genre, ont déterminé l'ensemble des caractères fondamentaux qui constituent la classe ; puis des groupes de causes subordonnées aux précédentes, et constantes pour toutes les espèces du même genre, mais variables d'un genre à l'autre, et qui, jointes aux précédentes, constituent les types génériques ; enfin des causes d'un ordre plus inférieur encore, et qui, en se subordonnant aux précédentes, ainsi qu'on l'a dit, achèvent de constituer les types spécifiques.

Dans le système régulier de classification auquel nous soumettons les êtres, pour la symétrie et la commodité de nos méthodes, le genre peut être naturel et la classe artificielle, ou réciproquement. Il n'y a pas,

---

[1] « L'intelligence créatrice universelle a les mêmes rapports avec la production des choses naturelles, que notre intelligence avec les conceptions de genre et d'espèce. » GIORDANO BRUNO, *Dialoghi de la causa, principio e uno*, 1584.

« Les divers organismes sont unis aussi par un lien supérieur, qui réside au fond de leur création, et qui les a distribués en classes, ordres, familles, genres, espèces. Le genre n'existe que dans les espèces indépendantes les unes des autres, et non comme organisme qui procrée ces espèces. » J. MULLER, *Manuel de Physiologie*, liv. VI, sect. 1, ch. 1

dans le règne animal, de classe plus naturelle que celle des oiseaux ; mais malgré cela, ou même à cause de cela, il y a dans la classe des oiseaux plus d'un genre sur lequel les naturalistes ne sont pas d'accord, et qu'on peut véhémentement soupçonner d'être un genre artificiel. Un genre est artificiel, lorsque la distribution des variétés de formes entre les espèces que ce genre comprend, n'a rien qui ne puisse être raisonnablement attribué au jeu fortuit de causes variant irrégulièrement d'une espèce à l'autre. Alors il manque un terme dans la série d'échelons que nous avons indiquée ; et aux causes fondamentales qui déterminent le type de la classe (le type de l'oiseau, par exemple), viennent se subordonner sans intermédiaire les causes qui varient en toute liberté d'une espèce à l'autre, et qui produisent les différences spécifiques.

164. — Il peut y avoir et il y a d'ordinaire un plus grand nombre d'échelons que nous ne l'avons indiqué. D'ailleurs la conception même de ces échelons n'est qu'une image imparfaite, et l'on observe dans la subordination et l'enchevêtrement des causes naturelles, des nuances sans nombre que nos nomenclatures et nos classifications ne peuvent exprimer. De là un mélange inévitable d'abstractions rationnelles, qui ont leur type ou leur fondement dans la nature des choses, et d'abstractions artificielles ou purement logiques dont on se sert comme d'instruments, mais qui, en tant qu'objets directs de connaissance et d'étude, manqueraient de cette dignité théorique par laquelle sont excités et soutenus les esprits élevés. C'est à démêler les abstractions artificielles, introduites dans les sciences naturelles pour la commodité de l'étude, d'avec les abstractions rationnelles par lesquelles notre esprit saisit et exprime les traits dominants du plan de la nature, que tendent les travaux des naturalistes les plus éminents : c'est dans cette critique que consiste principalement la philosophie des sciences naturelles. La difficulté d'y réussir complétement tient à la continuité des plans de la nature, ainsi qu'à la variété infinie des causes modificatrices, dont nous ne pouvons trouver dans les signes du langage qu'une expression imparfaite, comme cela sera expliqué plus loin.

L'un des caractères les plus remarquables des travaux scientifiques accomplis depuis près d'un siècle, a été cette tendance à s'éloigner de plus en plus des classifications artificielles, pour accommoder de mieux en mieux les classifications à l'expression des rapports naturels entre les objets classés, même aux dépens de la commodité pratique. En botanique, en zoologie, où les objets à classer sont si nombreux, d'organisations si complexes, susceptibles par conséquent d'être comparés sous tant de faces, ce mouvement imprimé aux travaux de classification devait se manifester d'abord : mais il a successivement gagné toutes les branches du savoir humain. Nous citions tout à l'heure des exemples pris dans l'astronomie et dans la chimie ; nous pourrions en prendre d'autres dans la linguistique, dans cette science toute récente et si digne d'intérêt, dont l'objet est de mettre en relief les affinités naturelles et les liens de parenté des idiomes : témoignages précieux de la généalogie et des alliances des races humaines, pour des temps sur lesquels l'histoire et les monuments sont muets.

165. — Dans les écoles philosophiques du moyen

âge, à une époque où le scepticisme, contenu par la foi religieuse, ne pouvait pas plus porter sur les données fondamentales de la connaissance et de l'expérience sensible que sur les bases de la morale, c'était sur la consistance objective des idées abstraites, des conceptions rationnelles, des fictions logiques, que la dialectique devait s'épuiser. De là des controverses fameuses et des sectes sans nombre, que l'on a rangées sous trois principales rubriques, le *réalisme*, le *nominalisme*, et le *conceptualisme*; quoique cette division tripartite n'ait rien de nettement tranché, et qu'elle indique seulement en gros l'existence de deux partis extrêmes et d'un parti mitoyen, susceptible de se fractionner, ainsi qu'il arrive toujours dans ces longues querelles qui divisent les hommes et qui ne cessent que par l'épuisement des partis. Certes, nous ne voulons pas reprendre après tant d'autres ce sujet stérile et épineux, parcourir encore une fois, au risque de nous y égarer avec nos lecteurs, ce dédale de subtilités et d'équivoques : mais il est bon d'en signaler l'origine et le point de départ, et de juger du principe par les conséquences, par le trouble qu'il a produit, et les interminables contradictions qu'il a soulevées.

L'origine de toutes ces disputes est dans les fondements mêmes de la doctrine péripatéticienne, et dans le rôle qu'Aristote fait jouer à l'idée de substance, en la plaçant en tête de ses catégories, et en y subordonnant toutes les autres. La substance, selon cette doctrine, est la réalité ou l'être par excellence, et toutes les autres catégories n'ont de réalité qu'en tant qu'elles désignent les affections ou les manières d'être d'une substance. D'un autre côté, la substance figure au

sommet de l'échelle des classifications ou des *degrés métaphysiques* : l'oiseau est animal, l'animal est corps, le corps est substance. Or, si les deux termes extrêmes de la série hiérarchique des genres et des espèces, des classes ou des degrés métaphysiques, savoir l'individu et la substance, sont choses auxquelles on ne peut refuser la réalité et la plénitude de l'être, il y a lieu d'en conclure que la réalité subsiste aux degrés intermédiaires, et que la différence de l'un à l'autre, ou ce qu'il faut ajouter à l'un pour constituer l'autre, est une réalité [1]. Ainsi la *corporéité* s'ajoute à la substance pour constituer le corps, l'*animalité* s'ajoute à la corporéité et à la substance pour constituer l'animal, et ainsi de suite jusqu'à l'individu qui réunit en lui les essences constitutives de l'espèce et des genres supérieurs, jointes aux accidents qui le caractérisent individuellement. Tel est le fond du réalisme péripatéticien, et c'est sur ce fond d'idées qu'ont roulé principalement les controverses des lettrés du moyen âge. Écoutons là-dessus M. Cousin : « Le principe de l'école
« réaliste est la distinction en chaque chose d'un élé-
« ment général et d'un élément particulier. Ici les
« deux extrémités également fausses sont ces deux
« hypothèses : ou la distinction de l'élément général
« et de l'élément particulier portés jusqu'à leur sépa-
« ration, ou leur non-séparation portée jusqu'à l'abo-
« lition de leur différence, et la vérité est que ces
« deux éléments sont à la fois distincts et inséparable-
« ment unis. Toute réalité est double..... Le moi......

---

[1] Et cependant, d'après Aristote, aucun universel n'est substance : Οὐδὲν τῶν καθόλου ὑπαρχόντων οὐσία ἐστί. *Met.* VII. 13. La contradiction nous paraît insoluble

« est essentiellement distinct de chacun de ses actes,
« même de chacune de ses facultés, quoiqu'il n'en
« soit pas séparé. Le genre humain soutient le même
« rapport avec les individus qui le composent ; ils ne
« le constituent pas, c'est lui, au contraire, qui les
« constitue. L'humanité est essentiellement tout en-
« tière et en même temps dans chacun de nous.....
« L'humanité n'existe que dans les individus et par
« les individus, mais en retour les individus n'existent,
« ne se ressemblent et ne forment un genre que par
« le lien de l'humanité, que par l'unité de l'humanité
« qui est en chacun d'eux. Voici donc la réponse que
« nous ferions au problème de Porphyre : πότερον χω-
« ριστά (γένη) ἢ ἐν τοῖς αἰσθητοῖς. Distincts, oui ; séparés,
« non ; séparables, peut-être ; mais alors nous sortons
« des limites de ce monde et de la réalité actuelle [1]. »

166. — Or, si le genre humain soutient avec les individus qui le composent le même rapport que le moi soutient avec chacune de ses facultés ou avec chacun de ses actes; en d'autres termes si nous attribuons à l'humanité ou au genre humain la réalité substantielle que nous attribuons au moi ou à la personne humaine ; et si cette réalité substantielle qui constitue le genre se retrouve à la fois dans tous les individus du genre, distincte quoique inséparable d'un élément particulier, en vérité il y a là-dessous un mystère aussi impénétrable à la raison humaine que peuvent l'être les plus profonds mystères de la théologie. L'obscurité devient plus profonde encore, si l'on fait attention qu'apparemment la réalité sub-

---

[1] *Ouvrages inédits d'Abélard*, introduction, p. CXXXVI

stantielle n'appartient pas à cet élément particulier, puisqu'on le compare aux facultés ou aux actes du moi ; tandis qu'il doit avoir la réalité substantielle au même titre que l'élément général, s'il doit se retrouver à ce titre dans des sous-genres ou espèces hiérarchiquement inférieures. Mais les contradictions disparaissent et le voile mystérieux se déchire, sans qu'il faille sortir des limites de ce monde et des conditions de la science humaine, si, au lieu d'une hiérarchie de substances et d'essences, on ne voit dans nos termes génériques que l'expression d'une subordination de causes et de phénomènes. Selon que la subordination est plus ou moins marquée, le genre est plus ou moins naturel : il cesse de l'être, lorsque les ressemblances d'après lesquelles nous l'établissons, quoique très-réelles, peuvent s'expliquer par le hasard, c'est-à-dire par le concours de causes qui ne seraient point enchaînées et subordonnées les unes aux autres. Ainsi, pour toute espèce organique, et pour l'espèce humaine en particulier, il y a une subordination évidente, des causes qui déterminent les variétés individuelles aux causes qui déterminent les caractères généraux et spécifiques, héréditairement transmissibles, et une subordination non moins manifeste, des conditions d'existence de l'individu, aux conditions d'existence et de perpétuité de l'espèce. L'espèce humaine, pour parler le langage des naturalistes, ou le genre humain, pour employer une expression plus familière aux philosophes et aux moralistes, constitue donc un genre naturel ; ou, en d'autres termes, il existe une nature humaine, et ces mots ne sont pas de vains sons, ni ne représentent une pure conception de l'esprit. De même la classe des oiseaux, la classe plus générale encore des vertébrés sont naturelles : car, par suite des connaissances que nous avons acquises en zoologie, on est amené à considérer les caractères de ces classes comme des caractères dominants dont l'ensemble compose une sorte de type ou de *schème* en conformité duquel la nature a procédé ultérieurement et secondairement (par des voies qui jusqu'ici nous sont restées inconnues) à l'opération de diversifier les genres et les espèces, dans des limites fixées par les conditions dominantes. En conséquence, les causes, quelles qu'elles soient, auxquelles il faut imputer la détermination des caractères dominants et constitutifs de la classe, doivent être réputées des causes principales et dominantes, par rapport aux causes, pareillement inconnues ou trop imparfaitement connues, qui ont amené la diversité des espèces.

167. — Il ne faut pas croire que les scolastiques aient absolument ignoré la distinction des genres naturels et des genres artificiels; ils ont au contraire plus d'une fois indiqué qu'ils n'entendaient appliquer leurs théories des degrés métaphysiques « qu'aux choses qui, ayant une substance naturelle, procèdent de l'opération divine : ainsi, aux animaux, aux métaux, aux arbres, et non pas aux armées, aux tribunaux, aux nobles, etc.,[1]. » Mais toujours la préoccupation des substances et des distinctions substantielles est venue dans leur esprit offusquer une lueur bien éloignée alors de ce degré de clarté auquel l'a portée, dans les temps modernes, une étude approfondie de l'organisation des êtres. La conséquence à tirer de ce chapitre de l'histoire

---

[1] *Abélard*, par M. de Remusat. T. I. p. 432.

de l'esprit humain, c'est que tout s'éclaircit quand on prend pour fil conducteur, dans l'interprétation philosophique de la nature, l'idée de la raison des choses, de l'enchaînement des causes et de la subordination rationnelle des phénomènes, cette idée souveraine et régulatrice de la raison humaine : tandis que tout s'obscurcit et s'embrouille quand on prend pour idée régulatrice et dominante l'idée de substance, qui n'a qu'un fondement subjectif, ou dont la valeur objective est renfermée dans des limites qu'ignorait le génie d'Aristote, et dont les docteurs du moyen âge ne pouvaient avoir la moindre notion (117 et 135). Cependant, il faut le reconnaître, l'instrument du langage s'est façonné d'après cette idée de la substance, suggérée par la conscience que nous avons de notre personnalité ou de notre *moi*, pour parler le langage des métaphysiciens modernes. L'ordre des catégories d'Aristote est conforme au génie des langues et à ce qu'on pourrait appeler l'ordre des catégories grammaticales. De là une véritable contradiction (136 et 143), une opposition réelle entre les conditions de structure de l'organe de la pensée, et la nature des objets de la pensée : contradiction qui a tourmenté les philosophes pendant les siècles où l'on devait d'autant plus se préoccuper des formes logiques, que la science des choses était moins avancée, et pour la solution de laquelle il faut savoir se dégager de l'influence des formes logiques et du mécanisme du langage, sans pour cela sortir des limites de ce monde et de la réalité actuelle, ni des conditions vraiment essentielles de la science humaine.

CHAPITRE XII.

DES IDÉES MORALES ET ESTHÉTIQUES.

168.—Il n'y a rien de plus frappant, dans l'harmonie générale du monde, que l'accord qu'on observe, à tous les degrés de l'animalité, entre le système des organes et des facultés par lesquels l'animal reçoit les impressions du dehors, et l'ensemble de facultés et d'organes par lesquels l'animal réagit sur le monde extérieur pour l'accomplissement de sa destinée propre. Les deux systèmes marchent parallèlement, se développent, se perfectionnent et se dégradent ensemble. A côté du système nerveux conducteur de la sensation, le système nerveux conducteur des ordres de la volonté ; avec des sens plus perfectionnés, des organes de locomotion ou de préhension plus puissants ou plus délicats ; à la suite de perceptions plus obscures ou plus distinctes, des actes plus indécis ou mieux déterminés (91 *et* 131).

Ainsi, l'analogie suffirait pour faire présumer que l'homme, ayant, dans l'ordre de la connaissance, des facultés très-supérieures à celles des animaux, est par cela même appelé à une destinée supérieure et doit accomplir des actes d'une nature plus relevée. Si cette supériorité de l'homme, dans l'ordre de la connaissance, allait jusqu'à lui faire concevoir des vérités absolues et nécessaires, cela seul ferait pressentir, dans la règle de ses actes, l'intervention d'un principe pourvu de ce caractère de nécessité et de rigueur absolue. Ce ne serait sans doute là qu'une présomption, mais une présomption fondée sur une induction rationnelle, comme celle que pourrait saisir un être intelligent, qui, sans appartenir à l'humanité, sans avoir directement conscience de la loi qui règle les actes de l'homme, observerait l'homme comme nous observons les espèces animales, assez bien pour entrevoir dans leur ensemble les rapports de l'humanité avec le reste de la création.

Il est donc tout simple que l'étude philosophique de l'homme comprenne deux parties essentielles, distinctes quoique unies, et qu'à chaque théorie philosophique de la connaissance ou des idées corresponde une théorie philosophique de nos actes et de leur règle ; il est tout simple que la nature mixte de l'homme, cette complication de facultés intellectuelles, rationnelles, et de facultés instinctives et animales, cette vie de relation et cette puissance de s'élever par le relatif à la conception de l'absolu, jouent en logique et en morale des rôles analogues ; l'un étant, pour ainsi dire, la contre-épreuve de l'autre ou sa reproduction symétrique.

Un développement de la connaissance auquel ne correspondrait pas un développement parallèle des facultés actives de l'homme, serait, autant que nous pouvons naturellement en juger, une anomalie, un désordre, un trouble dans le plan général de la création. Ainsi, lorsqu'à force de soins et d'artifices de culture, on a transformé en parure de luxe, en corolle resplendissante mais stérile, ces organes que la nature avait destinés à la propagation de la plante, la raison, malgré le charme des sens, n'y peut voir qu'une monstruosité au lieu d'un perfectionnement.

Lorsque l'on considère l'homme tel que la société l'a fait, il ne faut plus s'attendre à trouver chez les individus cette juste proportion entre les connaissances et les actes, ce développement parallèle des facultés intellectuelles et des facultés actives ; la division du travail, la distribution des rôles entre les membres de la famille humaine ne le permettent pas ; et indépendamment des nécessités sociales, l'abus que l'homme peut faire de sa liberté suffirait pour troubler cet accord. C'est dans le corps social qu'il faut chercher et qu'on peut trouver, au moins approximativement, la corrélation, le parallélisme que la nature réalise d'une main plus sûre chez les individus, pour les espèces qu'elle n'a pas destinées à une vie sociale, nécessairement mêlée de progrès et d'abus.

169. — Nous nous proposons dans ce livre de donner l'esquisse d'une critique de la connaissance, et nullement de chercher dans le cœur humain, dans l'analyse des penchants et des besoins de la nature humaine, des règles de morale privée, de droit ou de politique. Sans doute, l'homme peut trouver dans sa conscience des motifs d'admettre ou de rejeter certaines théories, suivant qu'elles lui paraissent conduire à des conséquences pratiques qu'un cœur honnête approuve ou désavoue. C'est un critère comme un autre, et peut-être le meilleur de tous ; mais ce n'est pas celui dont nous voulons nous occuper ici. Nous envisageons au contraire les idées morales, de quelque source qu'elles proviennent, comme des objets de connaissance pour l'entendement ; et la question philosophique que nous posons est celle de savoir s'il y a lieu de les regarder simplement comme des faits humains qui tiennent à la constitution

toute particulière de notre espèce, ou s'il faut au contraire les rattacher à un ordre de faits, de lois et de conditions qui dominent les lois et les conditions de l'humanité. C'est un autre cas du problème qui nous a occupé jusqu'ici, et le principe de solution doit encore être le même.

170. — Supposons, par exemple, qu'il s'agisse d'apprécier avec une parfaite indépendance philosophique un système de morale où la recherche du plaisir, l'éloignement de la douleur seraient considérés comme le but et la règle des actions humaines. Il ne serait pas difficile d'apercevoir qu'un tel système n'est point en harmonie, non-seulement avec certains éléments de la nature humaine, mais avec ce qui nous est dévoilé du plan général de la création. Partout nous voyons que la nature fait intervenir le plaisir et la douleur comme moyen et non comme but, comme ressorts pour obtenir certains résultats et non comme fins dernières. Le plaisir et la douleur sont attachés à certaines impressions des agents extérieurs, à certaines fonctions de la vie de l'animal, précisément dans la mesure requise pour la conservation des individus et des espèces. Toute analogie serait rompue, si l'homme, en acquérant des facultés supérieures à celles de l'animalité, ne les acquérait pas pour d'autres fins que pour ce qui n'est pas même une fin dans l'ordre des fonctions et des facultés animales. Et la dissonance ne serait pas sauvée, quand on remplacerait l'appétit du plaisir actuel ou la répugnance de la douleur instante par une sorte de balance arithmétique des plaisirs et des douleurs qui doivent se succéder dans le cours de la vie de l'individu, en conséquence de telle détermi-

nation ; ni même quand on rassemblerait en un tout solidaire, pour établir cette balance, tant d'existences individuelles ou tant de générations successives que l'on voudrait.

171. — C'est surtout en morale que les sceptiques ont eu beau jeu d'opposer les opinions, les maximes, les pratiques d'un peuple, d'une secte, d'une caste, d'une époque, aux pratiques, aux maximes, aux opinions en vogue dans d'autres sectes, chez d'autres nations, ou à des âges différents de l'humanité. « Un méridien décide de la vérité.... Le droit a ses époques... Plaisante justice qu'une montagne ou une rivière borne..... Vérité en deçà des Pyrénées, erreur au delà... » Et à cette objection redoutable, ainsi résumée par Pascal dans sa phrase énergique, les dogmatistes n'ont pu répondre qu'en alléguant les intérêts et les passions des hommes, qui obscurcissent leur jugement dans ce qui touche à la pratique, tout en lui laissant habituellement sa netteté, tant qu'il ne s'agit que des vérités spéculatives. Mais nous ne voyons pas pourquoi l'on ferait difficulté d'accorder que dans ce qui tient aux facultés morales de l'homme, comme dans ce qu'on nomme proprement l'esprit, le génie, le caractère, les variétés de races ou même les variétés individuelles ont un champ plus libre que dans ce qui tient à l'organisation des facultés par lesquelles nous acquérons la connaissance des objets physiques et de leurs rapports. Il y a, pour toutes les espèces, des caractères plus constants, plus spécifiques, comme il y en a d'autres sur lesquels portent de préférence les variétés individuelles ou les variétés de race ; et de même, quand on rapproche plusieurs espèces du même

genre, on reconnaît que le genre n'est constitué naturellement que par la persistance de certains caractères plus fondamentaux que ceux dont la variation différencie les espèces. Il est selon toutes les analogies, que les facultés qui existent fondamentalement chez les animaux voisins de l'homme, comme chez l'homme, quoique très-inégalement développées, aient dans l'espèce humaine plus de constance spécifique; et au contraire, que les facultés exclusivement propres à l'espèce (par conséquent moins fondamentales pour qui envisage la série des espèces et l'ordonnance générale de la nature) se prêtent plus aisément aux variétés individuelles, aux variétés de races, ou aux variétés résultant de l'action prolongée des mêmes influences extérieures, selon les pays et les époques. La tâche du philosophe moraliste est de distinguer autant que possible, au sujet des idées morales, ce qui est spécifiquement fondamental, ce qui appartient essentiellement à la nature humaine, ce qui n'en est retranché que dans des cas morbides ou monstrueux, d'avec ce qui est abandonné aux variétés individuelles ou à des variétés du genre de celles que nous venons de signaler; mais sa tâche ne se borne pas là : il peut, il doit encore, en suivant des inductions rationnelles, démêler parmi des idées et des croyances d'origines diverses, celles qui ont leur fondement, leur raison, leur type, dans des lois d'un ordre supérieur, comparativement à celles qui ont donné à l'homme sa constitution spécifique, et par là même distinguer ce qui est moralement bon ou mauvais dans les variétés individuelles.

172. — Ceci reçoit particulièrement son application

à propos de ce qu'on appelle l'*honneur*, dont les lois, souvent tyranniques, ont pour sanction, non le remords, mais la honte, et ne peuvent être confondues avec celles que la conscience nous révèle, et dont nous respectons l'autorité lors même qu'il nous arrive de les enfreindre. Nous ne trouvons nulle part ce sujet mieux analysé que dans le livre où un spirituel écrivain a envisagé sous toutes leurs faces les conséquences de la grande transformation sociale dont nous sommes les témoins. « Il semble, dit M. de Tocqueville[1], que les
« hommes se servent de deux méthodes fort distinctes
« dans le jugement public qu'ils portent des actions
« de leurs semblables; tantôt ils les jugent suivant les
« simples notions du juste et de l'injuste, qui sont répandues sur toute la terre; tantôt ils les apprécient
« à l'aide de notions très-particulières qui n'appartiennent qu'à un pays et à une époque. Souvent il
« arrive que ces deux règles diffèrent; quelquefois
« elles se combattent; mais jamais elles ne se confondent entièrement, ni ne se détruisent. L'honneur,
« dans le temps de son plus grand pouvoir, régit la
« volonté plus que la croyance, et les hommes, alors
« même qu'ils se soumettent sans hésitation et sans
« murmure à ses commandements, sentent encore,
« par une sorte d'instinct obscur, mais puissant, qu'il
« existe une loi plus générale, plus ancienne et plus
« sainte, à laquelle ils désobéissent quelquefois sans
« cesser de la connaître. Il y a des actions qui ont été
« jugées à la fois honnêtes et déshonorantes. Le refus
« d'un duel a souvent été dans ce cas. » L'auteur

---

[1] *De la Démocratie en Amérique*, IIIe part., chap. 18.

montre ensuite, avec beaucoup de sagacité, comment les idées d'honneur, propres à certains pays, à certaines professions ou à certaines castes, sont déterminées par des besoins ou par des exigences qui tiennent à la constitution même des pays, de la profession ou de la caste; de sorte que ces idées ont d'autant plus de singularité et d'empire, qu'elles correspondent à des besoins plus particuliers et ressentis par un plus petit nombre d'hommes, et vont au contraire en s'affaiblissant à mesure que les rangs se confondent et que les populations se mélangent. D'où l'auteur conclut enfin que : « s'il
« était permis de supposer que toutes les races se
« confondissent et que tous les peuples du monde en
« vinssent à ce point d'avoir les mêmes intérêts, les
« mêmes besoins, et de ne plus se distinguer les uns des
« autres par aucun trait caractéristique, on cesserait
« entièrement d'attribuer une valeur conventionnelle
« aux actions humaines; tous les envisageraient sous
« le même jour; les besoins généraux de l'humanité,
« que la conscience révèle à chaque homme, seraient
« la commune mesure. Alors, on ne rencontrerait plus
« dans ce monde que les simples et générales notions
« du bien et du mal, auxquelles s'attacheraient, par un
« lien naturel et nécessaire, les idées de louange ou de
« blâme. »

Mais, dans cette supposition extrême, il ne serait pas encore permis, d'après les principes mêmes de l'auteur, de considérer les règles de la morale universelle, appropriées aux besoins généraux de l'humanité, comme une sorte de résultante ou de moyenne entre les règles d'honneur ou de morale particulière, propres à certaines agrégations d'hommes et adaptées à leurs besoins spéciaux. Car la simple fusion des intérêts et des besoins ne pourrait pas changer tout à coup le caractère de la règle morale, la rendre *plus sainte*, l'imposer *à la croyance* autant qu'à *la volonté*, lui donner pour sanction, d'un côté le remords, de l'autre la satisfaction de la conscience. Ces caractères si remarquables de la morale universelle, par lesquels elle contraste avec les règles de l'honneur de caste ou de l'honneur professionnel, ne sauraient tenir seulement à ce que les besoins généraux de l'humanité l'emportent sur les besoins d'une caste ou d'une profession, et ne sont point le produit d'institutions conventionnelles; ils doivent tenir surtout à ce que les notions *du juste et de l'injuste* dominent par leur généralité l'idée même de l'humanité, et à ce que nous concevons que ces notions gouverneraient encore des sociétés d'êtres intelligents et raisonnables, autrement constitués que l'homme, n'ayant ni les mêmes organes, ni les mêmes besoins physiques; de même que nous concevons qu'il y a dans notre logique humaine des règles qui gouverneraient encore des intelligences servies par d'autres sens que les nôtres, employant d'autres signes, ou à qui la vérité parviendrait sans l'intermédiaire des impressions des sens, et qui n'auraient pas besoin du secours des signes pour se la transmettre.

S'il y a, au sein même de l'humanité, une distinction ineffaçable qui ne tienne pas à des institutions conventionnelles, et qui exerce une influence capitale sur tout ce qui touche aux mœurs et à ce qu'on appelle honneur, c'est assurément la distinction des sexes. Or, quoi que le christianisme ait pu faire pour relever la dignité morale de la femme à l'égal de celle de l'homme, et pour imposer à l'homme, dans le for de la conscience, des devoirs non moins austères que ceux qui sont imposés à la femme par suite des conditions naturelles de son sexe, le monde (pour parler le langage de la chaire chrétienne) a persisté dans sa morale à la fois relâchée et tyrannique, pleine de rigueur pour un sexe et d'indulgence pour l'autre. Voilà bien les caractères que tout à l'heure on assignait à cet honneur qui a sa raison dans les besoins d'une société, dans les conditions d'existence d'une caste ou d'une classe particulière; mais, en même temps que les mœurs publiques cèdent partout à la nécessité de ces conditions naturelles, la raison, le sens moral, au défaut même des croyances religieuses, protesteraient dans le for de la conscience contre l'injustice des mœurs; et cette protestation signifie qu'au-dessus des lois de l'organisation physique et des conséquences qui s'y rattachent, nous concevons une réciprocité de droits et d'obligations entre des personnes morales liées par un engagement mutuel, et capables au même degré de s'élever aux idées de droit et de devoir, nonobstant toutes les dissemblances physiques que la nature a mises entre elles.

173. — On ne saurait contester le fait de l'apparition successive et du développement d'un certain nombre d'idées morales, en raison de la culture des sociétés et des individus, sous l'influence des institutions religieuses et civiles et de l'éducation individuelle. Mais il semble que ce fait si naturel et si constant n'ait été bien interprété, ni par les esprits à tendances sceptiques, ni par ceux qui avaient ou qui se donnaient la mission de les combattre. Les uns ont cru pouvoir en conclure que les principes moraux n'ont aucun

fondement en dehors ou en dessus des institutions sociales : les autres ont voulu, par des distinctions subtiles, maintenir intacte la preuve tirée d'un prétendu consentement unanime des peuples à toutes les époques de l'humanité. En quoi pourtant l'idée d'un progrès moral des sociétés et des individus blesserait-elle la raison et l'ordre universel, plus que l'idée d'un progrès dans les sciences, dans la philosophie et dans les arts? Si l'on niait, par un tel motif, la valeur objective des idées morales, il faudrait contester la valeur objective de toutes les vérités scientifiques, qui ne sont pas le patrimoine de toutes les intelligences, et qui ne se manifestent qu'à quelques esprits d'élite à l'aide d'un grand nombre d'instruments et de secours de tout genre, qu'on ne peut rencontrer qu'au sein de sociétés très-cultivées. Ne doit-on pas, au contraire, en tirer un argument en faveur de la valeur objective des idées morales, s'il arrive qu'en partant de conditions initiales très-diverses, sous des influences de races, de climats et d'institutions qui diffèrent considérablement, les idées morales, épurées par la culture, tendent de plus en plus à se rapprocher du même type, bien loin que leurs distinctions originelles, sous les mêmes influences physiques, aillent en se consolidant et en se prononçant de plus en plus?

Par cela seul que le système des idées morales tendrait à l'uniformité, chez des peuples dont la culture sociale va en se perfectionnant sous l'empire de circonstances différentes, il y aurait lieu d'admettre que ce système se dépouille progressivement de tout ce qui tient à des causes accessoires et variables, pour ne plus retenir que ce qui appartient au fond même de l'humanité et à la constitution morale de notre espèce, à ses penchants et à ses besoins permanents. Mais si, de plus, des idées nouvelles s'y introduisaient à la suite de ce perfectionnement progressif, il deviendrait présumable que de telles idées, dont l'humanité n'a pas toujours été en possession quoique ses besoins fussent les mêmes, ne sont pas vraies seulement d'une vérité humaine et relative ; qu'elles tiennent à l'ordre général que nous ne sommes pas toujours capables de découvrir, mais qui nous frappe toujours dès qu'on nous le montre ; qu'en un mot elles font partie d'un fonds de vérités supérieures. Bien loin qu'on pût arguer contre elles de ce qu'elles sont restées inconnues à des hommes grossiers et à des peuples barbares, de ce qu'elles n'ont été aperçues qu'à la suite des progrès de la civilisation et des mœurs, leur nouveauté même, c'est-à-dire la nouveauté de leur révélation, serait le meilleur témoignage du rang éminent qu'elles occupent, entre les principes que l'homme découvre, mais qu'il ne crée pas. Autrement, comment pourrait-il se faire qu'un génie, quelle que fût sa puissance, imposât aux générations à venir des croyances impérissables? La nature, en douant quelques individus privilégiés des plus brillantes facultés du génie, ne produit, après tout qu'un phénomène accidentel et passager. Que Newton, au lieu de découvrir une des grandes lois de la nature, n'ait imaginé qu'un système ingénieux, et l'on peut affirmer qu'un jour viendra où le nom de Newton s'effacera ; mais il ne périra jamais dans la mémoire des hommes, s'il se rattache à la découverte d'une vérité éternelle. C'est une loi de l'ordre moral comme de l'ordre physique, que les traces des circonstances initiales et accidentelles s'effacent à la longue, sous l'action prolongée des causes qui agissent constamment dans le même sens et de la même manière : et lors même que les traces des circonstances initiales ne pourraient jamais entièrement disparaître, ou exigeraient pour leur disparition des périodes dont jusqu'ici l'histoire n'a pu embrasser la durée, on s'apercevrait à leur affaiblissement graduel et séculaire qu'elles ne font point partie des conditions d'un état normal et définitif. Ainsi, des idées morales auraient encore la plus grande valeur pour l'homme d'État, pour l'historien politique, qu'elles seraient devenues, pour ainsi dire, indifférentes au philosophe dont la pensée aspire à faire abstraction des faits accidentels et variables, pour mieux pénétrer dans l'économie intérieure des lois permanentes de la nature. Au contraire, si une idée, une croyance morale ne s'affaiblit point par la transmission traditionnelle ; si elle se maintient ou se reproduit, compliquée ou dégagée d'accessoires variables, à tous les âges de l'humanité et chez les peuples qui diffèrent le plus par les formes de la civilisation, elle devra être réputée tenir à la constitution naturelle de l'espèce, lors même qu'à défaut de transmission traditionnelle elle ne se développerait pas chez l'individu, on ne s'y développerait qu'à la faveur de circonstances exceptionnelles, qui elles-mêmes, en un sens, rentrent dans le plan général de la nature et dans les conditions de l'ordre définitif et permanent ; puisque tout ce qui n'arrive que par cas fortuit et singulier est néanmoins destiné à arriver tôt ou tard, lorsque le jeu des combinaisons fortuites aura fini par amener, dans une multitude de combinaisons qui ne laissent pas de trace, la combinaison singulière qui porte en elle le principe de sa perpétuité. Qui nous dit que parmi les espèces, aujourd'hui les plus stables dans leurs caractères physiques, il n'y en ait pas dont l'origine tienne à des singularités individuelles, qui, loin de disparaître avec les individus, ont trouvé des circonstances à la faveur desquelles elles ont pu se propager et se consolider dans leur descendance? La même remarque (pour le dire en passant) ne doit pas être perdue de vue, quand on agite la question de l'origine naturelle ou surnaturelle du langage. Il se peut que la plupart des hommes soient organisés de telle sorte que, livrés à eux-mêmes et dans les conditions ordinaires de la vie sauvage, ils n'inventeraient pas l'art de la parole; mais il suffit que quelques individus d'une organisation plus heureuse, placés dans des circonstances plus favorables, soient capables de commencer l'ébauche d'une langue, pour que cette langue rudimentaire aille ensuite en se perfectionnant et en se propageant à tous les individus de l'espèce; et en ce sens il serait encore vrai de dire que le don du langage appartient naturellement à l'espèce, ou fait naturellement partie de la constitution de l'espèce.

174. — Tout ce que nous venons de dire au sujet des idées morales, s'appliquerait, à quelques changements près, à cette autre catégorie d'idées abstraites, relatives au beau et au goût dans les arts, idées dont la théorie, cultivée avec une sorte de prédilection dans les temps modernes, est d'ordinaire désignée maintenant sous le nom d'*esthétique*. Notre objet est encore moins de développer ici un système d'esthétique qu'un système de morale : mais il rentre pourtant dans notre cadre de faire comprendre qu'en esthétique comme en morale, la critique philosophique a essentiellement pour but d'opérer le départ entre les modifications abandonnées aux variétés individuelles ou de race, aux influences accidentelles et passagères, et le fond appartenant à la constitution normale et spécifique; qu'elle a encore pour but, après ce départ opéré, de rechercher si les idées qui tiennent à l'état normal et à la constitution spécifique n'ont pas leur type objectif ou leur raison d'être dans la nature même des objets extérieurs qui nous les suggèrent, ou dans des lois plus générales que celles qui ont imprimé à l'humanité sa constitution spécifique; qu'enfin, pour tout ce travail, la critique philosophique ne peut disposer que d'inductions rationnelles, d'analogies et de probabilités de la nature de celles sur lesquelles nous n'avons cessé jusqu'ici d'appeler l'attention.

Un objet nous plaît-il parce qu'il est beau, en lui-même et essentiellement, et parce que nous tenons de la nature le don de percevoir cette qualité des choses extérieures et de nous y complaire; ou bien le qualifions-nous de beau parce qu'il nous plaît, sans qu'il y ait d'autre fondement à l'idée de beauté que le plaisir même que l'objet nous cause, en vertu des lois constantes de notre organisation, ou des modifications accidentelles qu'elle a pu subir? Telle est la face sous laquelle se présente en esthétique le problème qui se reproduit partout, et qui consiste à faire la part du sujet sentant ou percevant et de l'objet perçu ou senti, dans l'acte qui les met en rapport l'un avec l'autre et d'où résulte un sentiment ou une perception. En esthétique comme ailleurs, il doit y avoir des cas extrêmes où la solution du problème, dans un sens ou dans l'autre, n'est pas douteuse pour un bon esprit, quoiqu'elle ne soit donnée que par des procédés d'induction nécessairement exclusifs d'une démonstration rigoureuse, et nécessairement exposés à la négation sophistique : comme il doit y avoir aussi des cas douteux, incertains, pour lesquels des esprits divers inclinent d'un côté ou de l'autre, selon leurs propres habitudes et le point de vue où ils se placent.

A l'occasion de la perception d'un objet qui nous plaît et qui réveille en nous l'idée du beau, la critique philosophique peut être conduite à une solution différente du même problème fondamental, selon qu'elle se place au point de vue de l'esthétique, ou au point de vue de la connaissance nue et dégagée du sentiment de plaisir qui l'accompagne. Par exemple, l'architecte qui connaît les effets de la perspective, altérera à dessein les proportions d'un édifice, afin que, de la place où le spectateur le contemple, la perspective corrigeant ces altérations, l'objet apparaisse tel qu'il doit être pour nous plaire et pour nous offrir les caractères de la beauté. Le tragédien, le pantomime outreront de même certains effets de leur jeu, en tenant compte de l'éloignement de la scène. Or, en pareil cas, si l'on considère l'idée que l'impression sensible nous donne de l'objet extérieur, en tant que représentative de l'objet même, cette idée est certainement faussée par des conditions subjectives, et conséquemment le caractère de beauté que nous plaçons dans l'objet n'appartient en réalité qu'à l'image, telle que les sens nous la donnent : mais il ne suit nullement de là que les conditions de la beauté de cette image soient purement relatives à notre sensibilité, et que l'image, telle que nous la concevons, ou l'objet qui la réaliserait au dehors n'aient pas une beauté intrinsèque qui subsisterait par elle-même, soit que nous fussions ou non organisés pour la sentir, comme la lumière subsisterait, quand même nous n'aurions pas d'yeux pour nous apprendre qu'elle existe.

175. — Avant d'entrer dans des explications plus détaillées, faisons quelques remarques générales. Non-seulement une multitude d'objets naturels nous plaisent et nous semblent beaux, mais le monde lui-même, pris dans son ensemble, nous offre à un degré éminent les caractères de la beauté, et le nom même que lui ont donné les anciens, s'il faut en croire leur propre témoignage[1], est l'expression de cette beauté éminente. La nature extérieure n'est pas seulement une source inépuisable d'observations méthodiques pour les savants, de calculs pour les géomètres et de méditations pour les philosophes : c'est une source aussi merveilleusement féconde de beautés poétiques et de ravissantes extases. Or, si l'homme ne tirait l'idée du beau que des convenances de sa propre nature et des particularités de son organisation; si, par exemple, comme beaucoup de gens l'ont prétendu, nous ne jugions de la beauté des proportions et des formes que tout autant qu'elles se rapportent aux proportions et aux formes du corps humain, ne serait-ce point par un hasard tout à fait singulier et improbable, qu'en partant de ce module arbitraire, nous trouverions sans cesse

---

[1] « Equidem et consensu gentium moveor. Nam quem κόσμον Græci, nomine ornamenti, appellavere, eum nos, à perfecta absolutaque elegantia, *mundum*. » Plin., *Hist. nat.*, lib. II, cap. 3.

dans la nature extérieure, à mesure que nous en sondons les profondeurs et que nous en scrutons les détails, non-seulement quelques objets réunissant fortuitement les conditions de cette beauté relative et toute humaine, mais des beautés de détail sans nombre et des beautés d'ensemble qui l'emportent infiniment, comme chacun en tombe d'accord, sur celles des plus admirables productions de l'art humain? Ne voyons-nous pas que, pour ce qui tient à d'autres idées, par exemple aux idées du bon et de l'utile, idées relatives en effet à notre nature et à nos besoins, un pareil accord ne s'observe pas : en sorte qu'il nous est le plus souvent impossible de dire à quoi servent, à quoi sont bonnes, à quoi sont utiles tant d'œuvres merveilleuses que la nature, selon nos idées humaines, ne semble produire que pour le plaisir de produire? Donc, cette idée humaine du bon et de l'utile ne doit pas être transportée, ou du moins rien ne nous autorise à la transporter dans le domaine des faits naturels, et l'on court grand risque de s'égarer en y cherchant la raison de l'ordre et de l'harmonie des phénomènes. Mais à l'inverse, puisque la beauté des œuvres de l'homme ne nous apparaît que comme un reflet et une image affaiblie des beautés cosmiques, il y a lieu d'en induire que l'idée du beau ne tire pas son origine de convenances purement humaines : et de même qu'en voyant le monde soumis à des lois géométriques, nous en inférons que les idées et les rapports géométriques subsistent indépendamment de l'esprit qui les conçoit et ne doivent pas être rangés parmi les abstractions artificielles et arbitraires, mais parmi les principes rationnels des choses ; de même les beautés répandues à profusion dans l'ensemble et dans les détails du monde doivent nous porter à croire que les principes et la raison du beau ne tiennent pas aux particularités de l'organisation de l'homme, et sont d'un ordre bien supérieur à l'ordre des faits purement humains.

On pourrait même supposer, au moins de prime abord, que l'influence exercée sur l'homme par le spectacle de la nature est ce qui a façonné les goûts de l'homme, au point de lui rendre un objet agréable et de faire qu'il y trouve de la beauté, lorsque cet objet lui rappelle les proportions, les formes, les assortiments de couleurs, etc., auxquels le spectacle journalier du monde l'a de bonne heure habitué. En général, toutes les hypothèses dont la discussion fait l'objet du chapitre V, et auxquelles on peut recourir pour l'explication des diverses harmonies de la nature, peuvent être invoquées pour rendre raison de l'harmonie entre l'ordre du monde et nos goûts sur la beauté, sauf à examiner plus à fond laquelle a le plus haut degré de probabilité, selon la force des inductions et l'étendue des analogies qui militent en sa faveur ; mais ce qui semble de prime abord improbable et inadmissible, c'est la supposition que nos idées et nos goûts sur la beauté tiennent aux particularités de notre organisation individuelle ou spécifique, et que pourtant elles se trouvent fortuitement d'accord avec l'ordonnance générale du monde.

176. — Il y a lieu de faire une autre remarque générale, complétement analogue à celle qui nous a été suggérée (**173**) à propos des idées morales. Dans les produits de l'art humain, la découverte des règles et des conditions du beau est le fruit de recherches patientes ou de l'inspiration du génie. Si l'on y arrive méthodiquement et progressivement, en raison des progrès de la civilisation et de la culture des individus et des peuples, et de manière que des idées et des goûts très-contrastants entre eux dans les temps de barbarie ou d'enfance des peuples tendent à se rapprocher des mêmes types par suite des communications et des progrès que la civilisation amène, on est fondé à penser que l'homme ne se forge pas ces types, mais qu'il les découvre et les perçoit d'autant plus nettement que ses yeux sont mieux préparés à s'ouvrir aux impressions d'une lumière du dehors. Si au contraire (ce qui semble plus conforme aux témoignages historiques) l'inspiration du génie individuel entre pour la plus grande part dans la découverte du beau en fait d'art; si les chefs-d'œuvre du génie, objets continuels d'imitation et d'étude, exercent sur les idées que les hommes se font du beau une influence ineffaçable, peut-on concilier ce fait avec la loi générale qui veut que toute action accidentelle et isolée ne laisse que des traces passagères, à moins d'admettre que le génie individuel a révélé à l'humanité des types permanents, dont la connaissance et le sentiment une fois acquis ne peuvent plus se perdre, à moins d'un retour de la barbarie qui en abolirait toute empreinte ?

177. — « Il y a dans l'art, dit La Bruyère [1], un
« point de perfection, comme de bonté ou de maturité
« dans la nature : celui qui le sent et qui l'aime a le
« goût parfait; celui qui ne le sent pas, et qui aime en
« deçà ou au delà, a le goût défectueux. Il y a donc un

---

[1] Chap. 1er, Des Ouvrages de l'esprit.

« bon et un mauvais goût, et l'on dispute des goûts
« avec fondement. » Mais quel est donc ce point de
bonté ou de maturité dans la nature, qui peut être
regardé comme le fondement et la raison, ou tout au
moins comme le modèle de la perfection dans l'art?
Nous allons prendre un exemple, et discuter à ce point
de vue l'idée que nous nous faisons des types spécifiques et les conditions de la perfection idéale dans les
êtres organisés, façonnés d'après ces types.

Ne considérons d'abord, pour plus de simplicité, que
ce qui tient aux dimensions, aux contours et aux formes
sensibles. Faut-il concevoir que l'on mesure sur un
grand nombre d'individus toutes les grandeurs, toutes
les lignes, tous les angles qui peuvent servir à déterminer leurs formes individuelles; que pour toutes ces
grandeurs en particulier l'on prenne des moyennes, et
que le système de ces valeurs moyennes détermine la
forme, l'εἶδος du type spécifique? Il semble que les
statisticiens modernes l'aient entendu ainsi, mais sans
se rendre compte d'une grave difficulté théorique. En
effet, il peut bien arriver, et même il doit arriver en
général, que ces valeurs moyennes ne s'ajustent point
entre elles et soient incompatibles, dans leur ensemble,
avec les conditions essentielles de l'existence des individus et de l'espèce. Supposons (pour prendre une
comparaison étrangère, mais dont la simplicité géométrique fasse bien saisir notre pensée) qu'il s'agisse
d'un triangle dont l'essence soit d'être rectangle, et
dont les côtés puissent varier accidentellement entre
de certaines limites, d'un individu à l'autre, sans conserver exactement ni les mêmes grandeurs absolues,
ni les mêmes proportions; on mesurera un grand

nombre de ces triangles ; on prendra les valeurs moyennes de chaque côté, et, avec ces valeurs moyennes, on construira un autre triangle qu'on pourrait appeler en un sens *triangle moyen*, mais qui ne sera pas le type spécifique de chacun des triangles individuels, car ce triangle moyen (comme la géométrie le démontre) ne sera pas rectangle, et ainsi ne possédera pas le caractère essentiel de l'espèce. Admettons qu'on tienne compte de cette condition essentielle, en assujettissant le triangle-type à être rectangle, et qu'on achève de le déterminer en donnant pour longueurs, aux deux côtés qui comprennent l'angle droit, les moyennes des longueurs de ces côtés, fournies par la série des triangles individuels : les deux angles aigus du triangle ainsi construit ne seront pas les moyennes des angles correspondants, telles que la même série les donnerait ; son aire ne sera pas l'aire moyenne ; et, en un mot, de quelque manière que l'on s'y prenne, il sera mathématiquement impossible de construire ou de définir un triangle sur lequel on trouve réalisées à la fois et reliées entre elles les valeurs moyennes de toutes les grandeurs qui prennent, pour chaque triangle individuel, des valeurs parfaitement déterminées et parfaitement compatibles. S'il en est ainsi pour la plus simple des figures géométriques, pour le triangle, à plus forte raison ne peut-on pas, sans restriction ou convention arbitraire, définir par un tableau de mesures moyennes la forme ou la structure du type spécifique, pour un système aussi complexe que l'ensemble des organes d'une plante ou d'un animal. Que sera-ce donc si l'on veut tenir compte d'une multitude d'autres caractères physiques ou physiologiques, tels que le poids, la force musculaire, le pouvoir des sens, etc. ? Évidemment, les valeurs moyennes de ces éléments si divers ne pourront que par un très-grand hasard s'accorder entre elles; et le tableau synoptique de toutes ces valeurs, ne devant pas être considéré comme la définition d'un individu possible, est encore moins la définition du type spécifique, dont nous poursuivons pourtant l'idée et la description approximative, quelque difficulté que nous éprouvions, ou même quelque impossibilité qu'il y ait à en donner, par des procédés méthodiques et rigoureux, une image sensible et une expression adéquate.

178. — Mais allons plus loin, et par là revenons aux principes d'esthétique dont ce préambule nous a écartés. Lors même que la collection des individus fournirait un système de valeurs moyennes parfaitement conciliables, il n'en faudrait nullement conclure que ce système offre la représentation du type spécifique, ou qu'il est propre à nous donner l'idée de ce que ce type est en lui-même, indépendamment de l'influence des circonstances extérieures et accidentelles qui l'altèrent et le déforment. Sans doute, si ces circonstances accidentelles agissaient sur l'un des éléments du type (sur la grandeur d'une ligne, par exemple), tantôt dans un sens et tantôt dans l'autre, par exagération ou par amoindrissement, avec la même facilité et la même intensité, la moyenne fournie par un grand nombre de cas individuels serait précisément la valeur qui appartient au type, et toutes les altérations dues à des causes accidentelles et extérieures se trouveraient exactement compensées. Mais de ce que cette compensation exacte n'aurait pas lieu, ou même de ce que les causes de déformation agiraient toujours dans le même sens[1], il ne s'ensuivrait pas qu'elles perdent leur caractère de causes accidentelles et étrangères, ni qu'il faille cesser de considérer les effets qu'elles produisent comme des altérations du type originel, que l'on doit mettre à l'écart si l'on veut concevoir ce type dans sa perfection idéale et dans sa beauté essentielle. Tel est l'objet ou l'un des objets de l'art : c'est à cela que s'applique, à défaut des procédés méthodiques de la science, le sentiment indéfinissable que l'on nomme le goût, et qui, tenant sur-

---

[1] Ainsi la taille moyenne de l'homme en France, et probablement partout, est fort loin d'être ce qu'on appelle une belle taille, par la raison toute simple que les causes accidentelles de rabougrissement de la taille, tenant aux vices du régime et à l'insalubrité des occupations habituelles, l'emportent de beaucoup en intensité et en fréquence sur celles qui tendent à l'exagérer. A plus forte raison, la durée moyenne de la vie (ce que les statisticiens nomment la *vie moyenne*) est-elle bien au-dessous de l'idée que l'on se fait de la durée naturelle de la vie, abstraction faite des causes accidentelles de destruction, ou de ce qu'on pourrait appeler la *longévité* de l'espèce. La vie moyenne est si essentiellement différente de la longévité spécifique, qu'il y a des espèces où, le plus grand nombre des individus périssant avant d'arriver à l'âge adulte, la vie moyenne n'atteindrait pas l'âge où les individus sont aptes à se reproduire et à perpétuer l'espèce. C'est un des cas de désaccord signalés dans le n° précédent. Quand les statisticiens nous rapportent que dans telle contrée, à telle époque, la durée moyenne de la vie humaine est de 25, de 30 ou de 40 ans, personne n'entend que ce soit là, pour la contrée et pour l'époque, la longévité ou la durée naturelle et normale de la vie de l'homme. On comprend, au contraire, que la durée moyenne de la vie humaine peut varier de deux manières bien différentes : ou parce que les conditions extérieures d'hygiène, de police, de mœurs, d'économie sociale, ont subi des changements qui influent sur les chances de mortalité, la constitution physique de l'espèce restant d'ailleurs la même; ou parce que la constitution même de l'espèce a subi à la longue des modifications héréditairement transmissibles, et qui sont les seules dont il faille tenir compte, au point de vue du naturaliste, pour la fixation de la longévité de l'espèce ou de la race. Mais plus de détails à ce sujet nous écarteraient trop des considérations dont il s'agit dans le texte.

tout à une délicatesse particulière d'organisation, met pourtant à profit comme la science, quoique d'une manière différente, les secours de l'étude et d'une observation attentive.

179. — Sans doute les conditions de la perfection des types spécifiques et de la beauté idéale n'attirent pas au même degré, pour toutes les espèces, l'attention du commun des hommes et celle des artistes, et cela pour deux raisons : l'une relative à l'homme et qui fait qu'il s'intéresse de préférence aux espèces qui se rapprochent le plus de lui, qui servent le mieux ses besoins ou ses plaisirs, qu'il a pour amies ou pour ennemies naturelles; l'autre, fondée sur la nature même des divers objets offerts aux regards de l'homme, et qui tient à ce que certains types spécifiques, comparés à d'autres, réunissent foncièrement à un degré plus éminent les conditions de la perfection et de la beauté idéale. En effet, pourquoi ne pourrait-on pas dire des espèces du même genre ce qu'on dit avec fondement des individus de la même espèce? Il est vrai que nous connaissons encore moins les causes qui ont modifié les caractères fondamentaux du genre, de manière à particulariser les espèces, que nous ne connaissons celles qui tous les jours modifient les caractères fondamentaux de l'espèce ou de la race, de manière à produire les variétés individuelles ; mais cette ignorance où nous sommes ne nous empêche pas d'apercevoir très-bien, dans un cas comme dans l'autre, la subordination des causes modificatrices et accessoires, aux causes d'où résulte la détermination des caractères fondamentaux. Aussi n'y a t-il pas de naturaliste qui, dans chacun de ces genres qu'on ap-

pelle naturels, parce que la parenté des espèces y est fortement marquée, tel que serait par exemple le genre *Felis*, ne signale une espèce, telle que le lion, qui est, comme on dit, le type du genre, c'est-à-dire où se trouvent réunis, plus excellemment que dans aucune autre, les caractères distinctifs du genre, et que pour cette raison, clairement saisie ou confusément perçue, on trouvera belle entre toutes les autres, sans qu'il entre rien d'arbitraire dans un pareil jugement.

On peut remonter plus haut dans cette progression hiérarchique : et le type du genre *Felis* sera aussi le type de l'ordre des mammifères carnassiers, si le genre en question est celui où se trouvent à leur *summum* de développement, de puissance, d'harmonie et de perfection les caractères essentiels du mammifère carnassier. Car l'harmonie, sans laquelle aucune des œuvres de la nature ne saurait subsister, ne se montre pas à nous sous des traits aussi marqués, et n'existe réellement pas au même degré dans toutes les œuvres de la nature. Il peut y avoir et il y a des imperfections compatibles avec les conditions de l'existence des individus et de la perpétuité des espèces. Parmi des types fortement accusés peuvent se rencontrer et se rencontrent des formes intermédiaires, indécises, ébauches imparfaites ou modèles moins parfaits, qui témoignent à leur manière de la fécondité inépuisable de la nature et de ses ressources infinies, mais qui ne sauraient exciter au même degré notre admiration ni éveiller l'imagination de l'artiste, parce qu'effectivement elles n'ont pas comme d'autres un type idéal et un genre de beauté qui leur soit propre.

180. — Supposons maintenant que l'homme agisse

sur la nature pour la modifier ; qu'il crée de nouvelles races et en quelque sorte de nouvelles espèces appropriées à ses besoins et à ses jouissances : rien ne s'opposera à ce qu'il y ait aussi pour ces espèces plus récentes et moins stables, des conditions de perfection et d'harmonie, un type idéal et un genre de beauté autres que ceux qui appartiennent aux espèces de la nature sauvage, quoique dérivant d'une source commune. Si l'on suppose de plus que l'imagination de l'artiste s'empare de ces types que lui offre la nature sauvage ou cultivée, pour exprimer symboliquement une idée morale ou abstraite; si le lion est pour lui l'emblème de la force, le cheval l'emblème de l'impétuosité docile, on pourra lui permettre une certaine exagération de caractères fondamentaux ; et son œuvre sera belle, de ce point de vue de l'art, non-seulement quoiqu'il n'y ait pas dans la nature d'individus tels que ceux qu'il a représentés, mais lors même que l'existence de tels individus serait incompatible avec les conditions organiques de leur espèce. C'est ainsi que la beauté des œuvres de l'art peut se distinguer de la beauté des œuvres de la nature, et que les conditions de la perfection idéale ne sont pas nécessairement les mêmes pour les unes et pour les autres, malgré la communauté d'origine.

181. — Après les œuvres de l'art, faites à l'imitation des œuvres de la nature, se rangent les œuvres si spécialement appropriées aux besoins de l'homme civilisé, que la nature n'en offre point de modèle; et pourtant là encore nous rencontrons le beau et le laid, ce bon et ce mauvais goût dont parle La Bruyère, et dont il faudrait qu'une théorie de l'esthétique rendît

raison partout. Prenons pour exemple le plus simple peut-être des produits des arts plastiques, un vase que les convenances de la fabrication comme celles de l'usage assujettissent à avoir une forme circulaire ou de révolution ; de sorte qu'il ne s'agit plus que d'en tracer le profil ou, comme disent les géomètres, la courbe génératrice, et que l'unique question est de savoir pourquoi tel profil, plutôt que tel autre, nous plaît et nous semble beau. Si donc nous consultons ceux qui ont traité à fond du sujet [1], nous trouvons qu'après qu'on a écarté toutes les formes vulgaires, dans l'emploi desquelles on n'a eu en vue que la confection d'un ustensile, sans aucune prétention de satisfaire aux conditions de la beauté plastique, les formes qui restent se rangent naturellement sous un assez petit nombre de types spécifiques, déterminés chacun par les combinaisons d'un très-petit nombre d'éléments et par des rapports simples entre leurs dimensions principales. On peut se représenter le système de ces conditions comme déterminant, pour chaque type ou espèce, un système de points par lesquels la courbe du profil est assujettie à passer, et qu'ensuite le goût du dessinateur doit relier par un trait continu qui achève de déterminer le profil du vase, et qui lui imprime, pour ainsi dire, son cachet d'individualité. Or, nous comprenons que, pour répondre à l'idée que l'on doit se faire de la perfection de l'objet considéré, il faut 1° que sa forme annonce clairement l'usage auquel il peut être approprié, lors même qu'en réalité il ne devrait servir que d'ornement et

---

[1] Voyez notamment l'ouvrage intitulé *Études céramiques*, par Ziegler. Paris. 1850.

comme simulacre de la chose plutôt que comme la chose même ; 2° que les conditions physiques résultant de ce même usage, par exemple les conditions de stabilité, soient évidemment satisfaites; 3° que la subordination des parties accessoires aux parties principales ressorte nettement de leur mode d'association et de leurs dimensions relatives ; 4° qu'entre les divers rapports propres à satisfaire aux conditions précédentes on choisisse de préférence les rapports les plus simples[1] qui plaisent davantage, non-seulement parce que notre esprit les saisit mieux, mais parce que la raison est choquée d'une complication inutile, en vertu du même principe qui fait qu'elle s'offense d'un défaut de symétrie là où il n'y a aucune raison intrinsèque pour que la symétrie soit troublée, et parce que cette manière de voir de l'esprit humain trouve sans cesse sa confirmation dans l'étude des phénomènes et des lois de la nature. Voilà pour l'explication des conditions fondamentales de l'œuvre et des raisons qui, dans l'espèce, fixent les points de repère du profil ; il ne serait pas aussi facile de dire ce qui guide le goût de l'artiste dans le tracé, en apparence arbitraire, qui doit les relier, et ce qui nous fait préférer un tracé à l'autre, comme plus correct, plus élégant, plus pur ; mais l'observation nous enseigne que l'artiste a, dans cette partie de sa tâche, deux extrêmes à éviter : le style roide ou sec, et le style maniéré ou contourné. Nous comprenons de plus

---

[1] On a été frappé du rôle que joue le nombre *trois*, en esthétique comme ailleurs, et le mysticisme s'est emparé de cette observation. Rien ne prête moins au mystère, et il suffit de dire que le nombre *trois* est le plus simple des nombres après l'*unité* et le nombre *deux*, que l'on ne compte presque pas, tant il est facile de le compter.

que l'un des extrêmes pèche en ce qu'il semble annoncer une contrainte servile, et l'autre en ce qu'il témoigne d'une complication capricieuse ; ce qui suffit pour nous convaincre qu'indépendamment de tout système arbitraire, il doit y avoir entre ces extrêmes une forme moyenne et normale. Enfin, l'histoire de l'art nous apprend, par une foule d'exemples en tout genre, que la marche naturelle de l'esprit humain est de débuter dans les arts par la roideur, et de finir par le maniéré de l'exécution. Il y a là un sujet d'analyses subtiles et des problèmes des plus curieux à résoudre, mais dont il semblerait par trop étrange qu'un algébriste essayât de trouver la solution.

182. — Il ne faut pas que la pénurie du langage nous porte à confondre des affections de nature diverse et foncièrement distinctes, quoiqu'elles s'unissent dans ces phénomènes complexes que nous nommons sensations et sentiments. Autre chose est le sentiment que nous avons du beau, autre chose est le plaisir ou l'émotion agréable que le spectacle du beau nous procure. De ce qu'une tragédie ou un opéra, souvent médiocres, nous remueront plus que la vue d'un tableau, d'une statue ou d'un monument d'architecture, nous nous garderons de conclure qu'il y a dans l'opéra ou dans la tragédie des beautés d'un ordre bien supérieur à tout ce que peut produire l'art des Phidias et des Raphaël. C'est principalement l'aptitude à ressentir l'impression agréable ou voluptueuse, qui dépend de particularités d'organisation très-variables, au point que souvent ce qui plaît à l'un déplaît à l'autre, et que ce qui nous a plu cesse de nous plaire. Le goût intellectuel (comme on l'a nommé), qui n'est qu'une manière de juger spontané-

ment des conditions du beau, et de l'apercevoir où il existe, a bien plus de constance et de fixité. Mais, pour que la distinction soit plus claire, il convient de revenir en arrière, et de prendre son point de départ dans les effets plus grossiers de la sensibilité physique.

Un corps odorant ou sapide agit sur les nerfs de l'olfaction ou du goût, de manière qu'il en résulte une impression caractéristique que nous reconnaissons pour être la même, quoique nous ayons pris de l'aversion pour la saveur ou l'odeur qui nous étaient primitivement agréables, ou inversement. C'est qu'en effet le nerf sensoriel peut être affecté de la même manière, et cependant provoquer dans le reste de l'organisme des réactions sympathiques complétement différentes, selon les dispositions générales du système ou celles de quelques-uns des grands centres sympathiques. Tel homme supporte avec courage ou même avec sérénité une douleur physique qui en fait tomber un autre en défaillance; ce n'est pas que tous deux ne ressentent la même impression de douleur dans le cordon nerveux attaqué, mais le système général est constitué dans l'un de manière à résister à l'ébranlement causé par la douleur locale, ou bien l'excitation communiquée par des causes morales produit les mêmes résultats qu'un surcroît de forces physiques. Dans tous ces cas, nous voyons clairement qu'il faut distinguer la sensation locale et spéciale d'avec le sentiment attractif et répulsif qui s'y joint, lequel, étant un phénomène bien plus complexe, doit avoir bien moins de constance et de fixité.

Pareille chose doit se dire au sujet des couleurs, dont le proverbe assure qu'il ne faut pas plus disputer que des goûts. La couleur qui nous a plu nous déplaît, quoique la sensation optique reste certainement la même dans sa spécialité tant que les yeux restent sains. De même, après avoir préféré le son d'un instrument à cordes à celui d'un instrument à vent, on pourra prendre une préférence contraire, quoique l'impression *sui generis* que le timbre de chaque instrument produit sur le nerf acoustique soit toujours la même. Il n'y a nulle distinction à faire à cet égard entre les deux sens supérieurs de la vue et de l'ouïe, et les sens inférieurs du goût et de l'odorat. Mais, si l'oreille perçoit une succession de tons divers ou si l'œil est frappé par un assortiment de couleurs, alors se montrent des harmonies et des contrastes fondés, comme la physique nous l'apprend, non point sur des particularités d'organisation variables avec les individus, ni même sur des caractères anatomiques ou physiologiques propres à l'espèce, mais sur la nature même des phénomènes dont la perception nous arrive par les sens de l'ouïe et de la vue[1] ; ce qui explique assez pourquoi la notion du beau s'unit aux sensations que nous

---

[1] « La musique nous charme, quoique sa beauté ne consiste que dans les convenances des nombres, et dans le compte, dont nous ne nous apercevons pas, et que l'âme ne laisse pas que de faire, des battements ou vibrations des corps sonnants qui se rencontrent par certains intervalles. Les plaisirs que la vue trouve dans les proportions sont de la même nature, et ceux que causent les autres sens reviendront à quelque chose de semblable, quoique nous ne puissions pas l'expliquer si distinctement. » LEIBNITZ, édit. Dutens, T. II, p. 38. Dans le dernier membre de phrase, Leibnitz confond manifestement la sensation voluptueuse ou purement nerveuse, avec la perception de la convenance et du beau, laquelle, soit qu'elle reste obscure, soit qu'elle devienne distincte, suppose certainement l'intervention de l'âme et le concours des fonctions cérébrales. Il ne paraît pas possible d'admettre, avec Leibnitz, qu'une perception de ce genre puisse être provoquée par les fonctions voluptueuses que nous procurent les sens inférieurs de l'odorat et du goût.

procurent ces deux sens supérieurs, tandis qu'elle ne s'associe jamais aux sensations de saveur et d'odeur. En conséquence, il dépendra du goût individuel de préférer les brillantes couleurs d'un peintre flamand aux teintes sombres d'une toile espagnole, selon que les unes ou les autres seront plus en harmonie avec l'état des nerfs et les dispositions de l'âme; il y aura, pour ainsi dire, un diapason chromatique qui changera d'un maître à l'autre et d'une école à l'autre; mais, quelle que soit l'influence du maître ou de l'école sur le ton général du coloris, il faudra que les mêmes règles président aux relations des couleurs entre elles, à leur harmonie et à leur contraste, et l'observation de ces règles constituera la beauté ou la perfection du coloris dans tous les systèmes; de même qu'il y a une perfection et une beauté dans un air de musique, qui tient essentiellement à la mélodie, c'est-à-dire à la succession des sons et à leurs intervalles relatifs de ton et de durée, quelle que soit la valeur absolue de la note fondamentale, et quelles que soient les préférences du goût individuel au sujet du timbre et de la qualité des sons, selon les instruments et les voix employés à l'exécution du morceau.

183. — Ces préférences individuelles, d'où dépendent ce qu'on appelle dans les arts le style ou la manière, et ce qu'on appelle la mode dans les choses où l'on ne vise point à la beauté esthétique, ne doivent donc pas être confondues avec le goût, qui poursuit les conditions essentielles de la beauté, conformément à un certain type idéal; et il ne faut pas davantage confondre la perception du beau d'après un type constant et indépendant de notre organisation, avec l'émotion voluptueuse qui s'y joint, mais dont la vivacité, que l'habitude émousse (quoiqu'elle ne fasse que donner plus de persistance à nos jugements sur la beauté intrinsèque), est d'ailleurs si variable selon les tempéraments, selon la nature des agents ou des matériaux dont les arts disposent, et selon leur mode d'action sur notre organisme. Or, quand on a ainsi abstrait par la pensée tous les sentiments accessoires et variables qui s'unissent au goût intellectuel ou à la perception du beau, que reste-t-il, sinon une faculté de la pure raison, une manière de juger et de discerner dans les choses les rapports d'ordre, de convenance, d'harmonie et d'unité? *Omnis porro pulchritudinis forma unitas est*, a dit saint Augustin dans une phrase que tout le monde a citée, et qui serait en effet la meilleure définition de la beauté, s'il était possible de la définir et de contenir dans une formule générale ce qui se présente (à nos yeux du moins, et dans l'éloignement où nous sommes des principes suprêmes) sous des aspects si variés. Nous la préférerons encore à ces définitions plus modernes et plus mystiques que philosophiques, qui font consister la beauté dans un prétendu rapport entre le fini et l'infini, auquel il est douteux que la plupart des grands artistes aient jamais pensé, et dont en tout cas la recherche caractériserait plutôt une école particulière, qu'elle ne répondrait à l'idée que les hommes se sont faite en tout temps de la beauté.

A ce degré d'abstraction, la morale même peut être considérée, et on l'a considérée souvent comme une branche de l'esthétique. En effet, des actions sont moralement belles comme moralement bonnes, dès lors qu'elles sont conformes à ces idées de convenance, d'ordre et d'harmonie, dont la raison humaine est capable de concevoir le modèle et de poursuivre l'application. C'est ici surtout que les idées du beau et du bon se confondent, comme le voulait Platon, ou tendent à se confondre : car, si nous réservons de préférence l'épithète de belles aux actions qui supposent une vertu rare, un dévouement généreux, et qui excitent en nous un sentiment d'admiration que nous n'éprouvons pas pour des actes de probité ou de bienfaisance ordinaires, il est clair qu'on tracerait difficilement entre les unes et les autres une ligne de démarcation tranchée. Il est clair aussi que le sentiment du devoir et la satisfaction qu'on éprouve à l'accomplir, ou le remords de l'avoir enfreint, sont des affections de l'âme qu'on ne saurait ni identifier ni comparer avec l'attrait qu'on ressent pour les beautés de la nature ou de l'art, ou avec le dégoût que la laideur inspire. Mais, dès qu'on écarte ces diverses affections du sujet sentant, pour ne considérer, dans les actes par lesquels nous saisissons les qualités des choses, que ce qu'ils ont la vertu de représenter à l'entendement, on voit que tous dépendent de la même faculté supérieure qui cherche et trouve partout l'ordre, l'harmonie, l'unité, et qui, en trouvant ce qu'elle cherche, se convainc par là même de la légitimité de ses prétentions et de la conformité des lois générales avec les lois de sa nature propre.

CHAPITRE XIII.

DE LA CONTINUITÉ ET DE LA DISCONTINUITÉ.

184. — Dès que notre intelligence commence à démêler quelques perceptions, elle acquiert la notion d'objets distincts et semblables, comme les étoiles sur la voûte céleste, les cailloux sur les plages de la mer, les arbres ou les animaux à travers une campagne. De là l'idée de *nombre*, la plus simple, la plus vulgaire de toutes les conceptions abstraites, et celle qui contient en germe la plus utile comme la plus parfaite des sciences[1]. Quand même l'homme, privé de ses sens ou de certains sens, n'aurait pas la connaissance des objets extérieurs, si d'ailleurs ses facultés n'étaient pas condamnées à l'inaction, on conçoit que l'idée de nombre pourrait lui être suggérée par la conscience de ce qui se passe en lui, par l'attention donnée à la reproduction intermittente des phénomènes intérieurs, identiques ou analogues.

Le nombre est conçu comme une collection d'*unités* distinctes : c'est-à-dire que l'idée de nombre implique à la fois la notion de l'individualité d'un objet, de la connexion ou de la *continuité* de ses parties (s'il a des parties), et celle de la séparation ou de la *discontinuité*

---

[1] « Accessit eo numerus, res, cum ad vitam necessaria tum immutabilis et aeterna. » Cic. *de Rep.* lib. III.

des objets individuels. Lors même qu'il y aurait entre les objets nombrés une contiguïté physique, il faut que la raison les distingue et qu'on puisse les considérer à part, nonobstant cette contiguïté ou cette continuité accidentelle et nullement inhérente à leur nature. Des cailloux qui se touchent ne cessent pas pour cela d'être des objets naturellement distincts; et le ciment qui, parfois, les agglutine, n'empêche pas d'y reconnaître des fragments de roches préexistantes, de nature et d'origine diverses. Lorsque les objets nombrés, et par suite les collections de ces objets, peuvent être comparés du côté de la grandeur, les grandeurs formées par de semblables collections sont dites *discrètes* ou *discontinues* : par l'addition ou le retranchement d'un des objets dont la collection se compose, elles passent brusquement d'un état à un autre, sans nuances intermédiaires et sans gradations insensibles.

Tandis que nous saisissons ce caractère d'individualité et de discontinuité propre à une foule d'objets de nos perceptions, d'autres objets revêtent un caractère opposé. Par exemple, l'eau qui remplit un vase donne, comme le monceau de cailloux, l'idée d'une masse susceptible d'être augmentée ou diminuée : mais, tandis que le monceau éprouve nécessairement des changements brusques dans son volume, dans son poids et dans sa forme par l'addition ou le retranchement des cailloux, le courant qui amène l'eau dans le vase ou qui l'en fait sortir fait varier avec continuité le poids, le volume et la hauteur du liquide dans le vase ; de sorte que ces diverses grandeurs ne passent pas d'un état à un autre, si voisin qu'on le suppose, sans avoir traversé une *infinité* d'états intermédiaires.

185. — Dans l'exemple que nous venons de choisir, la continuité pourrait n'être qu'apparente et relative à l'imperfection de nos sens : car peut-être le liquide n'est-il qu'un monceau de particules, lesquelles ne diffèrent des cailloux grossiers et ne se dérobent à nos sens dans leur individualité, que par l'extrême petitesse de leurs dimensions. Mais, dans d'autres cas, la notion de la continuité nous est fournie par une vue de la raison, indépendamment de toute expérience sensible : et ce n'est même que par une vue de la raison que l'idée de la continuité et par suite l'idée de la grandeur continue peuvent être saisies dans leur rigueur absolue. Ainsi nous concevons nécessairement que la distance d'un corps mobile à un corps en repos, ou celle de deux corps mobiles, ne peuvent varier qu'en passant par tous les états intermédiaires de grandeur, en nombre illimité ou infini ; et il en est de même du temps qui s'écoule pendant le passage des corps d'un lieu à l'autre. Toutes les grandeurs géométriques, les longueurs, les aires, les volumes, les angles, sont qualifiées de grandeurs continues, parce qu'elles ont évidemment la propriété de croître ou de décroître avec continuité ; il en est de même des grandeurs que l'on considère en mécanique, telles que la vitesse, la force, la résistance.

En général, lorsqu'une grandeur physique varie en raison de l'écoulement du temps, ou seulement à cause des changements de distance entre des molécules ou des systèmes matériels, ou par l'effet de l'écoulement du temps combiné avec la variation des distances, il répugne qu'elle passe d'une valeur déterminée à une autre sans prendre dans l'intervalle toutes les valeurs intermédiaires. Mais, dans l'état d'imperfection de nos connaissances sur la constitution des milieux matériels, on est autorisé à admettre pour certaines grandeurs physiques, telles que nous les pouvons concevoir et définir, des solutions de continuité résultant du passage brusque d'une valeur finie à une autre. Ainsi, quand deux liquides hétérogènes, tels que l'eau et le mercure, sont superposés, nous regardons la densité comme une grandeur qui varie brusquement à la surface de contact des deux liquides : bien que toutes les inductions nous portent à croire, et qu'il soit philosophique d'admettre que la solution de continuité disparaîtrait si nous nous rendions complétement compte de la structure des liquides et de toutes les modifications qui ont lieu au voisinage de la surface de contact.

Déjà les physiciens et les géomètres n'admettent plus l'existence de ces forces que l'on qualifiait de discontinues, et auxquelles on attribuait la vertu de changer brusquement la direction du mouvement d'un corps et de lui faire acquérir ou perdre une vitesse finie dans un instant indivisible. On reconnaît généralement que les forces dont il s'agit, et qui se développent, par exemple, à l'occasion du choc de deux corps, ne sont point hétérogènes aux autres forces de la nature, telles que la pesanteur, qui ont besoin d'un temps fini pour produire un effet fini. Les forces que l'on appelait jadis discontinues ne sont plus aujourd'hui distinguées des autres que par la propriété qu'elles ont d'épuiser leur action dans un temps très-court et ordinairement inappréciable pour nous, à cause de l'imperfection de nos sens et de nos moyens d'observation.

Par exemple, quand une bille élastique va frapper un obstacle, le changement brusque qui nous semble s'opérer dans la direction du mouvement et dans la vitesse de la bille, n'est brusque qu'en apparence : en réalité le corps se déforme insensiblement, perd graduellement la vitesse dont il était animé ; après quoi, des réactions moléculaires lui restituent sa forme primitive, en lui imprimant une autre vitesse dans une direction différente : tout cela dans un intervalle de temps si court qu'il échappe à notre appréciation et que nous ne pouvons le saisir, bien qu'on ne puisse mettre en doute la succession des diverses phases du phénomène.

De même, lorsqu'un rayon de lumière nous semble se briser brusquement au passage d'un milieu dans un autre d'une densité différente, en réalité le rayon s'infléchit sans discontinuité ; la nouvelle direction se raccorde avec la direction primitive par une portion de courbe dont les dimensions nous échappent.

186. — Dans l'idée que nous nous faisons des lignes, des angles, des forces, de la durée, etc., l'attribut de continuité se trouve associé à celui de grandeur ; et nous concevons la grandeur comme un tout homogène, susceptible d'être divisé, au moins par la pensée, en tel nombre qu'on voudra de portions parfaitement similaires ou identiques : ce nombre pouvant croître de plus en plus, sans que rien en limite l'accroissement indéfini. A cette notion de la grandeur se rattache immédiatement celle de la *mesure*. Une grandeur est censée connue et déterminée lorsqu'on a assigné le nombre de fois qu'elle contient une certaine grandeur de même espèce prise pour terme de comparaison

ou pour *unité*. Toutes les grandeurs de même espèce, dont celle-ci est une partie aliquote, se trouvent alors représentées par des nombres ; et comme on peut diviser et subdiviser, suivant une loi quelconque, l'unité en autant de parties aliquotes que l'on veut, susceptibles d'être prises à leur tour pour unités dérivées ou secondaires, il est clair qu'après qu'on a choisi arbitrairement l'unité principale et fixé arbitrairement la loi de ses divisions et subdivisions successives, une grandeur continue quelconque comporte une expression numérique aussi approchée qu'on le veut, puisqu'elle tombe nécessairement entre deux grandeurs susceptibles d'une expression numérique exacte, et dont la différence peut être rendue aussi petite qu'on le veut. Les grandeurs continues, ainsi exprimées numériquement au moyen d'une unité arbitraire ou conventionnelle, passent à l'état de quantités, ou sont ce qu'on appelle des *quantités*. Ainsi l'idée de quantité, toute simple qu'elle est, et quoiqu'elle ait été considérée généralement comme une catégorie fondamentale ou une idée primitive, n'est point telle effectivement ; et l'esprit humain la construit au moyen de deux idées vraiment irréductibles et fondamentales, l'idée de nombre et l'idée de grandeur. Non-seulement l'idée de quantité n'est point primordiale, mais elle implique quelque chose d'artificiel. Les nombres sont dans la nature, c'est-à-dire subsistent indépendamment de l'esprit qui les observe ou les conçoit ; car une fleur a quatre, ou cinq, ou six étamines, sans intermédiaire possible, que nous nous soyons ou non avisés de les compter. Les grandeurs continues sont pareillement dans la nature ; mais les quantités n'apparaissent qu'en vertu du choix artificiel de l'unité, et à cause du besoin que nous éprouvons (par suite de la constitution de notre esprit) de recourir aux nombres pour l'expression des grandeurs (153).

Dans cette application des nombres à la mesure des grandeurs continues, le terme d'*unité* prend évidemment une autre acception que celle qu'il a quand on l'applique au dénombrement d'objets individuels et vraiment *uns* par leur nature. Philosophiquement, ces deux acceptions sont tout juste l'opposé l'une de l'autre. C'est un inconvénient du langage reçu, mais un inconvénient moindre que celui de recourir à un autre terme que l'usage n'aurait pas sanctionné.

Au contraire, on blesse à la fois le sens philosophique et les analogies de la langue, lorsqu'on applique aux nombres purs, aux nombres qui désignent des collections d'objets vraiment individuels, la dénomination de quantités, en les qualifiant de *quantités discrètes* ou *discontinues*. Le marchand qui livre cent pieds d'arbres, vingt chevaux, ne livre pas des quantités, mais des nombres ou des *quotités*. Que s'il s'agit de vingt hectolitres ou de mille kilogrammes de blé, la livraison aura effectivement pour objet des quantités et non des quotités, parce qu'on assimile alors le tas de grains à une masse continue quant au volume ou quant au poids, sans s'occuper le moins du monde d'y discerner ou d'y nombrer des objets individuels. Une somme d'argent doit aussi être réputée une quantité, parce qu'elle représente une *valeur*, grandeur continue de sa nature ; et que le compte des pièces de monnaie, compte qui peut changer, pour la même somme, selon les espèces employées, n'est qu'une opération auxiliaire, imaginée dans le but d'arriver plus vite à la mesure de la valeur.

187. — D'après la définition vulgaire, on appelle quantité tout ce qui est susceptible d'augmentation ou de diminution ; mais il y a une multitude de choses susceptibles d'augmenter et de diminuer, et même d'augmenter et de diminuer d'une manière continue, et qui ne sont pas des grandeurs, ni par conséquent des quantités. Une sensation douloureuse ou voluptueuse augmente ou diminue, parcourt diverses phases d'intensité, sans qu'il y ait de transition soudaine d'une phase à l'autre ; sans qu'on puisse fixer l'instant précis où elle commence à poindre et celui où elle s'éteint tout à fait. C'est ainsi, du moins, que les choses se passent incontestablement dans une foule de cas ; et si, d'autres fois, la douleur semble commencer ou finir brusquement, augmenter ou diminuer par saccades, il y a tout lieu de croire (comme à l'égard du choc qui paraît changer brusquement le mouvement d'un corps) que la discontinuité n'est qu'apparente, et qu'en réalité le phénomène est toujours continu, bien que nous confondions en un même instant de la durée les phases dont la succession nous échappe, à cause de l'imperfection de ce sens intime que l'on appelle la conscience psychologique. Cependant il n'y a rien de commun entre la sensation de plaisir ou de douleur et la notion mathématique de la grandeur. On ne peut pas dire d'une douleur plus intense qu'elle est une somme de douleurs plus faibles. Quoique la sensation, dans ses modifications continues, passe souvent du plaisir à la douleur, ou inversement de la douleur au plaisir, en traversant un état neutre (ce qui rappelle, à plusieurs égards, l'évanouissement de certaines grandeurs dans le passage du positif au négatif), on ne peut pas regarder l'état neutre comme résultant d'une somme algébrique ou d'une balance de plaisirs et de douleurs.

188. — Il est vrai que, par l'étude de l'anatomie et de la physiologie, nous parvenons à entrevoir comment la variation continue d'intensité, dans une sensation de douleur ou de plaisir, peut se lier à la variation continue de certaines grandeurs mesurables, et dépendre de la continuité inhérente à l'étendue et à la durée. Car nous reconnaissons que plus un cordon nerveux a de grosseur entre ceux de son espèce (en ne tenant compte, pour l'évaluation de sa section transversale, que de la somme des sections transversales des fibres nerveuses élémentaires, et non des tissus qui leur servent de protection et d'enveloppe), et plus la sensation douloureuse causée par le tiraillement du cordon acquiert d'intensité. Il y a une certaine intensité de douleur qui correspond à chaque valeur de l'aire de la section transversale du cordon, les autres circonstances restant les mêmes; mais cette correspondance ou cette relation n'a rien de mathématique, puisque l'attribut de grandeur mesurable qui appartient à l'aire de la section transversale n'appartient pas à la sensation.

Si l'on plonge la main dans un bain à quarante degrés, et qu'on l'y laisse un temps suffisant, on éprouve d'abord une sensation de chaleur brusque en apparence; après quoi, sans que le bain se refroidisse, la sensation va en s'affaiblissant graduellement et sans secousse, de manière à ce qu'on ne puisse assigner l'instant précis où elle prend fin. L'intensité de la sensation dépend, toutes circonstances égales d'ailleurs, du temps écoulé depuis l'instant de l'immersion; et la continuité dans l'écoulement du temps rend suffisamment raison de la continuité dans la variation d'intensité de la sensation produite ; mais cette sensation n'est pas pour cela une grandeur mesurable que l'on puisse rapporter à une unité et exprimer numériquement.

Puisque la vitesse de vibration d'un corps sonore ou celle de l'éther sont des grandeurs mesurables et continues, on voit une raison suffisante pour que le passage de la sensation d'un ton à celle d'un autre ton, de la sensation d'une couleur à celle d'une autre couleur, se fasse avec continuité ; mais il n'y a pas pour cela entre les diverses sensations de tons et de couleurs des rapports numériques assignables, comme il y en a entre les vitesses de vibration qui leur correspondent. La sensation du son *sol* n'équivaut pas à une fois et demie la sensation du son *ut*, parce que la vitesse de vibration qui produit le *sol* vaut une fois et demie la vitesse de vibration qui donne l'*ut*. La sensation de l'*orangé* n'est pas les cinq septièmes, ni toute autre fraction de la sensation du *violet*, parce que la vitesse de vibration de l'éther serait, pour le rayon orangé, à peu près les cinq septièmes de ce qu'elle est pour le rayon violet.

La continuité dans la variation d'intensité d'une force d'attention ou d'un appétit sensuel s'expliquera bien par la continuité dans la variation de certaines grandeurs physiques et mesurables, telles que la vitesse et l'abondance du sang, la charge électrique ou la température de certains organes, lesquelles ont ou peuvent avoir une influence immédiate sur d'autres forces vitales ; mais il n'en faut pas conclure que l'attribut de grandeur mesurable appartienne à ces mêmes forces vitales, ni aux phénomènes qu'elles déterminent.

189. — De même que la continuité de certaines grandeurs purement physiques suffit pour soumettre à la loi de continuité des forces, des affections, des phénomènes de la vie organique et animale qui ne sont plus des grandeurs mesurables; de même on conçoit que ces forces ou ces phénomènes, susceptibles de continuité, mais non de mesure, peuvent introduire la continuité dans les variations que comportent des forces ou des phénomènes d'un ordre supérieur, qui dépouillent bien plus manifestement encore le caractère de grandeur mesurable. Si, chez l'homme en particulier, les phénomènes de la vie intellectuelle et morale s'entaient sur ceux de la vie animale ou les supposaient, comme les phénomènes de la vie animale s'entent sur les phénomènes généraux de l'ordre physique ou les supposent, la continuité des formes fondamentales de l'espace et du temps suffirait pour faire présumer la continuité qu'on observerait habituellement dans ce qui tient à la trame de l'organisation, de la vie et de la pensée, dans les choses de l'ordre intellectuel et de l'ordre moral, qui relèvent le plus médiatement des conditions de la sensibilité animale et de celles de la matérialité. En un mot, la continuité de l'espace et du temps suffirait pour rendre raison du vieil adage scolastique, tant invoqué par Leibnitz : *Natura non facit saltus*; ce qui n'empêche pas de supposer, si l'on veut, que la continuité, dans les choses de l'ordre intellectuel ou de l'ordre moral, ait encore d'autres fondements ou raisons d'être que la continuité de l'espace et du temps, ou d'admettre, avec Leibnitz, que la continuité en toutes choses tienne directement à une loi supérieure de la nature, dont la continuité dans les

phénomènes de l'étendue et de la durée n'est qu'une manifestation particulière.

190. — Dans le développement des facultés intellectuelles, après la sensation purement affective, viennent les sensations accompagnées de perceptions, les sensations représentatives, capables d'engendrer des images qui persistent, ou que l'esprit peut reproduire, après que les objets extérieurs ont cessé d'agir sur les sens. Or, par cela même que la sensation est représentative ou qu'elle fait image, il est bien clair qu'à la continuité ou à la discontinuité dans l'objet correspond une continuité ou une discontinuité dans le phénomène intellectuel de l'image. Si je pense à la constellation de la Grande-Ourse, l'image présente à mon esprit est celle de sept points étincelants, nettement distincts les uns des autres et disposés dans un certain ordre ; mais, si je me rappelle le tableau qui s'est déroulé à mes yeux quand j'ai eu atteint le sommet d'une montagne, ce n'est plus l'assemblage d'un nombre déterminé d'objets distincts qui vient s'offrir à mon imagination; c'est un tout continu et harmonieux, dans les détails duquel je ne puis entrer sans y trouver d'autres détails, et ainsi à l'infini.

Il en est de même pour les perceptions qui nous viennent par d'autres sens que celui de la vue, et auxquelles nous donnons aussi par extension le nom d'*images* (109 et 110). Ainsi, après avoir entendu un air de musique, je pourrai me représenter parfaitement la série des notes qui le constituent, et dans ce cas ma perception se composera d'un système de perceptions distinctes et discontinues ; mais, si mon souvenir porte sur toutes les impressions que j'ai ressenties en entendant exécuter ce morceau par une cantatrice habile, sur le timbre, l'accentuation, les modulations de sa voix qu'aucune notation ne peut rendre, j'entreverrai encore des nuances infinies dans un ensemble harmonieux et continu. Tout cela a été mille fois constaté, mille fois exprimé par toutes les formes du langage.

La discontinuité ou la continuité se trouve dans les faits de mémoire, non-seulement par la nature des objets sur lesquels porte le souvenir, mais encore par la nature des forces et des conditions, quelles qu'elles soient, organiques ou hyperorganiques, dont dépendent les actes de mémoire. On remarque souvent qu'après de longs efforts pour se rappeler un nom, une date, un fait historique, le rappel du fait oublié a lieu soudainement et comme par secousse ; tandis que d'autres fois on a une réminiscence vague et confuse, dont peu à peu les linéaments se dessinent, jusqu'à ce qu'ils aient pris une forme nettement arrêtée.

191. — On dit d'une image qu'elle est fidèle, d'une idée qu'elle est vraie, et l'on entend par là exprimer la conformité entre l'objet ou le type perçu et l'image ou l'idée présente à l'esprit. Si la conformité est rigoureuse, l'idée est dite exacte ou adéquate ; mais les modifications de l'idée, qui altèrent cette conformité rigoureuse, peuvent, selon les cas, admettre la discontinuité ou la continuité ; de sorte qu'il y ait passage brusque de la vérité à l'erreur, ou au contraire dégradation continue de la vérité.

Tout le monde comprend que le portrait d'une personne, le tableau d'un paysage peuvent être plus ou moins fidèles et ressemblants ; qu'il y a dans cette ressemblance des nuances infinies, sans qu'on puisse d'une part atteindre à la ressemblance parfaite ou rigoureuse, de l'autre, tracer une ligne de démarcation entre ce qui ressemble, quoique imparfaitement, et ce qui cesse tout à fait de ressembler.

On dit qu'il y a de la vérité dans un portrait ou qu'il manque de vérité, on y signale des parties mieux rendues les unes que les autres; mais on ne s'aviserait pas de faire le compte des vérités ou des erreurs que contient le portrait.

Une carte géographique est une espèce de portrait; et cependant il arrive journellement aux géographes de relever et de compter les erreurs d'une carte: c'est que leur attention se porte alors exclusivement sur un certain nombre de points remarquables, susceptibles d'une détermination exacte, au moins dans les limites de précision que nos mesures et nos observations comportent. Ces points sont relevés ou oubliés; ils sont ou ils ne sont pas à la juste place que de bonnes observations leur assignent; il y a lieu, en ce qui les concerne, à un dénombrement de vérités et d'erreurs. Mais quant aux traits continus par lesquels ces points de repère peuvent être reliés, et qui servent à peindre le cours des rivières, les sinuosités des côtes, la configuration des montagnes, on approche plus ou moins de la ressemblance, sans qu'on puisse, pas plus pour ce genre de portrait que pour tout autre, songer à faire le compte et la balance arithmétique des erreurs et des vérités.

Dans le souvenir que j'ai gardé d'un air de musique, je puis prendre une note pour une autre, un *fa* naturel pour un *fa* dièze; et si j'exécute l'air sur un instrument à sons fixes, tel que le piano, je commettrai une faute ou une erreur, parce qu'il n'y a pas de nuances entre deux touches consécutives du clavier ; mais, qu'un artiste veuille imiter le jeu d'un de ses rivaux sur le violon ou sur le cor, on pourra trouver l'imitation plus ou moins fidèle ; on dira qu'il y a de la vérité dans cette espèce d'image perçue par l'oreille, ou qu'il manque de vérité ; on ne songera pas à y compter des vérités et des erreurs.

192. — La vérité d'un portrait, la ressemblance d'une image à son type, admet des variations progressives et soumises à la loi de continuité dans leur progression, mais ce n'est point pour cela quelque chose de mesurable ; il n'y a pas de mètre pour cette espèce de vérité qu'on nomme proprement ressemblance. Réduisons l'analyse à des termes plus simples et plus géométriques. Si, pour donner l'image d'une ellipse, je trace une autre ellipse dans laquelle il y ait entre le grand et le petit axe le même rapport que dans la première, la ressemblance ou (pour employer dans ce cas le mot technique des géomètres) la similitude sera parfaite. Si maintenant l'on conçoit une suite d'ellipses dans lesquelles ce rapport qui est une grandeur mesurable aille en variant avec continuité, elles ressembleront d'autant moins à la première qu'elles iront en s'allongeant ou en s'aplatissant davantage ; la ressemblance dépendant de la petitesse de l'écart entre la valeur fixe du rapport dans l'ellipse prise pour type, et la valeur variable de ce rapport dans la série des images, sans toutefois qu'on puisse fixer, autrement qu'en vertu d'une règle purement conventionnelle et arbitraire, une grandeur liée à cet écart par une loi mathématique, et qu'il plairait de considérer comme la mesure de la ressemblance ou de la dissemblance. A plus forte raison, si, pour imiter

une courbe ovale qui ne serait pas une ellipse, qui même ne serait pas susceptible de définition géométrique, on traçait une courbe ovale ressemblant plus ou moins à la première, et dont la ressemblance comporterait des nuances sans nombre, serait-il impossible de mesurer ou d'évaluer numériquement la ressemblance : la nature même des choses, et non pas seulement l'état d'imperfection de nos théories et de nos méthodes, mettant obstacle à une telle évaluation. De même, si l'on comparait un triangle invariable à une série de triangles dans lesquels les angles et les rapports des côtés subiraient des altérations progressives et continues, il serait impossible d'assigner, sans convention arbitraire, une fonction des angles et des rapports des côtés qui fût la mesure naturelle de la ressemblance avec le type invariable.

193. — C'est bien autre chose s'il s'agit de la représentation d'un être animé, et de l'expression de cet indéfinissable caractère qu'on appelle physionomie. On est toujours frappé de ce fait singulier, qu'une silhouette, une image daguerrienne, un buste moulé sur la nature, peuvent offrir moins de ressemblance que le portrait dû au crayon ou au burin d'un artiste ; mais la réflexion rend bien compte de la supériorité de la traduction obtenue par l'art sur la traduction dont il semble que la nature fasse tous les frais. Par exemple, une image dessinée sur une surface plane est une projection de l'objet en relief, et il peut se faire que, dans la projection la mieux choisie, des nuances de forme presque insensibles, qui caractérisent l'individualité physique et surtout l'individualité morale, s'effacent ou s'oblitèrent tellement, que l'artiste, dans le but

d'exprimer ces mêmes nuances, n'ait rien de mieux à faire que de feindre une projection géométriquement impossible. Il pourra renforcer ou charger les traits, de manière à n'avoir pourtant que la juste expression de ce qu'il doit rendre ; et on ne lui reprochera de les charger, dans le sens attaché à ce mot par les artistes, que lorsqu'il outrera effectivement, non pas les linéaments du dessin, mais les caractères physiques, intellectuels ou moraux que les traits doivent exprimer. Il y a là une ressemblance d'un autre ordre que la similitude ou la ressemblance géométrique, et telle d'ailleurs que, dans des portraits pareillement ressemblants, on reconnaîtra très-bien le *faire* ou la manière du peintre : chaque peintre atteignant à sa manière, et par des procédés matériellement différents, le même degré de ressemblance. Il y a là enfin une ressemblance bien moins susceptible encore de mesure et d'évaluation que la ressemblance purement géométrique, quoiqu'elle soit toujours soumise à la loi de continuité dans ses altérarations progressives.

Si le peintre est chargé d'exécuter, non plus un portrait de famille, mais celui d'un personnage historique dont les traits physiques ne conservent guère de valeur qu'autant qu'ils ont le mérite d'accuser fortement les saillies les plus remarquables d'un type intellectuel ou moral, il aura à satisfaire à d'autres conditions de ressemblance : il devra mettre dans l'image moins d'imitation géométrique ou physique et plus d'idéal (180) ; et ce progrès vers l'idéal deviendra encore plus marqué lorsque, dans la reproduction d'un type allégorique ou d'une effigie sacrée, les formes vulgaires de l'humanité ne devront apparaître que tout autant qu'il est nécessaire pour donner un corps à l'idée que l'artiste a dû et voulu rendre.

194. — La tendance de l'art vers l'expression d'un idéal que l'esprit conçoit, sans avoir de formule logique pour le définir ni de méthode géométrique pour en approcher, est quelque chose de si manifeste qu'on ne l'a jamais méconnue, et que la critique moderne, dans ses raffinements subtils, l'a peut-être exagérée. On a fini par faire l'artiste trop philosophe, et, au contraire, on n'a pas assez remarqué que pour l'expression de l'idée pure, en tant seulement qu'objet de connaissance, indépendamment de toute intention de plaire ou de toucher, le philosophe est aussi et ne saurait se dispenser d'être artiste à sa manière. Trompés par la nature des signes d'institution auxquels ils sont forcés d'avoir recours, les hommes se sont figuré leurs idées comme autant d'unités, de chiffres, de monades, et ils ont supposé que tout le travail de la pensée consiste à combiner ou à grouper systématiquement ces objets individuels. Il semble qu'on puisse toujours compter les vérités, les erreurs semées dans un livre, de même qu'un astronome fait un catalogue d'étoiles, un commissaire le dénombrement des habitants d'une ville ; de même encore que l'on compte les propositions contenues dans un traité de géométrie, ou les fautes de calcul échappées à un rédacteur de tables. Cependant, si l'objet de l'idée, quoique placé hors de la sphère des phénomènes sensibles, est un de ceux qui comportent des modifications continues, le caractère de vérité qui consiste dans la conformité de l'idée avec son type et de l'expression de l'idée avec l'idée même, admettra pareillement des gradations

continues. On pourra bien dire alors que tel esprit a approché davantage de la vérité : on ne pourra pas énumérer les vérités nouvelles dont il est l'inventeur. Chacun appréciera à sa manière le mérite de cette approximation, jugera de cette espèce de ressemblance, sans pouvoir précisément réfuter ceux qui n'adopteraient pas son appréciation et qui contrediraient son jugement.

L'inexactitude du dessin d'un animal saute aux yeux d'un naturaliste, s'il n'y trouve pas le nombre de doigts, de dents, de pennes, de nageoires, qui caractérise l'espèce : voilà des erreurs qui peuvent se compter et s'établir sans contestation, parce qu'il n'y a pas d'intermédiaire et de nuance entre trois, quatre et cinq doigts. Au contraire, un peintre dont l'attention ne s'est jamais fixée sur les caractères qui servent à la classification méthodique des espèces, trouve la physionomie ou le *facies* de l'animal rendu avec plus ou moins de vérité ; et si on lui conteste son appréciation, il ne peut qu'en appeler à ceux qui ont comme lui le sentiment de la physionomie de l'animal et de l'art du dessin. Il ne peut recourir à une preuve en forme, pas plus que je ne puis prouver à un homme qu'on a manqué sa ressemblance, s'il a l'illusion ou le caprice de trouver son portrait ressemblant.

195. — Un botaniste a commis une erreur dans la description d'une plante : deux étamines avortées lui ont échappé par leur petitesse, et il a rangé dans la pentandrie de Linnée une espèce qu'il fallait mettre dans l'heptandrie. Pour réformer cette erreur, des yeux et une loupe suffiront à un observateur plus attentif ou que n'a pas trompé un cas de monstruosité

accidentelle : après quoi l'erreur ne pourra plus reparaître ; la botanique descriptive en sera définitivement débarrassée, et, en revanche, se sera enrichie d'un fait précis, positif, incontestable. Mais je suppose que la fleur soit sujette à ce qu'on appelle un avortement constant, normal, spécifique ; que les deux étamines, modifiées dans leur développement, deviennent des organes dont les formes et les fonctions s'éloignent de plus en plus de celles des étamines ordinaires ; que d'après cela un botaniste ait rangé la plante dans une des familles qui ont parmi leurs caractères distinctifs la présence de cinq étamines ; qu'un autre botaniste, appréciant autrement l'importance relative des caractères, et démêlant ce qu'il y a d'essentiel et de persistant, ce qu'il y a d'accessoire et de variable dans la constitution des organes, rejette la plante dans une des familles à sept étamines : comment se videra le différend ? Sans doute, par le jugement des botanistes les plus autorisés. Mais ce jugement, comment se formera-t-il ? Non point par une démonstration expérimentale qui tombe sous les sens ; encore moins par des arguments en forme, comme ceux qui sont à l'usage des logiciens et des géomètres. Car, si d'un côté il y a des cas où cette transformation d'organes n'est manifestement qu'un phénomène secondaire, lequel ne doit pas masquer aux yeux d'un naturaliste exercé des affinités plus intimes ; d'autre part, en allant de métamorphose en métamorphose, l'on ne saurait où s'arrêter, et l'on finirait par confondre les choses les plus disparates. Ici le vrai et le faux tendent, pour ainsi dire, à se fondre l'un dans l'autre : la vérité ne se montre pas comme une lueur uniforme éclairant un espace nettement circonscrit, mais plutôt comme un jet de lumière qui s'affaiblit en s'éloignant de sa source, et dont l'œil suit plus ou moins loin la trace, selon le ton de sa sensibilité.

Et qu'on ne dise pas, pour infirmer l'exemple, que c'est une pure question de nomenclature et de méthode que celle de savoir si l'on rangera une plante, un animal dans telle ou telle famille. Une classification vraiment naturelle, et même toute classification dans ce qu'elle a de naturel, ne peut être que l'expression des affinités qui lient entre eux les êtres organisés, et des lois auxquelles la nature s'astreint en variant et en modifiant les types organiques : lois qui subsistent indépendamment de nos méthodes et de nos procédés artificiels, tout comme les lois qui régissent les mouvements de la matière inerte, quoiqu'elles ne puissent pas de même s'énoncer en termes d'une exactitude rigoureuse, ni se constater par des mesures précises ou dont la précision n'ait d'autres limites que celles qui dérivent de l'imperfection des instruments. En général, comme nous avons tâché de l'établir dans l'avant-dernier chapitre, à côté de l'abstraction artificielle qui n'est qu'une fiction de l'esprit, accommodée à ses instruments et à ses besoins, se place l'abstraction rationnelle, qui n'est que la conception ou la représentation idéale des liens que la nature a mis entre les choses et de la subordination des phénomènes. Mais presque toujours, par suite des efforts continuels de l'esprit pour arriver à l'intelligence des phénomènes, il y a mélange des deux sortes d'abstraction et transition continue de l'une à l'autre : car les liens de solidarité, de parenté, d'harmonie, d'unité, que nous tâchons de saisir par l'abstraction rationnelle, peuvent être plus ou moins tendus ou relâchés, tandis que notre esprit éprouve pour tous les objets de la nature le même besoin de classification, de régularité et de méthode. La critique philosophique doit faire autant que possible le départ de l'abstraction artificielle et de l'abstraction rationnelle, en se fondant sur des inductions et des probabilités : or, comme nous l'avons encore expliqué plus haut, il est de l'essence de la probabilité philosophique de se prêter à des altérations ou progressions continues, sans que pour cela cette probabilité puisse être évaluée en nombres ; sans qu'elle devienne une grandeur mesurable à la manière de la probabilité mathématique. Ainsi, sous quelque aspect que le sujet soit envisagé, on trouve que la loi de continuité règne dans ce monde intelligible où la pensée du philosophe recherche les principes et la raison des phénomènes sensibles, non moins que dans le monde matériel qui tombe sous les sens.

196. — Dans la sphère des idées morales, rien de plus évident que la transition continue d'une idée à l'autre, et d'une qualité à la qualité contraire. Le meurtre inspiré par une passion haineuse ou cupide est un de ces grands crimes qui soulèvent une réprobation générale, et à la répression desquels chaque membre de la société, dans l'ordre de ses fonctions, prête avec empressement son concours, à moins de quelque perversion des mœurs, dont il nous est permis de ne pas tenir compte ici. D'autre part, si l'on ne consulte que les sentiments naturels à l'homme, la sympathie et l'approbation morale resteront acquises à celui qui venge par un meurtre, avec péril pour lui-même, l'honneur offensé des personnes dont il est le protecteur naturel; et les lois purement humaines ne pourront triompher de ce sentiment naturel. Entre ces cas extrêmes il y a des meurtres qu'on blâme et qu'on excuse, sans qu'il soit possible à une autorité humaine de fixer le point précis où la criminalité cesse, et où commence le dévouement, pour ne pas dire la vertu.

Lors même que la qualification de l'acte n'est pas douteuse, d'après les circonstances de perpétration, on sent que la responsabilité morale de l'agent, la perversité que l'acte suppose, peuvent comporter une infinité de nuances, selon l'âge, le sexe, le tempérament et l'éducation du coupable. L'intérêt qui s'attache à la défense des accusés, chez un peuple civilisé et humain, n'a pas permis de méconnaître cette vérité lorsqu'il s'agit des grands attentats qui appellent la sévère répression des lois pénales ; mais il en est des notions d'équité, d'honnêteté, de bienséance, comme de celle de criminalité.

Il est légitime de tirer un bénéfice de son industrie et de ses capitaux, de s'adresser pour cela de préférence à ceux près de qui l'on trouve les conditions les plus avantageuses, et même d'élever d'autant plus ses bénéfices que l'on court plus de chances de perte. Le plus honnête négociant fait tout cela sans que sa considération doive en souffrir; tandis qu'on flétrit à bon droit de noms odieux l'homme dont le métier est de spéculer sur les subsistances dans les temps calamiteux, ou de prêter de l'argent à des taux excessifs, en allant à la rencontre de ceux que leur mauvaise conduite, leur imprévoyance ou leur misère forcent à subir sa loi. Maintenant, peut-on dire précisément où commence le bénéfice usuraire, soit qu'il s'agisse de blé, d'argent, ou de toute autre marchandise? Y a-t-il une ligne de démarcation en deçà de laquelle il suffise de se tenir pour prétendre à une scrupuleuse probité, qu'il suffise de franchir pour être assimilé aux plus malhonnêtes gens? Évidemment cette conclusion répugne; et l'on doit admettre au contraire qu'avec un sentiment plus délicat de la moralité de ses actes, tel commerçant réprimera plus rigidement les tentations de l'intérêt personnel et aura droit à une place plus haute dans notre estime, sans que pour cela il y ait lieu de condamner absolument celui qui franchit les limites que le premier s'est imposées.

Lorsqu'une loi positive fixe le taux de l'intérêt de l'argent, nous comprenons bien qu'une réprobation formelle atteigne ou puisse atteindre celui qui franchit, même tant soit peu, le taux légal; mais alors la réprobation morale a pour motif l'infraction d'une loi supérieure, à savoir, de celle qui oblige moralement le citoyen de se soumettre aux lois positives de son pays dans les choses qui ressortissent du pouvoir discrétionnaire du législateur. L'intervention de ce pouvoir discrétionnaire doit être considérée comme ayant précisément pour but d'introduire, ainsi que cela sera développé plus loin, une discontinuité artificielle là où la nature des choses n'en avait pas mis.

Quand nous lisons les histoires de tous les peuples, nous voyons des gouvernements s'établir par l'abus de la force et par le renversement violent de quelques institutions depuis longtemps régnantes. Le pouvoir conquis de la sorte est qualifié de pouvoir usurpé, par opposition aux pouvoirs légitimes, que crée et que maintient le jeu régulier des institutions d'un pays. Mais d'un autre côté les institutions se modifient sans cesse; et les changements, même brusques, que le cours des événements y apporte, créent des droits nouveaux, proscrivent des prétentions surannées, sans qu'on puisse assigner autrement que par des fictions de juristes, ou pour les besoins des partis, où l'illégitimité cesse, où la légitimité commence. La nature des choses humaines, en opposition avec certaines théories à l'usage des esprits spéculatifs, maintient encore ici des transitions continues entre des termes qui restent parfaitement distincts, tant que l'attention n'est fixée que sur les cas extrêmes. L'abus de la logique et de la casuistique, en politique comme en morale, consiste à ne pas tenir compte de la continuité des transitions, et à vouloir appliquer la rigueur des définitions, des formules et des déductions logiques à des choses qui y répugnent en raison de cette continuité même. Le bon sens pratique des peuples et des hommes d'État consiste au contraire à saisir avec justesse les rapports des choses au point où les ont insensiblement amenées des forces dont la nature est d'agir progressivement, lentement et sans intermittence ou discontinuité, et à protester contre les systèmes absolus de quelques esprits superbes dont le tort n'est pas de faire de la théorie, mais une fausse théorie, et qui croient se servir de la logique, quand ils ne font qu'en abuser en l'appliquant à des choses auxquelles il est impossible qu'elle s'adapte.

197. — Nous espérons démontrer que la distinction la plus propre à éclairer la théorie de l'entendement humain, est celle de la continuité et de la disconti-

nuité dans les objets de la pensée : soit qu'il s'agisse de phénomènes sensibles, ou bien de qualités et de rapports purement intelligibles, mais qui subsistent entre les choses ou dans les choses indépendamment de l'esprit qui les conçoit. Nous prétendons que cette distinction donne la clef des actes les plus vulgaires de l'esprit comme celle des méthodes dont l'emploi est réservé aux philosophes et aux savants, en même temps qu'elle rend compte d'un grand nombre de particularités de l'organisation sociale. Nous soutenons enfin que, par une loi générale de la nature, la continuité est la règle et la discontinuité l'exception, dans l'ordre intellectuel et moral comme dans l'ordre physique, pour les idées comme pour les images, et que, si ce fait capital a été méconnu, ou si l'on ne s'est pas suffisamment attaché à en développer les conséquences, il faut l'imputer à la nature des signes qui sont pour nous les instruments indispensables du travail de la pensée. La suite de nos recherches aura surtout pour objet de développer ces conséquences, dont en général les logiciens se sont si peu occupés.

Nous dirons que la continuité est *quantitative* ou *qualitative*, selon qu'elle concourt ou qu'elle ne concourt pas avec la mensurabilité ; mais en opposant ainsi la *qualité* à la *quantité*, il ne faut pas considérer, avec Aristote et ses successeurs, la qualité et la quantité comme des attributs généraux (prédicaments ou catégories) de même ordre. Il faut au contraire, pour la justesse de l'idée, entendre que le rapport entre ces prédicaments ou catégories est celui de l'espèce au genre, du cas particulier (ou plutôt *singulier*) au cas général. De sorte que, si l'on distrait l'espèce singulière pour la mettre en opposition avec la collection de toutes les autres espèces, en conservant à cette collection la dénomination générique, c'est parce que l'espèce singulière acquiert pour nous, en raison de son importance, une valeur comparable à celle que l'idée générique mise en contraste conserve par son extension, ou par la variété sans nombre des formes spécifiques qu'elle peut revêtir.

198. — Ainsi, pour employer une comparaison, le cercle peut être considéré comme une variété de l'ellipse : c'est une espèce d'ellipse où le grand et le petit axe deviennent égaux, et où, par suite, les deux foyers viennent se réunir au centre. Mais ce n'est pas simplement une espèce particulière, perdue (pour ainsi dire) dans la multitude sans nombre de toutes celles qu'on peut obtenir en faisant varier d'une manière quelconque le rapport des axes; c'est une espèce singulière et dont il convient, pour deux raisons, de traiter à part : d'abord, parce que les propriétés communes à tout le genre des ellipses éprouvent des modifications et des simplifications très-remarquables quand on passe au cas du cercle; en second lieu, parce que toutes les ellipses peuvent être considérées comme les projections d'un cercle vu en perspective, et qu'en rattachant ainsi (à la manière des anciens) la génération des ellipses à celle du cercle, on trouve dans les propriétés du cercle la raison de toutes les propriétés des courbes du genre des ellipses. De même, cette espèce singulière de qualité qu'on appelle *quantité* se prête dans ses variations continues à des procédés réguliers de détermination que nulle autre qualité ne comporte; et de plus, dans l'état de nos connaissances, il est loisible de concevoir que la continuité de toute variation qualitative est une suite nécessaire de la continuité inhérente à des variations quantitatives dont les autres dépendent. Sans doute, les variations avec continuité qualitative dépendent en outre d'autres principes dont l'action, en s'appliquant aux formes de l'espace et de la durée, imprime à chacune de ces variations son cachet spécifique; et il se peut (189) que ces éléments soient eux-mêmes susceptibles de variation continue, non quantitative ou mesurable, et tout à fait indépendante de la variation quantitative inhérente aux formes de l'espace et de la durée : de sorte que la continuité qualitative dans les variations subordonnées ne proviendrait pas uniquement d'une continuité quantitative dans certaines données primordiales. Cela est même (si l'on veut) probable, mais non démontrable; et nous ne sommes pas obligé, pour notre but, de nous arrêter à la discussion de cette hypothèse.

199. — Selon les circonstances, une variation en quantité peut être conçue comme la cause ou comme l'effet d'une variation en qualité ; mais, dans l'un ou l'autre cas, l'esprit humain tend, autant qu'il dépend de lui, à ramener à une variation de quantité (pour laquelle il a des procédés réguliers de détermination et d'expression) toute variation dans les qualités des choses. Par exemple, il serait presque toujours impossible de soumettre à une mesure les agréments et les jouissances, ou les incommodités et les inconvénients attachés à la consommation de telle nature de denrée, à la possession de telle nature de propriété, par comparaison avec les avantages ou les inconvénients attachés à la consommation d'une autre denrée, à la possession d'une propriété d'une autre nature. Tout cela influe d'abord très-irrégulièrement sur le débat qui s'établit entre le vendeur et l'acheteur; puis bientôt, lorsque les transactions sont nombreuses et fréquemment répétées, elles s'influencent mutuellement : un prix courant s'établit, et une grandeur très-mesurable, à savoir, la valeur vénale d'un immeuble, d'une denrée, d'un service, se trouve dépendre de qualités non mesurables; mais cette dépendance tient au développement de l'organisation sociale, au besoin qu'éprouve l'homme, par la constitution de ses facultés, de soumettre aux nombres et à une mesure indirecte les choses qui, par leur nature, sont le moins susceptibles d'être directement mesurées. Jusque dans ces examens, dans ces concours où il s'agit de classer des candidats nombreux d'après leur savoir et leur intelligence, n'est-on pas amené à faire usage des nombres ? Comme si l'on pouvait évaluer en nombres l'érudition, la sagacité et la finesse de l'esprit ! A la vérité, le petit nombre des juges fait que les chiffres auxquels ils s'arrêtent sont très-hasardés; mais, si l'on pouvait réunir des juges compétents en assez grand nombre pour compenser les anomalies des appréciations individuelles, on arriverait à un chiffre moyen qui donnerait, sinon la juste mesure, du moins la juste gradation du mérite des candidats, tel qu'il s'est manifesté dans les épreuves.

Il n'y a rien de plus variable selon les circonstances, et de moins directement mesurable, que la criminalité d'un acte ou la responsabilité morale qui s'attache à la perpétration d'un délit. Mais quand le législateur a voulu laisser aux juges la faculté de tenir compte de toutes les nuances du délit, et d'arbitrer entre de certaines limites l'intensité de la peine, il a dû faire choix de peines, comme l'amende ou l'emprisonnement temporaire, qui sont vraiment des grandeurs mesurables. La gradation des peines donnerait encore la juste gradation des délits (tels du moins qu'ils nous apparaissent à nous autres hommes), si le nombre des juges était suffisant pour opérer la compensation des écarts fortuits entre les appréciations individuelles.

Le développement prodigieux, parfois maladroit ou prématuré, de ce que l'on nomme la statistique, dans toutes les branches des sciences naturelles et de l'économie sociale, tient au besoin de mesurer, d'une manière directe ou indirecte, tout ce qui peut être mesurable, et de fixer par des nombres tout ce qui comporte une telle détermination : quoique le plus souvent les nombres de la statistique ne mesurent que des effets très-complexes et très-éloignés de ceux qu'il faudrait saisir pour avoir la théorie rationnelle des phénomènes.

C'est pour avoir méconnu cette loi de l'esprit humain que les philosophes, depuis Pythagore jusqu'à Kepler (153), ont vainement cherché l'explication des grands phénomènes cosmiques dans des idées d'harmonie, mystérieusement rattachées à certaines propriétés des nombres considérés en eux-mêmes, et indépendamment de l'application qu'on en peut faire à la mesure des grandeurs continues ; tandis que la vraie physique a été fondée le jour où Galilée, rejetant des spéculations depuis si longtemps stériles, a conçu l'idée, non-seulement d'interroger la nature par l'expérience (ce que Bacon proposait aussi de son côté), mais de préciser la forme générale à donner aux expériences, en leur assignant pour objet immédiat la mesure de tout ce qui peut être mesurable dans les phénomènes naturels. Pareille révolution a été faite en chimie un siècle et demi plus tard, lorsque Lavoisier s'est avisé de soumettre à la balance, c'est-à-dire à la mesure ou à l'analyse quantitative, des produits auxquels avant lui les chimistes n'avaient guère appliqué que le genre d'analyse qu'ils appellent qualitative.

200. — A quoi tient donc cette singulière prérogative des idées de nombre et de quantité ? D'une part, à ce que l'expression symbolique des nombres peut être systématisée de manière qu'avec un nombre limité de signes conventionnels (par exemple, dans notre numération écrite, avec dix caractères seulement) on ait la faculté d'exprimer tous les nombres possibles, et, par suite, toutes les grandeurs commensurables, avec celles qu'on aura prises pour unités ; d'autre part, à ce que, bien qu'on ne puisse exprimer rigoureusement en nombres des grandeurs incommensurables, on a un procédé simple et régulier pour en donner une expression numérique aussi approchée que nos besoins le requièrent : d'où il suit que la continuité des grandeurs n'est pas un obstacle à ce qu'on les exprime toutes par des combinaisons de signes distincts en nombre limité, et à ce qu'on les soumette toutes par ce moyen aux opérations du calcul ; l'erreur qui en résulte pouvant toujours être indéfiniment atténuée, ou n'ayant de limites que celles qu'apporte l'imperfection de nos sens à la rigoureuse détermination des données primordiales. La *métrologie* est la plus simple et la plus complète solution, mais seulement dans un cas singulier, d'un problème sur lequel n'a cessé de travailler l'esprit humain : exprimer des qualités ou des rapports à variations con-

tinues, à l'aide de règles syntaxiques applicables à un système de signes individuels ou discontinus, et en nombre nécessairement limité, en vertu de la convention qui les institue. Les trois grandes innovations qui ont successivement étendu, pour les modernes, le domaine du calcul, à savoir, le système de la numération décimale, la théorie des courbes de Descartes et l'algorithme infinitésimal de Leibnitz, ne sont, au fond, que trois grands pas faits dans l'art d'appliquer des signes conventionnels à l'expression des rapports mathématiques régis par la loi de continuité.

201. — La chose n'a pas besoin d'autre explication, en ce qui touche à l'invention de notre arithmétique décimale. L'idée de Descartes fut de distinguer dans les formules de l'algèbre, non plus (comme on l'avait fait avant lui) des quantités connues et des quantités inconnues, mais des grandeurs constantes par la nature des questions, et des grandeurs variables sans discontinuité : de façon que l'équation ou la liaison algébrique eût pour but essentiel d'établir une dépendance entre les variations des unes et les variations des autres. C'était avancer dans la voie de l'abstraction : car, tandis que, par l'algèbre ancienne, sans rien spécifier sur les valeurs numériques de certaines quantités, on avait toujours en vue des quantités arrivées à un état fixe et en quelque sorte stationnaire, maintenant la vue de l'esprit, embrassant une série continue de valeurs en nombre infini, portait plutôt sur la loi de la série que sur les valeurs mêmes ; et en même temps que les symboles algébriques, originairement destinés à représenter des nombres ou des quantités discrètes, se trouvaient ainsi appropriés à la représentation de la loi d'une série continue, Descartes inventait un autre artifice qui rendît cette loi sensible, qui lui donnât une forme et une image ; et il peignait par le tracé d'une courbe la loi idéale déjà définie dans la langue de l'algèbre. Il ne se contentait pas d'appliquer, ainsi que l'a dit poétiquement un célèbre écrivain moderne, « l'algèbre à la géométrie comme la parole à la pensée : » il appliquait réciproquement et figurativement l'une à l'autre ces deux grandes *pensées* ou théories mathématiques ; et il tirait de l'une comme de l'autre des expressions symboliques, singulièrement propres, chacune à sa manière, à soutenir l'esprit humain dans l'enquête de vérités plus cachées, de rapports encore plus généraux et plus abstraits.

L'invention de Descartes devait surtout préparer la troisième découverte capitale que nous signalons : celle du calcul infinitésimal, destiné à remplacer les méthodes compliquées et indirectes, fondées sur la réduction à l'absurde, ou sur la considération des *limites*. La méthode dite des limites consiste à supposer d'abord une discontinuité fictive dans les choses soumises réellement à la loi de continuité ; à substituer, par exemple, un polygone à une courbe, une succession de chocs brusques à l'action d'une force qui agit sans intermittences ; puis à chercher les limites dont les résultats obtenus s'approchent sans cesse, quand on assujettit les changements brusques à se succéder au bout d'intervalles de plus en plus petits, et par conséquent à devenir individuellement de plus en plus petits, puisque la variation totale doit rester constante. Les limites trouvées sont précisément les valeurs qui conviennent dans le cas d'une variation continue ; et ces valeurs se trouvent ainsi déterminées d'après un procédé rigoureux, quoique indirect, puisque ce passage du discontinu au continu n'est pas fondé sur la nature des choses, et n'est qu'un artifice logique, approprié à nos moyens de démonstration et de calcul.

La complication de cet échafaudage artificiel entravait les progrès des sciences, lorsque Newton et Leibnitz imaginèrent de fixer directement la vue de l'esprit à l'aide de notations convenables : l'un, sur l'inégale rapidité avec laquelle les grandeurs continues tendent à varier, tandis que d'autres grandeurs dont elles dépendent subissent des variations uniformes ; l'autre, sur les rapports entre les variations élémentaires et infiniment petites de diverses grandeurs dépendant les unes des autres, rapports dont la loi contient la vraie raison de la marche que suivent les variations de ces mêmes grandeurs, telles que nous les pouvons observer au bout d'un intervalle fini. De là le calcul infinitésimal, dont la vertu propre est de saisir directement le fait de la continuité dans la variation des grandeurs ; lequel est par conséquent accommodé à la nature des choses, mais non à la manière de procéder de l'esprit humain, pour qui il n'y a de sensibles et de directement saisissables que des variations finies.

Ainsi, quand un corps en se refroidissant émet sans cesse de la chaleur thermométrique, la perte de température qu'il éprouve dans un intervalle de temps quelconque, si petit qu'on le suppose, est un effet composé, résultant, comme de sa cause, de la loi suivant laquelle le corps émet sans cesse, en chaque instant infiniment petit, une quantité infiniment petite de chaleur thermométrique. Le rapport entre les variations élémentaires de la chaleur et du temps est la raison du rapport qui s'établit entre les variations de ces mêmes grandeurs quand elles ont acquis des valeurs finies.

De même, les espaces décrits par un corps qui tombe librement, en cédant à l'action de la pesanteur, varient proportionnellement aux carrés des temps écoulés depuis le commencement de la chute, parce que l'accroissement infiniment petit de l'espace parcouru est proportionnel en chaque instant à la vitesse acquise, qui elle-même, par un résultat évident de l'action continuelle et constante de la pesanteur, est proportionnelle au temps écoulé depuis que le corps est en mouvement. De cette relation si simple entre les éléments du temps écoulé et de l'espace décrit, dérive, comme de sa cause, la loi moins simple qui lie l'une à l'autre les variations finies de ces deux grandeurs. C'est en ce sens qu'on a pu dire avec fondement que les infiniment petits existent dans la nature : non que des grandeurs infiniment petites puissent en aucune façon tomber dans le domaine de l'imagination ou de la perception sensible, mais parce que la notion abstraite et purement intelligible de l'élément infinitésimal, loin d'être une abstraction d'origine artificielle (156), accommodée à l'organisation de l'esprit humain, à notre manière de concevoir et d'imaginer les choses, y est plutôt opposée, tandis qu'elle s'adapte directement au mode de génération des phénomènes naturels et à l'expression de la loi de continuité qui les régit. Et c'est pour cela que l'algorithme de Leibnitz, qui prête à la méthode infinitésimale le secours d'une notation régulière, est devenu un si puissant instrument, a changé la face des mathématiques pures et appliquées, et constitue à lui seul une invention capitale, dont l'honneur revient sans partage à ce grand philosophe.

202. — L'approximation méthodique et indéfinie du continu par le discontinu n'est pas seulement possible quand il s'agit proprement de rapports entre des grandeurs : elle s'adapte également bien aux rapports de situation et de configuration dans l'espace, qui d'ailleurs jouissent de la propriété de pouvoir être implicitement définis au moyen de relations entre des grandeurs. Ainsi, que l'on ait ou non égard à la longueur d'une courbe et à l'étendue de la surface qu'elle circonscrit, on en déterminera, avec une approximation illimitée, l'allure, les inflexions, les sinuosités (en un mot, tous les accidents qui tiennent directement à la forme et non à la grandeur), si l'on a des procédés rigoureux pour déterminer autant de points de la courbe qu'il plaît d'en choisir, et si ces points peuvent être indéfiniment rapprochés les uns des autres. A la vérité, lorsqu'on voudra relier par un trait continu ces points isolément déterminés, la main du dessinateur sera guidée par un sentiment de la continuité des formes, qui ne saurait se traduire en règles fixes, et qui ne comporte pas une analyse rigoureuse ; ce sera une affaire d'art et non de méthode : mais, plus les points de repère seront rapprochés, plus on resserrera les limites d'écart entre les dessins divers que diverses mains traceraient, selon qu'elles sont plus fermes et plus habiles, ou qu'elles obéissent à une intelligence douée d'une perception plus nette et plus sûre de la continuité des formes (46 *et* 181).

Chacun connaît le procédé pour copier un dessin ou une image à deux dimensions, en en conservant ou en en changeant l'échelle. On décompose en carreaux correspondants la surface du modèle et celle qui doit recevoir la copie, et l'on copie carreau par carreau, de manière à resserrer les écarts possibles de la copie entre des limites d'autant plus rapprochées que les carreaux ont été plus multipliés, et à diminuer de plus en plus par cette méthode la part laissée à l'habileté et au goût de l'artiste, à la netteté de ses perceptions et à la sûreté de sa main. Les praticiens statuaires ont un procédé analogue pour reproduire méthodiquement et mécaniquement en quelque sorte, sur le marbre, le relief dont ils ont le modèle en terre pétri de la main de l'artiste, en mettant, comme on dit, la figure *au point* : ce qui, bien entendu, ne dispense pas l'artiste de donner ensuite à son œuvre ces dernières touches savantes et à peine physiquement saisissables, sur lesquelles la méthode n'a point de prise, et dont le génie seul a le secret.

Au fond, et quelque bizarre que ce rapprochement puisse sembler au premier coup d'œil, c'est sur un artifice analogue que roule constamment l'administration de la justice et des affaires. Des règles sont établies (ainsi que nous le développerons plus loin), des cadres sont tracés pour restreindre entre des limites plus ou moins étroites l'appréciation consciencieuse d'un expert, d'un arbitre, d'un juré, d'un juge, d'un administrateur : appréciation rebelle à l'analyse et qui échappe par conséquent à un contrôle rigoureux. Mais, comme il ne s'agit plus ni de grandeur, ni d'étendue, ni, en un mot, de continuité quantitative, la nature des choses répugne à ce qu'on puisse organiser systématiquement un procédé de restriction progressive et indéfinie, et à ce qu'on puisse, à chaque pas fait dans un procédé de restriction systématique, se rendre un compte précis de l'approximation obtenue.

205. — Il est évident que toute règle logique qui promet ou semble promettre en théorie une exactitude illimitée, ne comporte qu'une exactitude bornée dans la pratique dès qu'elle exige, pour être appliquée, l'intervention de facultés ou l'emploi d'instruments auxquels ne compète qu'une précision limitée. On peut se passer la fantaisie de pousser jusqu'à tel ordre de décimales que l'on veut le calcul du rapport de la diagonale d'un carré à son côté, ou celui du rapport de la circonférence d'un cercle à son diamètre. La règle pour ce calcul une fois trouvée, l'application en est, comme on dit, mécanique : ce qui ne signifie pas précisément qu'un automate pourrait la faire, mais ce qui exprime plutôt que, la règle prescrivant une succession d'actes parfaitement distincts et déterminés, les agents qui l'exécutent peuvent se contrôler les uns les autres, de manière à donner la quasi-certitude de la justesse du résultat (78). Maintenant, s'il s'agit, en vertu de cette règle, d'exprimer numériquement la longueur de la diagonale d'un carré dont on a mesuré le côté, comme la précision de la mesure est nécessairement bornée, puisqu'il y a nécessairement des bornes au perfectionnement des sens et des instruments mis en œuvre, il serait chimérique d'outrepasser, dans l'application du calcul ou de la règle logique, la limite de précision imposée à l'opération de la mesure. Si l'on ne peut répondre d'un décimètre sur la mesure de la longueur du côté, il serait déraisonnable de pousser le calcul de la diagonale jusqu'aux millimètres ou aux fractions de

millimètre ; et le défaut de précision des données, quand on arrive aux fractions de cet ordre, ôterait toute signification à la précision du calcul. Cette remarque doit paraître bien simple, et pourtant elle a été bien fréquemment perdue de vue dans les applications du calcul aux sciences physiques : sans égard à toutes les circonstances qui devaient influer sur la limite de précision des observations et des mesures souvent très-compliquées, on a affecté dans les calculs ou dans certains détails d'expériences une précision illusoire, dont l'inconvénient n'est pas tant d'entraîner des soins et des travaux inutiles, que de donner à l'esprit une fausse idée du résultat obtenu.

Une illusion du même genre, beaucoup plus difficile à démêler et à détruire, peut nous tromper sur la portée et sur les résultats de ces règles administratives et judiciaires, par lesquelles on s'est proposé, non sans de bons motifs, de limiter l'usage discrétionnaire de certains pouvoirs, la latitude arbitraire de certaines appréciations. Pour que la raison fût pleinement satisfaite d'un système de pareilles règles, il faudrait que l'arbitraire, repoussé par une porte (si l'on veut nous passer cette image triviale), ne rentrât point par l'autre ; qu'en imposant d'une part des règles de procédure ou de comptabilité minutieuses, on ne laissât pas d'autre part, au juge, dans l'appréciation de certains faits, au comptable dans la gestion de certaines affaires, une latitude qui détruit les garanties achetées par l'accomplissement de formalités gênantes ou dispendieuses. En un mot, il faut se prémunir contre l'abus du formalisme en affaires, aussi bien et par la même raison qu'il faut se prémunir contre l'abus du calcul en physique : parce qu'il y a des limites à la précision possible, parce que, dès qu'il s'agit de déterminations pratiques ou expérimentales, la règle ne serait qu'une forme vide, une lettre morte, sans l'intervention de forces émanées du principe de la vie, dont le développement continu se soustrait à la mesure, à la règle et au contrôle. Il y a beaucoup de vague sans doute dans ces généralités, comme dans tant d'autres préceptes de logique : nous tâcherons par la suite d'indiquer quelques applications qu'on en peut faire dans un ordre de faits plus spéciaux et mieux caractérisés.

204. — Si les géomètres ont pour artifice habituel de supposer d'abord une discontinuité fictive là où il y a réellement continuité, une fois que cet artifice les a mis en possession de règles pour mesurer le continu, ils ont assez fréquemment recours à l'artifice inverse, qui est de supposer, pour l'abréviation et la commodité des calculs, une continuité fictive là où il y a réellement discontinuité. Ils n'obtiennent ainsi qu'une approximation des vrais résultats, mais ils s'arrangent pour que l'approximation soit suffisante : tandis que le calcul rigoureux, quoique théoriquement possible, serait de fait impraticable, à cause de l'excessive longueur des opérations qu'il exigerait. Cet artifice des géomètres, utile surtout dans le calcul des chances et des probabilités mathématiques, ressemble au fond à ce qui se pratique tous les jours dans les circonstances les plus vulgaires. C'est ainsi qu'au lieu de compter des graines on les mesure, comme si ces graines formaient une masse continue : le rapport des volumes, si les graines sont de même espèce, ne devant pas différer sensiblement du rapport entre les deux grands nombres qui expri-

meraient (si l'on avait la patience de les compter) combien il y a de graines dans les volumes mesurés. C'est encore ainsi que, dans les banques, on pèse les sacs au lieu de compter les écus, quoique la valeur des écus, tant qu'ils ont cours de monnaie, se compte légalement à la pièce et ne se mesure pas au poids, ou soit indépendante des variations de poids d'une pièce à l'autre, pourvu que ces variations, continues de leur nature, ne dépassent pas les limites fixées par la loi.

En général, si l'esprit humain est tenu, par son organisation et par la forme des instruments qu'il emploie, de substituer habituellement à la continuité inhérente aux choses une discontinuité artificielle, et en conséquence de marquer des degrés, de briser des lignes, de tracer des compartiments d'après des règles artificielles et jusqu'à un certain point arbitraires, il a lieu aussi de pratiquer l'artifice inverse, d'opérer sur le discontinu comme il opérerait sur le continu, en s'affranchissant des procédés systématiques et rigoureux dont l'application serait impossible, à cause du temps et du travail qu'elle exigerait. Ainsi, bien qu'on ait des procédés rigoureux pour mettre en perspective un objet susceptible d'être géométriquement défini dans toutes ses parties, comme une machine, une décoration architecturale, le dessinateur, le peintre, le décorateur de théâtre n'appliqueront ces procédés longs et pénibles qu'à quelques points principaux qui leur serviront de repères, et ils se fieront pour le reste à leur dextérité d'artistes. Ainsi, dans les jeux de société, on se détermine à chaque instant d'après des chances dont l'évaluation rigoureuse, sans être théoriquement impossible, serait de fait impraticable, à cause des immenses calculs qu'elle entraînerait, ou bien d'après des chances dont l'évaluation, sans exiger beaucoup de temps, en demanderait encore plus que les habitudes de la société et les usages du jeu ne permettent d'en accorder. Il faut alors que l'appréciation des chances se fasse instinctivement, spontanément, par une sorte de sens dont la finesse, provenant de l'aptitude naturelle ou de l'exercice, constitue ce que l'on nomme l'esprit du jeu, le tact, le coup d'œil du joueur : et ceci ne s'applique pas seulement au jeu, mais au négoce, à la tactique guerrière, et à une foule d'autres affaires où l'homme a besoin d'être éclairé par une inspiration soudaine, dans les choses même qui ne seraient pas absolument rebelles de leur nature à une analyse exacte et à des raisonnements rigoureux.

FIN DU TOME PREMIER.

TABLE DES CHAPITRES

DU TOME PREMIER.

Chapitre I. De la connaissance en général. — De l'illusion et de la réalité, relative et absolue... 4

— II. De la raison des choses... 20

— III. Du hasard et de la probabilité mathématique... 49

— IV. De la probabilité philosophique. — De l'induction et de l'analogie... 71

— V. De l'intervention de la probabilité dans la critique des idées que nous nous faisons de l'harmonie des résultats et de la finalité des causes. 102

— VI. De l'application de la probabilité à la critique des sources de nos connaissances... 143

— VII. Des sens considérés comme instruments de connaissance. — Des images et des idées... 186

— VIII. De la notion que nous avons des corps, et des idées de matière et de force. — Des diverses catégories de phénomènes physiques et de leur subordination... 239

— IX. De la vie et de la série des phénomènes qui dépendent des actions vitales... 268

— X. Des idées d'espace et de temps... 295

— XI. Des diverses sortes d'abstractions et d'entités — Des idées mathématiques. — Des idées de genre et d'espèce... 317

— XII. Des idées morales et esthétiques... 354

— XIII. De la continuité et de la discontinuité... 389

FIN DE LA TABLE.

www.ingramcontent.com/pod-product-compliance
Lightning Source LLC
Chambersburg PA
CBHW051828230426
43671CB00008B/872